新中国新闻史丛书

新中国新闻报道史暨代表作研究

The Historical Analysis of Classical Reporting in New China

王辰瑶　著

北京大学出版社
PEKING UNIVERSITY PRESS

图书在版编目(CIP)数据

新中国新闻报道史暨代表作研究/王辰瑶著. —北京:北京大学出版社,2015. 10
(新中国新闻史丛书)
ISBN 978-7-301-26151-4

Ⅰ. ①新… Ⅱ. ①王… Ⅲ. ①新闻报道—文学评论—中国—当代 Ⅳ. ①I207. 5

中国版本图书馆 CIP 数据核字(2015)第 177843 号

书　　名　新中国新闻报道史暨代表作研究
　　　　　Xinzhongguo Xinwen Baodao Shi ji Daibiaozuo Yanjiu
著作责任者　王辰瑶　著
责任编辑　胡利国
标准书号　ISBN 978-7-301-26151-4
出版发行　北京大学出版社
地　　址　北京市海淀区成府路 205 号　100871
网　　址　http://www.pup.cn
电子信箱　ss@pup.pku.edu.cn
新浪微博　@北京大学出版社
电　　话　邮购部 62752015　发行部 62750672　编辑部 62765016
印 刷 者　三河市北燕印装有限公司
经 销 者　新华书店
　　　　　965 毫米×1300 毫米　16 开本　20.25 印张　281 千字
　　　　　2015 年 10 月第 1 版　2015 年 10 月第 1 次印刷
定　　价　49.00 元

丛书弁言

这套“新中国新闻史”丛书,缘起于2009年国家哲学社会科学基金批准立项的重点项目“新中国60年新闻事业史研究”。2011年由北京大学出版社申报并获批国家十二五规划重点图书,2015年陆续付梓。丛书中所论“新闻业”,除了指涉新闻传播领域,还兼及文化思想、意识形态等。

丛书主编为清华大学新闻与传播学院教授李彬。丛书依托的国家项目展开前曾经举办研讨会,得到中央党校教授李书磊,清华大学教授郭庆光,北京大学教授杨奎松、潘维、程曼丽,中国人民大学教授萧延中、陈力丹,中国社会科学院研究员尹韵公等悉心擘画。

先后以不同方式介入这项工作的学者有:吕新雨教授、陈昌凤教授、刘海龙教授、王维佳副教授、陈彤旭副教授、林溪声副教授、王辰瑶副教授、黄卫星副教授、马学清副教授、涂鸣华副教授、王华副教授、常江博士、姚遥博士、吴风博士、关琮严博士、张垒博士、沙垚博士、张斯琦博士等。

迄今为止,项目及其丛书已经成就三篇博士论文(其中一篇获得清华大学优秀博士论文一等奖);陆续发表数十篇专题论文,包括《南京社会科学》与《山西大学学报》两组笔谈,有的已被《新华文摘》《人大报刊复印资料》《高等学校文科学术文摘》转载;完成或汇聚了数部学术专著,除已纳入丛书出版或即将出版的,还有因其他缘故“花落他家”者,包括姚遥博士的学位论文《新中国对外宣传史——建构现代中国的国际话语权》。

作为第一套关于新中国新闻业的系列图书,丛书一方面尽量吸纳前人成果,一方面力图在多学科、新视野、全球史的视域中,审视六十多年来的新闻传播与社会变迁,希冀为中国道路的新闻传播及文化政治开辟新的理论空间,为中国特色、中国气派、中国风格的新闻传播学科建构自己的学术话语权。是所为盼,谨此告白。

目　　录

第三编　改变新闻“语态”

第四编　新世纪的新闻使命

导　言

影响时代的新闻和影响新闻的时代

新闻与时代或者说新闻与历史的关系是一个看似简单，实则耐人寻味，甚至颇多争议的问题。显而易见，将新闻与历史联系起来的是"事实"。新闻和历史都与事实打交道，都以事实为本体，都有信奉乃至崇拜事实的职业传统。直观上，新闻与历史不同只体现在事实记录的时间性上——新闻是新的，而历史是过去的。因此，"新闻是明天的历史、历史是昨天的新闻""新闻是历史的初稿"等表述就成了描绘新闻与历史之关系的通用表达。当然，新闻界比历史学界更愿意使用这种表达，因为对有着悠久传统和崇高地位的历史的比附，更有利于说明"什么是新闻"。例如梁启超在他重要的新闻学论文《敬告我同业诸君》中指出：西哲有言："报馆者现代之史记也"，故治此业者不可不有史家之精神。①

然而新闻与历史的关系是否真能如此简单而和谐？仅仅因为时间的推移就能让新闻与历史相互转换？一些学者提出的否定性的看法，也不无启发意义。芝加哥学派代表人物罗伯特·帕克（Robert Ezra Park）激发了以社会学视野研究新闻的学术兴趣，他在1940年发表的一篇论文对新闻进行了知识形态学的考察，其中特别谈到新闻与历史的关系：因为它（新闻）关注事件，因此它与历史知识较相似。但是，新闻不是历史，它的事实也不是历史性的事实。新闻不是历史，因为它处理的是孤立的事实，并不寻求它们之间的联系，也不探究因果。……作为一种知识形态的新

---

① 梁启超：《敬告我同业诸君》，《梁启超全集》第2册，北京出版社1999年版，第970页。

闻，主要不是和过去及未来有关，而主要是和当下相关——哲学家所描述的“似是而非的当下”（the specious present）。[①] 帕克提出了一个重要的观点：新闻与历史虽然都关注事实，但关注的事实却是不一样的。新闻关注的是当下的、具有普遍兴趣的、片断性的事实，而历史关注的是能对社会进程产生影响的历史事实。按照英国著名历史学家爱德华·霍列特·卡尔的观点，只有被历史学家所关注所书写的事实才是历史事实，才会成为后世所知的“历史”，否则事实就会被遗忘在“有关过去的非历史事实的深渊之中”。[②]

从这个意义上说，新闻是否只是历史的部分“原材料”，而无法随着时间的流逝自动成为“历史”？尽管这个观点可能会让雄心勃勃的记者和对新闻界满怀理想的学子感到扫兴，但是，的确如此。例如以历史的标准来看，1949 年以来的六十多年只是一个不长的历史阶段，但爬梳期间的新闻报道时，笔者深深感到绝大多数“当时”的新闻都已落入了卡尔所说的“深渊”之中，除了极少数研究者偶然翻检故纸堆外，几乎没有可能“再见天日”了。但是，这个事实并不能说明新闻相比于历史来说就是“等而次之”的——新闻记者出身的美国学者伯纳德·罗斯科（Bernard Roshco）在其代表作《制作新闻》中分析了“新闻不是历史”的原因，他认为新闻属于“知晓性的知识”，而历史属于“理解性的知识”，因而它们关注事实和运用事实的方式必然存在本质不同。“知晓性的知识”重在明确发生了什么事，而“理解性的知识”重在建立事实之间的关联，为所描述的事实寻找恰当的历史定位。这两类知识形态都为人类社会所必须，并没有高下之分。如果按照帕克的看法，在现代社会中，新闻的角色似乎还比其他形态的知识包括历史更显重要。他说：“我们的时代是新闻的时代，美国文明的最重大的事件之一就是记者的崛起。”[③]尽管新闻与历史

① Robert E. Park, News as a Form of Knowledge: A Chapter in the Sociology of Knowledge, *American Journal of Sociology*, Vol. 45. No. 5 (Mar., 1940), pp. 669—689.

② 爱德华·霍列特·卡尔：《历史是什么？》，吴柱存译，商务印书馆 1981 年版。

③ Robert E. Park, News as a Form of Knowledge: A Chapter in the Sociology of Knowledge, *American Journal of Sociology*, Vol. 45. No. 5 (Mar., 1940), pp. 669—689.

不同,但并不排除两者出现交集——一些杰出的事实记录者兼具新闻记者和历史学家的角色,比如《伯罗奔尼撒战争史》的作者修希底德不仅是伟大的历史学家,也是他那个时代的伟大的记者。虽然新闻在本质上不可能自动成为历史,但有抱负有作为的新闻记者还是希望能写出"名留史册"的报道。要实现这个目标,有两个途径。其一是报道无法被史家忽视的足以影响历史进程的重大事实。比如,美国合众社记者梅里曼报道肯尼迪总统遇刺的《历史在我们面前爆炸》。其二是在报道中不仅"告知"而且"解释",将"知晓性知识"和"理解性知识"融会贯通,提升新闻报道的"历史感"。相对来说,记者采用途径一会更得心应手一些,而采用途径二难度更大,而且运用途径二写出的作品有时因为时间关系也不再是一般意义上的新闻。比如美国《新闻周刊》的记者拉莱·科林斯和法国《巴黎竞赛》的记者多米尼克·拉皮埃尔在1965年出版了著名的报告文学《巴黎烧了吗?》。两位记者用三年时间查阅各方档案,采访了800多人,将近千个具体的事实串联起来,描绘出1944年8月解放巴黎的战斗全过程。这可谓是将"知晓性知识"上升为"理解性知识"的典范。虽然这种做法不是新闻生产的常规,但其思路值得有历史抱负的新闻记者借鉴。

尽管新闻与历史不同,但也不排除两者互相影响。新闻与历史同为对社会的建构性叙事。历史修辞学者詹姆斯·柏林(James A. Berlin)在其"智识场域"(Noetic field)理论中指出:叙述性的活动最终影响了社会的各个方面,它界定着文化图谱中的可认知对象(和不可认知的对象),认知者的属性,认知者、认知对象、接受者的相互关系,以及作为交流媒介的语言的性质,并构成某种"智识场域"。① 新闻可以说是当代社会最大规模、最经常、也可能是即时性影响最大的"措辞"(Rhetoric)和"命名"(Andrew R. Cline)活动。美国新闻学者安德鲁·克莱恩认为新闻活动即是当代文化中最重要的话语实践,它反映并驱动着占主导地位的"智识场

① James A. Berlin, *Writing Instruction in Nineteenth-Century American Colleges*. Carbondale: Southern Illinois UP, 1984.

域”，因此新闻自身的叙述问题也必然会深刻地影响和建构着社会文化中的主导性修辞。[①] 但是，新闻这种规模大、即时性强的叙事要长久地影响社会，则势必需要借助“盖棺定论”式的、历时性强的历史叙事的帮助。如果说新闻是历史的初稿，“那么，历史便是新闻的定稿或完成稿了”[②]。

新闻与历史的关系也可以说明本书存在的意义。一般来说，书写以某某为对象的一段历史不外乎两个目的，一是通过该对象理解一个时代的变迁，二是理解一个时间段内该对象自身的变化。例如，堪称新闻史经典教材的《美国新闻史》，其原书名即是《新闻与美国：大众传媒所解释的历史》。作者不仅强调要通过大众传媒的发展看美国历史的变迁，也强调要从社会、政治和经济的宏大背景来解释美国新闻业的发展。本书的用意也与此相仿，一方面想通过对新中国六十多年来重大新闻报道的梳理，用报道“串起”一段当代史，另一方面是想在当代社会变迁的历史脉络下体察新闻报道的意义和变化。至于是否实现了这一用意，在多大程度上实现了这一用意，读者诸君自可评判。

如何实现这一用意呢？新中国新闻报道作品浩如烟海，且不说全部阅读绝无可能，即便可能，如此庞杂琐细、千头万绪的事实报道对于读者来说也是毫无意义，因为将一个时代所有的新闻作品简单累加并不等同于对这个时代有了很好的理解。因此，在新闻报道的基础上必须要借助历史叙事的方法，一是以史家的标准对新闻报道进行“筛选”，筛选出那些足以串起历史，对时代产生了重大影响的新闻报道和新闻代表作；二是将新闻报道乃至新闻代表作放置在历史的脉络中去分析和理解，同时也将新闻报道作为观察口反观社会的变化。这或许是本书自认的新意所在：与一般的新闻史以整体新闻业为对象的观察方式不同，本书以具体的新闻作品为落脚点，侧重分析新闻报道的内在变化；与一般的新闻作品集多集纳少分析，或者多从新闻采写经验的角度分析不同，本书将具体的新

---

① Andrew R. Cline, *Toward a field theory of journalism*, http://rhetorica.net/field_theory.htm.

② 李彬：《历史是新闻的定稿》，载《中国图书商报》2001年2月15日。

闻作品放置在时代背景下，主要的着力点不在新闻技巧上（尽管有心的读者不难从这些新闻经典作品中总结出新闻技巧），而在新闻与时代的关系上。正如本书标题所说，新闻报道与时代是一种双重变奏，重大的新闻报道往往本身就是历史的一部分，它们影响了时代，推动了时代，是时代旋律中特别强而有力的音符；同时，也只有在时代的脉络下，方能更好地理解新闻报道。为什么有些新闻报道会成为经典？新闻自身的原因比如采写水平等固然重要，但同样重要甚至更加重要的是时代的原因。是时代之“势”，将一些特定的新闻报道推到了重要的节点上，成为对一个时代历史叙述的重要组成。如果不理解这一点，而仅仅拘泥于从新闻技巧上去学习经典作品，其实是弃“道”取“术”的做法，不客气地说，无异于东施效颦。

对当代新闻史有所了解的读者对本书所选的新闻代表作应该都不会陌生，但是对这些代表作的分析如果不放置在彼时彼地的语境下，就很难有深刻的理解。比如，改革开放之初新闻媒体上最有分量的作品是诸如《实践是检验真理的唯一标准》《马克思主义的一个基本原则》等长篇理论文章。这些讨论哲学问题的理论文章，能在新闻媒体上着重发表，并引发全国性震动，如果脱离当时的历史条件和时代背景是很难想象的。再比如，新闻专业的学生可能在很多新闻写作教材中都看到过一篇 1980 年的短新闻《经济学家赶集》，如果不了解时代背景，恐怕现在的学生也很难品味出这篇连标题在内只有 395 个字的新闻的好处。这篇短小的新闻只报道了“一件小事”——经济学家薛暮桥赶集，但是却点出了应该发展集贸市场、促进商品流通的大问题。这种小与大的结合，一方面体现了新闻界当时厉行的文风改革，另一方面体现了媒体在 20 世纪 80 年代的经济报道热潮中推促改革、引领时代的主动性。同样，为什么 90 年代中期《北京最后的粪桶》《五叔五婶》《许姐的夏天》等一批描写平头百姓的“小人物”新闻会引起社会的广泛关注？这种“平民化”视角在今天并不陌生，但在当时却是一次重新发现“生活”的新闻观念的深刻转变。

在时代的情境下分析新闻报道，应该有“同情之理解”的心态。魏巍的代表作《谁是最可爱的人》曾经影响和感动了几代人，并长期入选中小学语文课本。但在2001年新课改后，《谁是最可爱的人》开始陆续退出各地的语文教材，这引发了社会上普遍的关注。在讨论中，围绕《谁是最可爱的人》的争议也开始出现，如认为对战争场面的描写太过暴力、血腥，意识形态色彩太浓等。但有意思的是，同样是这篇作品，在50年代入选中学课本时却因不够革命而被删掉了部分描写。叶圣陶主持新中国第一套中学语文课本的编选工作时，有人提出《谁是最可爱的人》中有一句话——“当你往孩子口里塞苹果的时候，当你和爱人一起散步的时候，朋友，你是否意识到你是在幸福之中呢?”太小资情调，不够革命，要删掉。到1978年人教社重新编写课本时，这句话才又悄悄恢复，因为这时“吃苹果和散步已经不敏感了”①。所以，从某种意义上说，因为时代变迁而导致的“后来者”的批评，如果完全无视当时的社会背景的话，很容易变得简单和武断。

当然，“同情之理解”绝不等于无条件地接受和赞美。时代按照她自己的逻辑删选出的经典作品，并不意味着“后来者”不能提出严肃的批评。比如，著名的《为了六十一个阶级弟兄》就报道本身而言，无疑是相当成功的，但也不能因此无视围绕报道产生的争议，以及带给人们的反思。近年来不断出现的“揭秘”“探寻真相”“背后的故事”之类的文章，引起人们思考的一个主要问题是：报道与它的时代。《为了六十一个阶级弟兄》的聚焦点在救援本身，对于被救的六十一个民工笼统地称为“阶级弟兄”，认为救援本身体现了无产阶级的阶级友爱和共产主义大协作。这一逻辑在当时的历史条件下是显而易见、顺理成章的。然而，事实的“日常性”往往无法与时代的主流逻辑完美契合，它时常反叛、嘲弄着某种既定的宏大叙事。围绕这篇报道的争议即是由此展开：被救的六十一位民工并非全是“阶级弟兄”，有一小部分是地富出身，尽管在“平陆事件”发生的很短一段时间内，他们都被当成了“阶级弟兄”，个人成分改写成了“下

① 潘晓凌等：《教科书：删得掉的文字删不掉的“秘密”》，《南方周末》2009年6月24日。

中农”。但当此事尘埃落定，抽调去修路的民工回到原来的村庄后，那些地富出身的人仍然成为批斗的对象；此外，报道中没有涉及的中毒原因，在当时也被认为是阶级敌人投毒，蓄意破坏社会主义建设。经后人仔细调查，发现投毒主犯张德才出身贫农，但曾为日伪政权做过事。投毒动机主要是因为睡觉错过了上工，受到群众批判会的批评，遂产生报复心理。[①] 日常事实的琐细有时会构成对历史大叙事的顽强的嘲笑，这对新闻人来说，不啻是一个巨大的挑战。《为了六十一个阶级弟兄》的作者之一王石，一位令人尊敬的老新闻人，曾对一位新闻后辈坦言：这篇文章“是时代的产物，有局限”[②]。

除去当时的影响力，新闻人总还希望报道能经受得住时间的检验，在这一点上，新闻记者与历史学家的心曲颇有相通之处。如何很好地反映时代，并能经得住时代的考验，这的确很难。但对于当下事件的记录者来说，更多地关注事实，尤其是那些看似不容于时代主流的事实细节，更多一些历史感，在什么样的意义具有恒久价值的问题上有更多的思考，也许这个新闻与时代的难题就会有让人更满意一些的答解。

作为一本新闻报道史，本书希望能在不同历史阶段的新闻报道之间建立“关联性”，用报道“串起”历史而不只是孤立地分析新闻代表作。本书按照时间线条粗分为四编，分别是：第一编，理想照射下的新闻；第二编，“启蒙”话语中的报道；第三编，改变新闻“语态”；第四编，新世纪的新闻使命。读者可以看到，新闻报道的内在变化是有阶段性的，每一阶段都会有相对明显的与其他阶段相区分的特色，而且这种阶段性既与时代的重大变动密不可分，也有新闻自身发展的内在性。每一编之下的各小节则侧重该历史阶段中新闻报道发展的某一个方面，并在概述新闻报道的变化的同时辅之以对这一阶段新闻代表作的具体分析。除了以这种章节的方式搭建不同时期新闻报道的“关联性”骨架外，读者还可以在不同章节之间找到新闻报道在时代变奏中主题复现、遥相呼应的血脉。

---

① 石耘：《“为了六十一个阶级弟兄”鲜为人知的史实》，《文史精华》2009 年第 11 期。

② 江菲：《报人王石和〈为了六十一个阶级弟兄〉》，《中国青年报》2004 年 12 月 1 日。

比如批评性报道的几次高潮就是既有前后衔接的延续,又有破茧成蝶的质变。现在提到批评性报道,人们多以为受惠于西方新闻专业主义精神的熏陶。实际上,批评性报道兴起的直接动力是中国共产党“批评与自我批评”的工作理念。如早在1942年,延安《解放日报》改版时,改版社论《致读者》就明确地表示“报纸亦应是我们党手中的有力的自我批评的武器”。[①] 这种以新闻批评为武器,实现批评与自我批评,推行民主,反对官僚主义腐化堕落的做法,在建国初期也运用得较多,并在20世纪50年代初期达到高潮。本书在第一编第五节“新闻批评:‘让人民来监督政府’”中选取了当时最有代表性的“黄逸峰事件”进行分析。《人民日报》在“黄逸峰事件”中所发的社论《压制批评的人是党的死敌》体现了建国初期对新闻批评问题的基本观点。1976年粉碎“四人帮”后,尤其是在1978年因“真理标准问题”讨论而迎来的思想解放的风气中,新闻媒体又开始试图衔接和延续50年代乃至可上溯到延安时期的党报“新闻批评”的传统,其最初的话语方式与内在逻辑与延安时期和50年代初期别无二致。80年代初新闻批评的复兴有着不可磨灭的时代功绩,它对官僚主义的尖锐批评,促成了生动活泼的政治民主氛围的形成;它对极“左”思想的批判,加快了进一步解放思想的步伐;它延续的“批评与自我批评”的传统,营造出上下合力、万众一心的改革共识。此外,它还突破了只能说好,不能说坏,否则就是给社会主义“抹黑”的心理禁区。80年代不少经典的新闻批评报道深入人心,影响很大,而且一直被新闻界引以为豪,但不得不说此时的新闻界尚缺乏对新闻自身特性的清醒认识和独立思考。新闻批评应是一个开放的、连续性的社会实践过程,而不是一次性地用“正确”去批评“错误”。因此新闻批评不仅需要勇气,也需要“节制”。这种“节制”既出于对新闻与事实关系的敬畏,也出于对媒体作为一种话语权力载体的自律,以及对新闻与民意、社会情绪关系的冷静思考。做到了这些,“新闻批评”才可说不仅“恢复”,而且朝着成熟、有建设性的轨道上

① 《致读者》,《解放日报》1942年4月1日。

“发展”了。而这一变化要到90年代中期新闻批评性报道开始“栏目化”“建制化”之后才逐渐出现。带有情感色彩的“批评报道”也慢慢地被更具稳定性的“新闻舆论监督”所取代,这表明新闻舆论监督开始了向职业化方向转变的探索,这种探索有重大价值,而且远未结束。比如,如何将新闻职业的监督守望职能与中国既有的新闻批评传统衔接?如何将具有实践智慧的新闻舆论监督对“度”的把握,落实为更有操作性、稳定性和透明度的制度规范?新闻职业伦理在实践中刚启其端,离新闻界共识的形成还有很大的距离。而进入新世纪后,中国新闻界面临的变化更多也更快,如何跟上变化,并在变化中成熟完善自身——这是一个巨大的考验。从90年代开始的探索,可以说仍是路漫漫其修远。

历史叙事常常是带有总结性的“确定无疑”之语。但本书仍然希望在进行事实梳理和总结的基础上,能带给读者更多的思考和问题。比如,在当代中国新闻报道实践中,一个频繁出现的问题是事实与意义的关系,用新闻界更熟悉的表达就是“事实”与“说话”的关系。只崇拜事实,就像19世纪狄更斯的小说《艰难时世》的主人公所说的那样“事实!我只要事实!”,这对新闻来说是行不通的。作为现代社会最大规模的“叙事”,新闻报道必然会对偶然、无序、纷杂的现实事件进行选择、编排、赋予意义、确定秩序。新闻报道对一个偶然事件的“命名”,甚至可以成为影响一个时代的象征性话语。这的确是新闻对时代的影响力甚至权力所在,无视这一点或者忌讳这一点,是一种“鸵鸟策略”,并不能给新闻带来真正的“客观公正”,有时甚至让新闻沦为权势集团的传声筒而不自知。但是,反过来说,过分强调“意义”而忽视对“事实”的呈现,也会带来很多问题。应该说,长期以来中国新闻报道的特点就是更注重对事实的意义开掘,而鲜少注意事实的呈现方式。新闻业对时代的观照倾向于直接介入、直抒胸臆,力促其变,这既是忧患中诞生的中国近代新闻业鲜明的文人论政、文章报国传统的延续,也源于较单纯的党报体系下的媒体定位。但是这种新闻报道模式的弱点在于自信有余自省不足、热情有余冷静不足、意图鲜明规范不足。因此它容易出现因外部环境变化导致新闻报道的立场、情感、倾向在短时间内变动过巨的情况，也容易在时代激情退却后让人指摘报道本身与事实真相的距离。上世纪80年代末期，新闻界已经开始意识到这种叙述方式粗疏、急躁的一面，开始反思事实与观点的关系，但迄今仍未很好地解决这一问题。新世纪以后，在与政治、经济、社会的关系越来越密切而复杂的情况下，新闻当以何种方式来观照时代？对这个问题的回答，变得更加刻不容缓。

新闻报道采写，常被归为某类技术性的知识。在新闻媒体，它是业务能力；在新闻院系，它是实务课程。而本书多少存了些挑战这个既定观点的念头。新闻报道不仅是“术”，也是“道”，它为时代“命名”，也因时代改变，新闻报道自身也许不是历史，但它可以串起历史，促成我们对既往的思考，启发着我们在未来的选择。读者可以把本书当成“故事之书”，因为它讲了关于中国新闻报道的很多“故去之事”，而且自身也是一个关于六十多年来新闻报道与时代发展的“大故事”。当然，读者也可以把本书当成“问题之书”，在以往的新闻报道实践中，哪些传统被尘封在历史之中，哪些传统还依然鲜活？哪些观念需要反思、需要追问？哪些问题仍然悬而未决？这些让笔者头疼的问题也许也会让读者头疼——但这也应该是新闻学最富有魅力的部分——它把新闻思考从“业务”层面拖拽进“哲学”层面，从而给新闻工作增加了厚重和反思，使之成为最具有意义感的人类实践活动之一。

第一编

理想照射下的新闻

“时间开始了!”

——开国盛典的新闻叙述

1949 年 10 月中华人民共和国成立。47 岁的诗人胡风在日记中写道:“两个月来,心里面的一股音乐,发出了最强音,达到甜美的高峰”。这酝酿的“甜美的高峰”,流淌到诗人笔下,便是那部“惊住了一切人”的长篇政治抒情组诗——《时间开始了》。

“时间开始了!”——这个神来之笔的标题,真实表达了那个历史时刻人们的欣喜与心声,宣告了一个截然不同的、美好的、凝结着人们所有期待与希望的新时代的开始。同时,它也意味着与过去的彻底告别。

这种转变是全方位的。因而“建国”就不仅仅只有政治意义,它同时也可被视为包括新闻活动在内的诸多社会实践全面转型的开始,是一个具有普遍性的、时间意味上的“起点”。随着在新闻——这一与意识形态连接最紧密的领域内,旧秩序的打破和新规则的确立,中国新闻叙述历史的一个重新书写的新时代开始了。

新时代的开始,并非始自虚无与空白。1949 年之前中国新闻业形成的共产党新闻业、国民党新闻业和民营报业“三分天下”的格局,随着军事和政治上的胜利迅速改变。首先,在革命战争中日渐成熟起来的中国共产党领导的报纸,从偏僻的根据地来到中心城市,很快建立起一个以《人民日报》为主导、各级党委机关报为核心的党的全国新闻体系;其次,对国民党军政机关未及南逃或有反动政治背景的媒体坚决关停,并将其物资人员收纳扩充到日渐壮大的党的新闻体系中;最后,也是最为复杂的是对那些在新中国成立前具有进步性的、有一定声望的民营报业的处理。1949 年 5 月，周恩来提醒即将前往上海负责接管旧传媒的夏衍，民办报纸是“一个相当复杂、政策性很强的问题”①。而这个问题在 1952 年底基本解决，即私营媒体相较于私营工商业更快地完成了社会主义改造。提前完成改造的原因是多方面的，但要者有二：一方面中国共产党从革命战争年代即牢固确立的极为重视新闻宣传的观念，势必要求尽快构建一个统一有序的新闻战线，以意识形态领域的强大动员力量，渡过建国初期的难关，进行现代化建设；另一方面，不少民营报纸在新中国成立前即以“进步”著称，或者主要经营者倾向革命，或者有报社内部大批地下共产党员的推动。因此，尽管并非完全情愿，但像以《大公报》《文汇报》为代表的民营报纸还是迅速完成了“向左转”，或成为党报体系中的一部分，或以专业性、地方性的定位成为党报体系的补充。

在建国前后新闻环境已经发生和正在酝酿巨大变动的背景下，当时媒体对开国大典的报道无疑是有象征意义的。在这个极其重大的历史时刻的那些新闻记录，不仅担负着报道事实、记载历史的使命，同时也暗含了，一种新的新闻叙述传统的逐渐明确。

本节分析的两篇开国大典的报道代表作，分别是《人民日报》李庄的《中国人从此站立起来了——中国人民政协第一届会议特写》（《人民日报》1949 年 9 月 22 日）和《大公报》杨刚的《给上海人的一封信——毛主席和我们在一起》（《大公报》1949 年 10 月 6 日）。它们分别报道了中华人民共和国成立盛典的两个高潮时刻——中国人民政治协商会议第一届全体会议的开幕和中华人民共和国中央人民政府的成立。1949 年 9 月 21 日，在中国人民政治协商会议的开幕式上，毛泽东主席向全世界宣告：“占人类总数四分之一的中国人从此站立起来了。”此后连续十天的会议上，662 位代表共商国是，通过了具有临时宪法性质的《中华人民政治协商会议共同纲领》。而作为此次会议的成果，毛泽东主席在 1949 年 10 月

---

① 夏衍：《懒寻旧梦录》，三联书店 1985 年版，第 588 页。

1 日下午 3 时,于天安门城楼上庄严宣告:"中华人民共和国中央人民政府已于本日成立了。"至此,一个载入人类历史的、改变地球四分之一人口命运的、一个新的政权屹立于世界东方。

李庄和杨刚的这两篇新闻报道就是分别报道这样两个极其重大的历史时刻的杰作。从新闻写作的角度看,它们各擅胜场。李庄报道的中国人民政协会议,庄重大气,纵横捭阖,有着收放自如的驾驭能力;杨刚报道的国庆大典,亲切动人,直抒胸臆,喷涌着热烈的情感。

李庄的《中国人民从此站立起来了》篇幅不长,却有着令人惊讶的精巧结构——首尾都直接引用了毛泽东主席在开幕式上的讲话,中间的布局紧密围绕着"团结"的主题,将描写会场实景与阐述本次大会的历史性意义,有机地融合起来。例如,报道提到主席台上悬挂的人民政治协商会议的会徽,此为写实景——马上笔锋一转,从会徽写到会场的布局和代表的构成,阐释出会议的历史意义,烘托出大团结的主题。"整个会场是这个会徽的具体表现。六百多位代表,包含了中国人民民主统一战线中各阶级、各民族的代表人物。党派代表的席位在主席台右前方,中共代表位第一排,毛主席为首席。主席台左前方为部队代表的席位,人民解放军总部位第一排,朱总司令为首席。解放军后面是特邀代表,区域代表和团体代表的席位在党派和部队代表的两旁。大会济济一堂,真是空前的民族大团结。"类似的精彩还有多处。考虑到此文在次日(1949 年 9 月 22 日)即见报,则不能不佩服作者的匠心独运和深厚功力。

杨刚的《毛主席和我们在一起》则是另一种风格。这是一篇独特的书信体通讯,一开头就是亲切而又难掩兴奋的报告:"亲爱的上海兄弟姐妹们:我必须把这篇通讯直接写给你们,才能够把这一次首都人民庆祝中央人民政府成立大会上的一切尽可能真实地传达给你们。说尽可能真实是容易的,要做到,可是很难。因为 10 月 1 日这一天是太伟大,太丰富了。"在这样一种没有距离感的、热烈的情感基调下,杨刚以急切又亲切的口吻,向上海的读者报道了发生在 10 月 1 日国庆大会上的诸多细节。急于把一切报告给读者,却不失流程的清晰和事实的翔实完备;时时迸溅出炽烈的激情火花,却不失朴素真挚。六十多年后再读杨刚的这篇报道,依然能被打动。这种独特的风格,或许与杨刚其人密不可分。有着"浩烈之徒"美称的杨刚,性格直率刚烈,她在自己最得意的长诗《我站在地球中央》中表示"我所要作的就是一只号筒,一只挂着红绸子对着太阳高唱的号筒"。作为《大公报》知名记者和主编的杨刚还有另外一重身份:中共地下党员。新中国成立前夕,杨刚根据党的指示做了《大公报》总编辑王芸生的工作,"努力推动这家有相当影响的报纸走向新生"。①

因此,放置在历史背景下,可能更应关注的是,这两篇开国盛典代表作的共同之处——两篇来自不同性质媒体(党中央机关报《人民日报》和当时仍属民营的上海《大公报》)的开国报道流露出的是近乎一致的观念——无限的热爱和无比的信心。李庄在报道中清晰地指明了这种热爱之情,是由于中国共产党领导人民进行的二十八年的艰苦奋斗,"多少烈士为革命而英勇牺牲了,但是,人民终于胜利了,打出了一个人民民主的新中国。于是全国人民表示竭诚拥护共产党、毛主席和解放军,全场代表也毫无例外地热爱、尊敬共产党、毛主席和解放军。"杨刚则在报道中用更多的细节,用来自祖国各地的参加观礼的人们的切身感受,更为感性地表现道:"一种伟大的、严肃的、温柔的幸福之感贯穿着人们的全身。有人哭了。有人暗暗地赞叹不已,说:'怎么知道中国还有这一天呢!'。"正是这种"毫无例外"的热爱、空前的大团结,让两位记者在这样的历史时刻感知并记录下人们对新生政权的期冀与信心。李庄写道:"独立、自由、富强的新中国在向我们招手了。"杨刚则宣称:"我们几千年来的希望,我们几千年来的要求,要一个独立、民主、和平、统一、富强五者具备的国家的要求——在过去常常使人称为是白日大梦,或者是唱高调,现在这个几千年来的大梦一定会实现。昨天我亲眼看见的庆祝大会,就是保障。"

这样的信念再加上热烈而不造作、朴素且自然的情感,奠定了新中国成立后新闻叙述最初传统的基调。这一基调是纯挚的。如果说从开国大

① 《党和人民的优秀女儿》,《人民日报》1997年9月24日第11版。

典报道开始的新的新闻叙述在写法、技巧上有什么特色,那么最大的特色就是记者对新时代感情的自然流露。正因其出乎自然,发自内心,所以不落窠臼。例如杨刚在报道中毫不扭捏地将毛泽东比喻为"母亲",细致地报道领袖的神态、动作和高呼。这与其后的新闻逐渐扭曲了的对领袖人物的超人化、超自然的形象描写,迥然不同。也正因为这种感情的自然淳朴,才容易动人,哪怕表达形式、技巧和技术手段简单乃至简陋,也无伤大雅。可作印证的是国庆典礼当天,北京新华广播电台(中央人民广播电台前身)所做的持续六个半小时的现场直播。当时的转播设备非常简陋,都是从商店、公司租来或从部队调来的。技术人员自制了一种把九个喇叭焊在一起的大型扩音器,被戏称为"九头鸟"。虽然在直播时也留下了一些遗憾,如朱总司令阅兵时的录音马达的声音太大、晚上 9 点 25 分以后国家领导人与群众欢聚的珍贵场面(在杨刚的报道中有描绘)却因已经宣布了播音结束而无法直播①,等等。但这些圆满之外的"意外情况"无掩于中华人民共和国新闻史上第一次大型直播的巨大影响力和历史意义。

从开国大典报道开始的新中国新闻叙述的基调无疑也是理想主义的。毫不例外的团结、无比的信心、对新生活的期望,在报道中表达得如此充分而不容质疑。这一特质一直贯穿在建国后十七年的新闻叙述中,起着欢欣鼓舞振奋人心的作用。但,当站在六十多年后的今天回望过去,一旦拉开了历史的视距,人们也不免觉得这种单纯的欢欣快乐有它的深刻局限。尤其对于新闻报道来说,过分的理想主义和乐观期待并不能担保解决现实中的一切复杂与繁难,甚至会使其无法很好地履行新闻职业监测环境变动、提出预警的基本职能。巨大的成就和严重的问题,将会同时充斥在此后展开的社会实践中,那将是一幅气象万千、观之肃然的庞大画卷,而非一幅笔力稚拙的宣传画。不过,记者,作为历史的记录者忠实记录下了他们所感知到的那一刻。而,那一刻,就是命运多舛的诗人胡风

---

① 《"开国大典"的实况广播——老台长杨兆麟"解密"幕后故事》,《百年潮》2008 年第 7 期。

当时真心赞美的“时间开始了”的一刻。对于共和国新闻来说，这乐观、自信、充满活力与感情的第一乐章，显然应该叫做“青春之歌”。

代表作

1.李庄：《“中国人从此站立起来了”——中国人民政协第一届会议特写》，《人民日报》1949 年 9 月 22 日。

“中国人从此站立起来了”

——中国人民政协第一届会议特写

“占人类总数四分之一的中国人从此站立起来了。”毛主席在中国人民政治协商会议的开幕词中说：“我们团结起来，以人民解放战争和人民大革命打倒了内外压迫者，宣布中华人民共和国成立了。”

这是人民民主新中国开基立业的盛典。这个盛典是 1949 年 9 月 21 日，在人民首都北平举行的。毛主席宣布这个盛典正式开幕，乐队立即奏起《人民解放军进行曲》，礼炮在会场外隆隆齐鸣。这是胜利的声音，我们在艰苦的斗争中深深地懂得，胜利是不容易得来的。中国共产党成立了二十八年，人民解放军建立了二十二年，从开始到现在，一直领导全国人民，和国内外的敌人艰苦地战斗着。这二十多年，使青年变成中年，中年变成老年，多少烈士为革命而英勇牺牲了，但是，人民终于胜利了，打出了一个人民民主的新中国。于是全国人民表示竭诚拥护共产党、毛主席和解放军，全场代表也毫无例外地热爱、尊敬共产党、毛主席和解放军。中共代表团在大会上，成为党派代表的首席。毛主席进入会场时，全场起立鼓掌达两分钟之久。他的开幕词经常为热烈的掌声所打断。人民解放军的代表——战斗英雄李国英、魏小堂、魏来国、刘梅村被选入主席团，他们登上主席台时，全体代表热烈鼓掌欢迎。陈毅将军讲话时，“代表中国人民解放军全体指战员表示无条件拥护人民政协大会”，他说：“中国人民解放军随时准备着,听候中央人民政府的调遣,为消灭残余敌人和保卫新中国的独立自由而奋斗到底。”人们热烈地鼓掌,感谢新中国的坚强保卫者,深庆人民政协得到了这个可靠的柱石。

宋庆龄先生在会上讲话,她说,人民政协的成立“是一个历史的跃进”。真的,从去年“五一”中共提出召开没有反动分子参加的政治协商会议的号召以来,到现在只有一年又四个多月的工夫,时间不长,中国的情势却大变了。人民解放军神速地胜利进军,全中国的优秀人物都涌向解放区,涌向中共中央所在地的北平。中共的领导加上全国民主力量的团结,使得革命胜利了,人民政治协商会议召开了。会场的一切,都反映了这种真实的情况。

宋庆龄、何香凝、张澜、黄炎培,高岗、李立三、赛福鼎、张治中、程潜、司徒美堂等先生讲话时,一致赞扬中共与毛主席的英明领导,坚信全体人民一致团结,共同奋斗,人民新中国一定建设成功。看吧!在主席台上,悬挂着孙中山、毛泽东的巨幅画像,巨像中间是人民政治协商会议的会徽。会徽正面为一地球,地球中间是一幅红色的中国地图。地图上面有四面红旗,象征四个朋友,地球左右饰以麦穗,地球上面饰以车轮,麦穗与车轮表示着农民和工人,车轮中间缀以红色五角星,象征着工人阶级的领导。整个会场是这个会徽的具体表现。六百多位代表,包含了中国人民民主统一战线中各阶级、各民族的代表人物。党派代表的席位在主席台右前方,中共代表位第一排,毛主席为首席。主席台左前方为部队代表的席位,人民解放军总部位第一排,朱总司令为首席。解放军后面是特邀代表,区域代表和团体代表的席位在党派和部队代表的两旁。大会济济一堂,真是空前的民族大团结。阶级的团结、民族的团结已经从人民政治协商会议的共同纲领上充分地表现出来了,即以年龄而论,也同样说明了这种情况。何香凝和廖承志母子两人,都是政协的代表。萨镇冰已经九十二岁了。中华全国学生联合会的代表晏福民,只有二十一岁,还不及前者的四分之一。大家团结起来一起奋斗,这就保证了在怀仁堂举行人民新中国开基立业的大典,封建帝王和蒋家小朝廷的宫殿变成了人民的议事厅。

人民把会场布置得朴素而壮丽。会徽后面衬着杏黄色的幕布，在中国，这种颜色是象征庄严与伟大的。会场照明全用水银灯，一个接着一个，两廊下排着红色宫灯。新华门油漆一新，鲜红夺目，两边竖着八面红旗。门下挂着巨大宫灯。这一切，都给人们一种富有生命力的印象。中华民族本来是富有生命力的民族，过去被帝国主义、封建主义、官僚资本主义束缚着不能发展，现在真正解放了，相信不要很多时候，新中国就会建设得很好。各方面送给大会的贺幛中，充满了这种赞美与自信。民主朝鲜全体华侨送给大会的贺幛上，精致地绣着彩色的毛主席像，绣像的背景是中国共产党的党旗，还有一座工厂和几部拖拉机。旗上还绣着“庆祝新中国诞生，在毛泽东旗帜下前进”的字。这幅图案表示：工业的中国，独立、自由，富强的新中国在向我们招手了。

全世界的进步人士都在注意着我们，向我们欢呼庆祝。国内外的敌人也许在阴暗的角落里正对我们诅咒着。但是，我们有力量，有信心，“让那些内外反动派在我们面前发抖吧！”(毛主席在大会开幕词中语)

2．杨刚：《给上海人的一封信——毛主席和我们在一起》，《大公报》1949年10月6日。

给上海人的一封信

——毛主席和我们在一起

亲爱的上海兄弟姐妹们：

我必须把这篇通讯直接写给你们，才能够把这一次首都人民庆祝中央人民政府成立大会上的一切尽可能真实地传达给你们。说尽可能真实是容易的，要做到，可是很难。因为10月1日这一天是太伟大，太丰富了。甚至在今天，24小时之后，它的余风还在。街上还是红红绿绿的跳舞队、秧歌队、游行队。24小时之后，依然满街都是红旗，都是锣鼓。从湖北来的老先生、老太太摇头赞叹，说昨天那一场大会是“从来没有过！从来没有过！”从上海来的老先生说：“啊，总算活到了这一天，见到了！”

从华北来的人激动得发不出声音,只是连续地、低低地赞叹:"啊,好伟大呀!好伟大呀!"从华南来的人也说:"这是有生以来没有见过的啊!"上海的兄弟姐妹们,你们晓得陈毅市长。昨天,陈市长望着天安门前红旗的大海激动地说:"看了这,总算是此生不虚了!"这是确实的。昨天天安门广场的大会完全具体地表现了一个初诞生的新国家的气象和本质:伟大,庄严,团结,民主,尤其是领袖与人民的融合一致。它使人人相互亲爱,使人人要求向上,要求自己学好。

广场是南北从中华门到天安门,东西从太庙到中山公园的一个大十字。全场容量有的说是20万,有的说是30万人。新造的旗杆在广场内正对天安门。人民英雄纪念碑的奠基地点在旗杆以南。在开会以前向筹委会登记要参加庆祝大会的人数太多,筹委会怕广场不能容纳,再三限制下来的结果,光是从旗杆到中华门,即十字形垂直线的下半截,那一部分所登记的人数已经是20万人。十字形的横臂那一部分,除了一条马路之外,御河内外以及马路外边全是队伍。军队还不算在内。因为军队是四个师,根本就不在广场里面。广场外面两边街道上还有没能入场的群众队伍。即便是经过了限制,广场果然还是容不下这么多人。群众要求带锣鼓音乐队也不能办到。因为如果是几十万人都在场上打起锣鼓、扭起秧歌来,大会也就无法开了。事实上到后来,群众自己的呼喊已经大大地补足了锣鼓的声音。

队伍从早上六七点钟就到了广场,按照预定的地点排列。农民队伍是四五点钟就从乡下动身来到天安门,参加这个他们第一次能够参加的大会。远远望去,整个广场上红旗翻卷像红海奔腾。在红旗下面,一片片的是穿了各种颜色衣服的队伍。有的是深蓝色,有的是浅蓝色,有的是浅黄,有的是灰色,清清楚楚好像是精工规划的花圃一样,丝毫不相混杂。广场前面,白玉桥两边搭起了两座台。一座是指挥台,一座是苏联代表团的观礼台。再前面就是天安门,楼上是毛主席和中央人民政府的各位首长。

红旗飘卷,队伍静候。正在这时,城楼上面主席台前忽然发出了有历史意义的庄严声音。山鸣谷应,四处都响起惊天动地的声音。中国人民伟大的领袖,中央人民政府毛泽东主席宣布中华人民共和国中央人民政府成立了!于是广场上的欢呼声立刻翻江倒海地爆发与城楼上互相呼应。这时候,按照预定程序,主席亲自升起了中华人民共和国的五星红旗!这是经过电流来操纵的。城楼上有一个电钮开关,按相反方向写好了“升”“降”二字。主席把电钮拨向“升”字,我们的红旗就顺了旗杆自己向上飞升。主席看着旗子,说“升得好!”主席说出了我们千千万万翘首瞻仰旗子的人心里的话。我们的旗子从此是庄严而稳重地向上升了,它升得好。

接着礼炮惊天动地震响起来。每一炮所发出的巨大震响,据说都是由54尊大炮同时发出来的。这54尊炮的数目据说是用以代表政协54个单位。54尊炮同时发出28响礼炮,那声音真是山摇地动,象征全国人民坚强而雄伟的团结力量。

掌握着人民坚强而雄伟的力量,主席向人民、向全世界宣读了政府第一号公告,确定地指出中央人民政府是代表中国人民的唯一合法政府,它愿意与任何遵守平等、互利及互相尊重领土主权等原则的外国政府建立外交关系。这对于帝国主义国家,尤其是整天想封锁中国、扼杀我们的美帝国主义,将是个难题,会使它头痛又头痛。

转眼就是阅兵了。四个师的部队全在广场外面东边等候。总司令下令阅兵时,四位野战军的将领分列左右,站在总司令旁边。第一野战军是贺龙将军,第二野战军是刘伯承将军,第三野战军是陈毅将军,第四野战军是罗荣桓将军。阅兵令下,就由原来在广场东端站在指挥车上的聂荣臻将军引导,四个师以连为单位,列成方阵,由东而西,缓缓入场,一个接一个地从主席台下白玉桥边走过去。队伍的服装、颜色、队形、行动完全整齐一致。每一个方阵都像一个人一样行动。甚至于连马队里所有马的腿脚都是一出一进完全一致的。所有成排的坦克、大炮、汽车,都是比齐了一字形地前进,绝无任何参差,使一字显得没有丝毫歪曲。当阅兵进行的时候,整个人山人海、红旗飘扬的广场屏息无声,只有军乐队奏着《人民解放军进行曲》,雄壮的乐声和整齐的步伐配合,在大地上动荡。正在这时,14架飞机飞临上空,广场爆发了如雷的掌声。飞机里除了我们的空军外,还有诗人马凡陀。

当广场上的人民队伍分队出发时,已经开始黄昏。星星点点,灯笼火把接二连三地燃了起来,很快,整个广场在夜色中透明了,并且颤耀着红的星星,黄的星星,紫红的,大红的,金黄的,橙黄的,愈向夜,广场愈益像大地自身活了一样,遍地灯笼火把颤颤跳荡,像人民无边无际的欢乐和希望化身在我们面前跳跃。队伍分东西两个方向,向外出动。蓝色的拿着紫色灯笼的队伍,黄色的拿着大红灯笼的队伍,灰色的拿着金红色火把的队伍,浅蓝的拿着深桃红灯笼的队伍,还有黑色的拿着黄色灯笼的队伍,蜿蜿蜒蜒,交互环绕,像一幅巨大的活动的织锦,各按各的方向走出会场,丝毫也不发生混淆或者紊乱的状态。队伍行动时唱着歌,但更多的是呼口号而且时常是连续不断地喊着:“毛主席万岁!”这使得广场不但是以颜色和光辉活跃着,同时它还在连续不断地发出巨吼!地面这时又从许多角落放起了无数五彩照明灯球,像整个开了灿烂的光明的花朵。

毛主席是一直和人民在一起的。从下午3点到晚上10点,主席一直是站在城楼边上睁大眼睛望着下面的群众。他的脸上时而庄严,时而微笑,他的手几乎一直是高举着,向群众有力而迅速地摆,时时刻刻听见他向着群众高呼,这是一种与人民共同的呼声。他的半个身子时常是伸出栏杆外面去举手招呼群众。在这里完全看出主席是怎样全心全意地热爱人民,他的这些动作,完全是由于他内心深处对人民强烈的阶级的爱,使他自自然然就会这样随时不断满含着召唤地高呼,使他的手老是要举起来招呼人民,使他像母亲一样的向人民把身子伸出栏杆外面去,要把他们看得更清楚一点。

广场上川流不息的群众最初似乎没有看到城墙上他们的领袖在招呼他们,因为城楼上的灯光并不是很强的。他们一面呼着口号,一面走到面对城楼的时候,就要站住,更高的呼喊。当他们呼喊“毛主席万岁!”的时候,主席就从播音器里面高呼“同志们万岁!”并且时时用无字的从丹田里发出来的呼声和群众的呼喊相应合。很快,群众就发现了自己的领袖还在他们中间,并且用高呼和他们说着最亲切的言语,他们立刻就要求打破原来向东西分走的路线，而要一直朝北过白玉桥向天安门城楼走来，然后再由白玉桥上转出来，他们挤在桥上，拼命从肺腑里发出呼喊："毛主席万岁！"主席从楼上回答他们，楼上楼下一呼一应。群众欢呼跳跃，主席温厚而慈祥的手在空中摇动不停，累了，便另换一只手，他的全身凝聚着力量，他的脸上发出庄严而慈祥的光辉。有人害怕主席会疲倦，但主席丝毫也不觉得，放了椅子在他背后，他也不肯坐下去。这时候，领袖和人民完全融合一致是具体显现出来，一种伟大的、严肃的、温柔的幸福之感贯穿着人们的全身。有人哭了。有人暗暗地赞叹不已，说："怎么知道中国还有这一天呢！"

这时候，原来已经出了广场的许多人听到这样情形，又回来了。他们是很早就出了广场参加了游行的。他们的队伍已经散了。但是又集合了走回广场来。是队伍，就自己在广场上重新摆起方阵，奏起军乐。是一般人民，就集合了走到桥上来大声喊口号，大声唱歌，尽情欢乐地跳跃、舞蹈。大会指挥在播音器上再二劝告他们回去休息，才逐渐地散去。

亲爱的上海兄弟姐妹们，我不能不把这个伟大日子这样繁琐地报告你们。这是由于我无能的笔没有法子把像昨天，乃至于毛主席领导建立国家的这十天以来的历史时间恰如其分地向你们转述。但是我确信有一点是真的，那就是：

我们几千年来的希望，我们几千年来的要求，要一个独立、民主、和平、统一、富强五者具备的国家的要求——在过去常常使人称为是白日大梦，或者是唱高调，现在这个几千年来的大梦一定会实现。昨天我亲眼看见的庆祝大会，就是保障。

参阅作品

1. 1949 年开国大典直播报道，北京新华广播电台，1949 年 10 月 1 日。
2. 李普：《开国大典》，新华社，1949 年 10 月 1 日电。

打动人心的朝鲜战地报道

1949 年 12 月 16 日，毛泽东出访苏联，这是中华人民共和国国家元首的第一次出国访问。与斯大林首次会面，毛泽东提出的第一个问题即是和平问题。而此时，一方面，美国为首的西方阵营对新成立的中华人民共和国采取政治上孤立、经济上封锁、军事上包围遏制的策略；另一方面，苏联与中国的关系也尚处在比较微妙的阶段。在此国际压力之下，毛泽东出访苏联的一个明确思路，就是提出了外交上"一边倒"的策略，以此打破帝国主义的封锁。中苏双方签订《中苏友好互助同盟条约》。在这样的背景下，1950 年 6 月 25 日，朝鲜战争爆发，美国政府立即实行武装干涉，并派海军第七舰队侵入我国台湾海峡。这一突发事变，对于成立不过大半年、百废待兴的新中国来说，无疑出了一道巨大的难题。一方是朝鲜民主主义人民共和国的请求和苏联对中国出兵的迫切愿望，一方是以美国为首的联合国军的咄咄逼人；如果战争打到鸭绿江，1000 多里防线势必成为极大威胁，并将牵制国内的生产建设。但与此同时，国内连年战争的创伤尚未痊愈，万业待举，与美国军事和国力差距极为悬殊。以最能反映综合国力的工农业总产值比较，1950 年美国是 2800 亿美元，而中国仅有 100 亿美元。因此，从朝鲜战争爆发，到当年 10 月 19 日中国派兵入朝作战，这 4 个月里，中国领导人最终做出抗美援朝的决策可谓相当艰难。2011 年出版的《中国共产党历史（第二卷）》称："军情紧急，压力巨大，决策异常艰难。是否出兵入朝作战，中共中央的决策经历了一个从考虑出兵，到暂缓出兵，再到最终决定出兵的过程"。①

---

① 中共中央党史研究室：《中国共产党历史》（第二卷），中共党史出版社 2011 年版，第 71 页。

当时对出兵的一个重大顾虑是担心战争会影响到国内经济建设。但历史学家发现:事实出乎人们意料。在国内掀起的“抗美援朝运动”的热潮,大大激发了全国民众的爱国热情和民族自豪感。它不但没有妨碍,而且有力地促进了国内的生产建设。“抗美援朝,保家卫国”的口号,深深地打动人们。[①] 1951 年的经济数据还出人意料地大幅增长:财政总收入比 1950 年增长 104%,达到了收支平衡并略有结余的局面。[②] 而这一局面的形成,与当时从朝鲜战场上传回国内的一批感人至深的优秀新闻作品的宣传鼓动作用,是密不可分的。

第一个奔赴朝鲜战场的中国记者是时年 33 岁的人民日报总编室主任李庄。1950 年 7 月 9 日,李庄即奉《人民日报》社社长范长江之命进入朝鲜,冒着美军飞机低空扫射的危险随军采访。那时条件的艰苦、情势的危险,李庄在 50 年后回忆起来还记忆犹新:“我当时在 38 军司令部,还饿了两天两夜,可想前线的士兵们。”[③]但就在这样艰苦的环境下,中国人民志愿军在朝鲜战场表现出的顽强战斗意志和坚韧不屈的作风,深深打动了随军记者们。魏巍写的通讯《谁是最可爱的人》,是其中最有代表性的一篇佳作。

1950 年朝鲜战争爆发时,魏巍刚调入解放军总政治部,并作为总政派往前线的部队文化工作者赴朝。在朝鲜,他深入战士们中间,被许多感人的场面所打动,便决定在完成了指派任务后留下来继续采访。经过 3 个月的深入访问,魏巍回国已是 1951 年 2 月。已调任《解放军文艺》副总编的他,将在朝鲜的所见所感,写成了一篇精彩的通讯,也就是后来妇孺皆知的《谁是最可爱的人》。这篇通讯写好后,《解放军文艺》的总编宋之的看了非常兴奋,认为应马上送给《人民日报》发表。《人民日报》总编辑邓拓看了此文,也十分激动,破例决定放在《人民日报》1951 年 4 月 11 日头版社论位置发表。报纸送进中南海后,朱德总司令赞扬“写得好”,毛

① 金冲及:《抗美援朝对中华民族的意义》,《中国社会科学报》2010 年 6 月 29 日。
② 《朝鲜战争六十周年纪念:为祖国而战》,《三联生活周刊》封面报道,2010 年第 37 期。
③ 申春、孙文鹰:《李庄——朝鲜战场上的第一个中国记者》,《大地》2000 年第 19 期。

泽东主席阅后即批示“印发全军”。50年代起,该文成为一篇脍炙人口的名作,以单行本、收入作品集、电台广播和入选中小学课本等方式广为流传,影响了几代人。

《谁是最可爱的人》之所以取得那么大的成功,有如此广泛的影响力,除了时代背景外,作者自身在采访写作方面的经验也颇可一谈。由于这篇通讯的成功,1951年5月份魏巍即应《人民日报》之邀,写了一篇创作体会,刊登在8月19日的《人民日报》上,题为《我怎样写〈谁是最可爱的人〉》。魏巍自己所谈的经验大致可概括为感受深刻、主题集中、形象鲜明这样三条。

魏巍认为,自己能写出《谁是最可爱的人》,最基本的原因,是自己被战士们的英雄气魄、英勇事迹“完全感动了”。只有作者自己感受得深,写出来的东西才能够感动读者,这的确是一条创作真理。因此魏巍说:“你感受得深了,写出来,也就必然有那么一股子劲,人家读了,也就感受得深;你感受得浅,人家从你这儿受到的,也就浅。你根本还没有感动呢,那就用不着说了。”如何才能感受深?这与深入的采访很有关系。魏巍在朝鲜采访了3个月,记录下了许多战士的英勇事迹。以写入通讯的松骨峰战斗为例,这是朝鲜战场上十分悲壮的一仗。38军112师335团1营3连,在松骨峰阵地上以血肉之躯抵抗住了美军飞机、坦克、榴弹炮的轮番进攻,战到最后全连仅剩7人,仍顽强地守住了阵地。魏巍听说了松骨峰之战后,不仅跟着112师师长重访了3连阵地,而且遍寻3连幸存的官兵采访战斗经过,后来他找到了一营营长王宿启,王营长流着泪向他讲述战斗情况,成为通讯中那些撼人心魄的细节。

除了感受深外,这篇通讯在提炼上也下了很大的功夫。魏巍说,“在朝鲜,我脑子里经常想着一个问题:我们的战士,为什么那样英勇呢?就硬是不怕死啊!那种高度的英雄气概是从什么地方来的呢?”[①]这是魏巍最为关心的问题,也是他在朝鲜采访所围绕的主题。为了寻找答案,他

① 魏巍:《我怎样写〈谁是最可爱的人〉》,《人民日报》1951年8月19日。

"谈了好多话,开了好多座谈会",不仅和指挥员、战斗英雄谈,也和一般战士、干部、新参军的学生和过去曾经落后的人谈。在采访中,魏巍逐渐了解到能激发战士大无畏英雄行为的本质和精神动力。明确了主题,又怎样把这一本质反映出来呢?魏巍在《谁是最可爱的人》之前曾写过一长篇通讯《自豪吧,祖国》,里面列出了二十多个采访来的最生动的例子,但带回来给同志们看,却感觉不好,因而没有送出去发表。以后在写《谁是最可爱的人》时,魏巍就从大量生动的例子中精挑细选了几个例子,写完后又删掉两例。现在人们在这篇通讯名作中看到的,只是作者在朝鲜战场采访三个月获取的无数事例中的三个,但这三个例子却分别从三个方面刻画出中国人民志愿军的鲜明的形象——松骨峰战斗英雄群像,反映的是大无畏的英雄主义;救助朝鲜人民的青年战士形象,反映了与朝鲜人民的情谊和国际主义精神;防空洞吃雪的战士形象,反映了对祖国的深厚的爱。这三个例子,各有侧重,又都很好地体现了主题。

这篇通讯的成功之处,除了魏巍自己总结的三条经验外,还有一条十分重要,那就是语言的传神。文字上通俗却典雅的风范,感情上澎湃却实在的风格,都有利于报道的广为传播。但更重要的还是,这篇报道的题目——"最可爱的人",用简洁、清晰、准确的表达给志愿军群体定了位,命了名。周恩来在 1953 年第二次文代会上讲话时,特意要认识一下魏巍,并感谢他给子弟兵取了"最可爱的人"这样一个称号。"最可爱的人"几乎就成了中国人民志愿军的代名词,并在此后的岁月里,被人们广泛地引用、挪借,用来形容各行各业里那些让人感动的、有益于社会的人们。几十年后,这篇成功通讯的传神标题,依然在社会的话语体系中具有生命力,这是极为难得的。当然,这样传神的标题也不可强求,魏巍自己也说,这个标题,不是"想出来的",而是从胸中"跳"出来的。①

类似这样的新闻作品还有一大批,如《人民日报》记者李庄采写的《被人们欢呼"万岁"的部队》,新华社记者石峰、王玉章采写的《马特洛索

---

① 魏巍:《作者附语》,参见冯健等编:《通讯名作 100 篇》(上),新华出版社 2009 年版,第 103 页。

夫式的英雄黄继光》,新华社记者郑大藩采写的《伟大的战士邱少云》,新华社记者戴煌采写的《不朽的国际主义战士罗盛教》,新华社记者采写的《不朽的杨根思英雄排》等等。这些新闻报道反映的鲜活的志愿军战士形象,如被彭德怀元帅在嘉奖令中称“万岁”的主力38军、用胸膛堵枪眼的黄继光、严守纪律宁可被大火活活烧死的邱少云、跳进冰河中救朝鲜儿童的罗盛教、电影《英雄儿女》中的王成的原型、手握爆破筒与敌人同归于尽的特级英雄杨根思等,深深打动了全国人民。朝鲜战场上的战地记者也为开篇不久的新中国新闻史书写了光荣的一页。当然,光荣并不意味着没有留下一些值得反思的东西。

朝鲜战争已经过去六十多年了,六十多年后再回看当时的报道,出现一些争议和不同看法是正常的。如《谁是最可爱的人》从20世纪50年代起就入选中学课本,但在2001年新课改后,开始陆续退出各地的语文教材,这引发了社会上普遍的关注。在讨论中,围绕《谁是最可爱的人》的争议也开始出现,如认为对战争场面的描写太过暴力、血腥,意识形态色彩太浓等。有意思的是,同样是这篇作品,在50年代入选中学课本时却因不够革命而被删掉了部分描写。叶圣陶主持新中国第一套中学语文课本的编选工作时,有人提出《谁是最可爱的人》中有一句话——“当你往孩子口里塞苹果的时候,当你和爱人一起散步的时候,朋友,你是否意识到你是在幸福之中呢?”太小资情调,不够革命。这句话因而被删掉,到1978年人教社恢复,重新编写课本时,这句话才又悄悄恢复,因为这时“吃苹果和散步已经不敏感了”。① 所以,从某种意义上说,新闻报道这种“时代感”极强的即时叙事作品,总是难以免除因为时代变迁而导致的“后来者”的批评。

有一种批评是需要特别认真对待的,那就是对朝鲜战地报道真实性方面存在的争议。从大量的回忆文章和历史学家的考证中,不难得出朝鲜战争报道忠实地反映了志愿军战士英勇表现的结论。但为何还会出现

---

① 潘晓凌等:《教科书:删得掉的文字删不掉的“秘密”》,《南方周末》2009年6月24日。

真实性的争议呢？一个值得反思的原因是：当时对新闻与文学的界限划分并不清晰。魏巍的《谁是最可爱的人》就是一篇文学色彩很浓的通讯，身为作家的他本意也并非要写新闻，只是因为通讯这种形式能更快地与读者见面。在关于黄继光、邱少云、杨根思的报道中，都有对英雄牺牲前场景的栩栩如生的描写。事实上，根据记者戴煌的回忆，由于解放战争中前线记者伤亡过巨，鉴于这种情况，新华社在朝鲜战争一开始就制定了保护性政策，规定前线记者不得再随意跟随突击部队猛冲猛打，战斗进行时只能到师指挥所，战斗间隙中，才能到团里去。[1] 因此，记者的描写只能通过当时在现场的战士的转述，而不可能是亲眼看见。但当时很少有记者意识到这些新闻叙述上的差异，希望越生动、越形象越好。有些报道的描写还涉及烈士的心理活动，则是无论事后如何采访都不可能了解到的。新闻界在黄继光报道后即注意到了这个问题，但仅限于内部讨论，并没能引起人们的普遍重视。直到 1984 年，全国第五届好新闻复评中，评委们对通讯《九米拼搏》中描写英雄人物牺牲前的动作和心理的部分提出质疑，才算是明确了新闻报道中“合理想象”不“合理”的观念。而从更深的层次看，这还不仅仅是新闻写作上的问题，它事实上涉及我们对新闻报道的性质、规范和社会价值的基本观念。这些问题隐伏在此后的实践中，并一次次地以各种方式提醒人们正视它、思考它。直到今天，探索仍在继续。

代表作

魏巍：《谁是最可爱的人》，《人民日报》1951 年 4 月 11 日。

原文链接：http://www.people.com.cn/GB/channel1/10/20001010/265277.html。

---

① 田兆运：《采写罗盛教英雄事迹的前前后后——记〈不朽的国际主义战士罗盛教〉一文的作者戴煌》，《军事记者》2011 年第 2 期。

扫描二维码可直接阅读

参阅作品

1. 石峰、王玉章:《马特洛索夫式的英雄黄继光》,新华社,1952 年 12 月 21 日。
2. 戴煌:《不朽的国际主义战士罗盛教》,新华社,1952 年 2 月 4 日。
3. 郑大藩:《伟大的战士邱少云》,新华社,1952 年 12 月 3 日。

社会主义好

——新闻报道中的新旧对比模式

新中国成立后，党和政府对旧中国行将崩溃的经济力挽狂澜，在市场上严厉打击投机资本、平抑物价、统一财政，在财政金融方面首先取得了意义重大的胜利，结束了人民深受其苦的通货膨胀和物价高涨的局面。此后，随着过渡时期总路线的提出、社会主义改造的提前完成和“一五计划”的超额实现，国内经济形势发生了巨大的变化，各项建设事业顺利开展，人民的物质文化生活水平有了很大的提高。恢复时期连同“一五”时期可以说是新中国发展的最好的时期之一。纵览这一时期的新闻报道，不难发现这一时期的主流报道充满乐观主义和理想主义精神。形成这一精神基调的政治、社会与经济原因很多，而对于新闻叙述的研究者来说，首要关注的则是，在新闻文本中这种主流价值观是如何体现与形成的。有趣的是，这一时期的经典新闻报道，无论其报道的内容涉及社会生活的哪个方面，都常常表现出同一种结构模式——新旧对比。报道用旧社会与新社会的比较、用旧社会的苦难来印证凸显新闻的主题：社会主义好。

例如在表现社会生活方面，新华社有两篇堪称经典的短消息就很有代表性。一篇是 1956 年 2 月 25 日的《上海最后两辆人力车送交博物馆》，一篇是 1957 年 2 月 12 日的《上海的严寒》，两篇报道都只有 200 多字，所写的也只是很细小的社会新闻，但是因为巧妙地使用了新旧对比模式，使得小新闻写出了大意义。如在《上海最后两辆人力车送交博物馆》中，除了导语介绍了主体事实——“上海市交通局今天把上海的最后两辆人力车送给了博物馆。原来的人力车工人曾为此自动集会庆祝，感谢政府替他们挖掉了穷根，帮助他们走上了新生活”之外，其他的都是背景资料：“人力车最初出现在日本。远在1874年，上海也有了这种交通工具。解放前夕，上海约有5000多辆人力车，7000多人力车工人。解放后，政府在发展公共交通建设的同时，就有计划地帮助人力车工人分批转业。有些人力车工人已经被训练成为汽车驾驶员或技术工人。有的回到农村参加了农业生产。没有劳动力又没有依靠的老年工人进了养老院。63岁的老工人姜威群，拉了50多年人力车，穷得一直不能结婚，现在他正在养老院里安静地度着晚年。”这一段简短的背景资料安排得颇见功力，既回顾了历史、点明了政府发展公共交通的努力，又写出了个人的命运转折。

同样，在《上海的严寒》中，也只有两段，第一段白描事实：“这几天上海街头积雪不化，春寒料峭，最低温度下降到零下7.4摄氏度，上海人遇到了有气象记载的80多年来罕见的严寒。10日和11日，出现了晴天下雪的现象。晴日高照，雪花在阳光中飞舞，行人纷纷伫足仰视这个瑰丽的奇景。”第二段回顾历史：“‘前天一夜风雪，昨夜八百童尸。’这是诗人臧克家1947年2月在上海写下的诗篇《生命的零度》中开头的两句。这几天要比10年前冷得多，但据上海市民政局调查，到目前并没有发现冻死的人。民政局已布置各区加强对生活困难的居民特别是孤苦无依的老人的救济工作。为了避免寒冷影响儿童的健康，上海市教育局已将全市幼儿园的开学日期延至18日。”很显然，新旧对比并不是唯一可以选择的结构方式。例如在天气新闻中，至少也可能从气象预测、对生活的影响、提示市民一些注意事项等方面展开。但《上海的严寒》没有把气象变化写成服务性或预测性消息，而是运用新旧对比（很有文采地引用诗文），有说服力地体现了社会主义的优越性。

这类新旧对比的新闻写作方式是这一时代的典范，即通过对新社会生活的记录和旧时代历史的比较，凸显“社会主义好”的主题。这种新旧对比的模式深刻地嵌套在20世纪五六十年代的各类报道中，如《西藏

“妖女”的变迁》《苦聪人有了太阳》等等。值得一提的是,此类“新旧报道”模式在运用对比印证的同时,也往往把社会变迁具体化、形象化、落实到个人命运的变化上,增强了新闻的可读性与感染力,并不是空洞的说教。这是可资借鉴的。但是,新旧对比模式显然是一个以凸显意义为主要目的的叙述模式,在运用的过程中,如何把握事实、如何在对事实意义的阐发中实事求是,如何做到像恩格斯所说的:“完全立足于事实,只引用事实和直接以事实为根据的判断,——由这样的判断进一步得出的结论本身仍然是明显的事实。”①显然需要极为审慎地对待。在记录事实的同时主动阐释意义,但又不致过度阐释,这是一个很难掌握的微妙的度的平衡。

因此,不难理解一些报道在运用“新旧对比”时有泛化与滥用的嫌疑,当年的一些价值判断和得出结论的推导过程,在今天看来有失严谨与科学。例如,新华社 1957 年的一篇对中年纺织女工婚事的报道在一开头就说:“年轻的纺织女工们对旧社会女工悲惨生活的印象,逐渐地淡薄了。新的生活条件和自由的婚姻,使得许多年轻的姑娘,早就安排好了自己美好的家庭生活。但是,在上海十八万纺织女工中,还有一些在生活中感到孤独和苦闷的中年女工,旧社会的生活遭遇和婚姻的偏见,使得这些大姐们错过了青春。她们期望关怀和帮助。”②

这篇新闻随后举的三个例子——申新第九棉纺厂的金女工、国棉十二场的吴金秀和国棉十二厂的唐小妹都在纺织厂党组织的介绍和帮助下,建立了幸福的家庭。这些女工为什么在旧社会没有成家呢?按照报道,金女工脸上有些幼年出过天花的瘢痕,一直没有对象;吴金秀是因为丈夫去世,只留下一个儿子,她怨自己命苦不愿再结婚;而唐小妹则说是因为看到母亲婚后常挨丈夫打骂,不敢结婚。仅从这些内容看,这些女工

① 恩格斯:《致〈社会明镜〉杂志的读者和撰稿人》,收录于《马克思恩格斯全集》(第 42 卷),人民出版社 1979 年版,第 413 页。

② 《大姐们的婚事》,新华社,1957 年 × 月 4 日电,收录于文军主编:《中国老新闻(下)》,中国社会出版社 1999 年版。

不结婚与个人或家庭的关系更大些,而与“旧社会”的关联并不紧密。但是报道通过申新棉纺厂一位女工会委员的话把纺织女工的婚姻问题与旧社会密切结合起来:“为了怕被资本家开除、为了沉重的家庭负担,为了种种社会原因,在旧社会里,纺织女工很多不愿意结婚。”新闻中提到,在这个有五千名女工的大厂里,单身的中年女工有大约一百名。这个比例似乎并不叫人如何惊讶。但是,通过对中年纺织女工“婚事”的重新界定,新闻媒体依然从这些纺织女工的“结婚”事件中升华出了体现新社会优越性的意义。

再如1952年的报道《陇海铁路全线修通》中,也通过对比国民党政府的“无能”和共产党政府的“有为”,凸显了新社会的优越性。报道中说:“陇海铁路自山东海州至甘肃兰州,全长一千七百四十二公里,起修于一九一四年,但在国民党反动统治时期,全线从未修通。中华人民共和国成立后,为了彻底改变西北落后的经济面貌,中央政府于一九五○年五月批准拨款修筑天兰铁路,并在同月开工,计划在一九五三年六月通车。在修筑时,数万员工积极抢修,终于提前于兰州解放三周年纪念日(八月二十六日)前夕完成铺轨工程。”如果仔细分析不难发现,报道中提供的内容其实无法充分地证明这种“新旧对比”。因为报道中所说的“天(水)兰(州)铁路”只是陇海铁路中最西端的一段,全长三百六十公里。这一段铁路的修通再加上此前几十年间修筑的一千多公里铁路,才终于成功地连接了从东到西的广大版图。但是报道摒弃了其他的叙述模式,着意表现国民党时期的“全线从未修通”和新中国成立后修筑工作“提前完成”这两点,把陇海铁路“全线贯通”的成就归功于一个全新政权的蓬勃朝气。这种好坏对比的模式既是战争年代敌我斗争逻辑的延续,也完全符合当时人们对一个“改天换地”新时代的高度期望,因而几乎很少有人注意到这种比较其实是在一种不大对等的状况下做出的。在政治意识形态的框架下,对成就做出有倾向性的解释,这一问题在当时看来并不明显,甚至对鼓舞人们投身社会主义建设还大有裨益。但新旧对比模式如果不能建立在大量的事实、细节、数据的基础上,过度或简单武断的运用则有可能偏离正途。

本节作为代表作介绍的,是时任《人民日报》社社长兼总编邓拓写的报道《访"葡萄常"》。这篇报道的社会背景是1956年对农业、资本主义工商业和个体手工业的社会主义三大改造提前完成,邓拓走访了在北京地区颇有声望的个体手工业代表——"葡萄常"一家,通过对常家五姑侄传奇人生的了解,让读者看到了一个典型的民间手工艺人家庭的命运变化。这篇报道当然也是以"新旧对比"模式为主线的,如"老辈子的生活像梦一样地消逝了,然而,这几位姑侄姊妹每次谈起来总还是历历如在眼前。她们几十年来相依为命,从旧时代黑暗的牢笼中走出来,一步步踏上了真正的解放之路。时常使她们感动的今昔生活的鲜明对比,怎么能叫她们忘怀呢?"这样的直接进行"鲜明对比"的文字还有两三处。但这篇报道比一般地运用新旧对比模式的报道要高明不少,其微妙处值得细细品味。

这篇报道文笔优美,文采斐然。邓拓在报道的最后还赋词一首(就报道文体来说,这是很罕见的),以示祝福,这当然与邓拓个人的才情是分不开的。但是,报道在彰显文采的同时,也表现出邓拓作为一名新闻记者采写功力的深厚。例如,报道表现"新旧对比",就很注意逻辑和方法。一方面,报道如实写出了常家姐妹在合作化初期的顾虑,这符合人们对新事物的认识规律;另一方面,报道通过充分的事实证明了合作化给手工艺人带来的好处。这种证明是通过数字对比、态度对比、常家人自己的总结来实现的,充分、自然、不生硬。此外,这篇报道语调温和亲切,对报道对象的人格与情感充分地尊重,而不是把她们视为体现某种价值的工具。报道中有一个细节耐人寻味,即当邓拓询问常家姑侄终身不嫁的秘密时,明显地感受到了当事人的回避,因此邓拓很快地换了话题。事实上,常家姑侄的不嫁与其家中男丁或早逝或败家有很大关系,这确实是一家的难言之隐,记者在这里的善解人意,既体现了职业道德,也体现了人品修养。

"葡萄常"因为邓拓的这篇报道被更多人所知,但令人扼腕的是,也因为与邓拓的关系,常家在"文革"中差点遭受灭顶之灾。邓拓在"文革"

前夜含恨自杀,他的新闻作品《访“葡萄常”》被批成黑文章。常家的“天义常”匾被砸碎,巴拿马万国博览会获得的奖状被撕碎,保存几十年的料器葡萄样品、照片、资料全部化为灰烬。“文革”结束后,“葡萄常”几经周折,才得以恢复。

代表作

邓拓:《访葡萄常》,《人民日报》1956 年 7 月 28 日

访葡萄常

北京崇文门外花市大街有一条胡同,名叫下唐刀:胡同里住着一家姓常的手工艺人,外号“葡萄常”。

常家本是做料器玩具的家庭作坊,有一百年左右的历史,什么葫芦、果子都能做一些;而最拿手的是软枝的紫葡萄,做的像真的一样。“葡萄常”的名声就由此而来。

守着家传的特种手工艺的技巧,常家的姑侄姊妹们竟然都不出嫁。她们几十年来凭着自己灵巧的双手,辛勤的劳动,度着清寒的岁月;直至白发催走了青春,他们也不后悔。现在,“葡萄常”的主持人常桂禄是六十岁的老姑姑,耳朵已经聋了,身体却很健壮。她说话时洪亮的声音和大踏步走路的姿态,使人自然而然地会想象到当年这位蒙古族的姑娘够多么倔强而豪爽。她有姊妹各一人。姊姊常桂福是身披袈裟的剃发女尼,猛一见面简直要把她误认作和尚。她说话的声音也和男人差不多,举止动作完全摆脱了女子的模样。虽然今年已经六十二岁了,她却还照旧参加劳动。妹妹常桂寿,五十六岁,在三个老姊妹中间,要算她是最精明能干的了。她的风度和两位姊妹有很大不同,这只要看她那瘦长的身材和有时在脸上泛起的红晕就可以知道。她们有两个侄女:常玉清五十岁,作风有点像她那位出家的大姑常桂福;常玉龄四十五岁,举动和谈吐同她的二姑常桂禄十分相像。这五个姑侄姊妹把手工技巧看得比什么都重要,

做成一串串的葡萄比那园子里新摘下来的也差不多,深紫色的薄皮上覆着一层轻霜,柔软的枝干衬着几片绿叶,叫人望见它们嘴里就有酸甜的感觉。这些葡萄受到广大人们的称赞实在不是偶然的,这是常家姑侄姊妹的血汗和眼泪的结晶。

老辈子的生活像梦一样地消逝了,然而,这几位姑侄姊妹每次谈起来总还是历历如在眼前。她们几十年来相依为命,从旧时代黑暗的牢笼中走出来,一步步踏上了真正的解放之路。时常使她们感动的今昔生活的鲜明对比,怎么能叫她们忘怀呢?

"谁能想到我们已往的日子怎么过的!"当我问到常家过去的生活状况的时候,常桂禄感叹起来了。她们姑侄姊妹们围坐在中堂,你一句我一句地诉说着两代相传的往事。

那是清朝咸丰初年,太平军到了南京,全国震动,清朝政府加紧压迫和勒索,闹得在旗的下层人民也都不能生活了。常桂禄的父亲常在,从正蓝旗的蒙古营里搬出来,就开始做料器玩具,自做自卖,维持家计。有一年灯节,西太后派人搜罗各种手工艺品,在旗的人都知道常在的手艺高,就叫他往宫里送东西。据说西太后看他做的料器好,赏了他一个字号,叫"天义常"。后来常在去世,他的两个儿子,蒙古名是扎伦布和伊罕布,继续操这手艺。

伊罕布做活最辛勤,有一次他的作品参加了巴拿马赛会,得了奖状。可是,在那些时候,手工艺人总是受轻视的。伊罕布身体很弱,生活又苦,只四十九岁就死了。他的妻子现年七十二岁,随着常桂禄姊妹们过日子,也参加劳动。他的女儿常玉龄从小就跟着她的姑姑们学会了一手好工艺。

不久,扎伦布也死了。他的女儿常玉清也随着常桂禄姊妹们过活。他的儿子有的早死,有的出家了,留下三个孙子。从此常桂禄姊妹们就挑起了全部生活的重担。

"扎伦布和伊罕布去世以后,百事只好都由我们姊妹承当。"常桂禄谈起后来的生活,声音越来越低,有时就停住了。

她们过去生活中最痛苦的期间，是在日伪和国民党反动统治下的十二个年头。常家的手艺再好也经受不了那些苛捐杂税、额外勒索和其他种种的摧残。她们抱头痛哭了一场，终于含着眼泪，丢开家传的手艺，去烤白薯，炸油饼，充当卖零食的小摊贩。常桂禄说到当时的情景，脸色变得阴沉沉的，身上好像在打颤。

北京和全国的解放，首先使她们感受到的最重大的实际意义，就在于她们的家庭特种手工艺的恢复和发展。1952 年在北京天坛举行的物资交流大会，也正是"葡萄常"姑侄姊妹扬眉吐气的新时期的开始。她们所做的葡萄在国内外的销路都打开了。人们称赞常家的手艺是"巧夺天工"，争先向常桂禄要求订货。

"我这二姊七岁就能做活，如今我们就把她的名字常桂禄作我们的字号。"常桂寿插进一段话，特别夸奖她的姊姊。果然，在印好的招贴纸和卡片上，我看见都是常桂禄的名字。原来她们从小没有机会读书，家庭的环境又封建、又迷信。常桂福年轻的时候没有出嫁，到了三十六岁的那一年索性就当了尼姑。常桂禄、常桂寿看见姊姊不出嫁，当然也就作同样的打算，还有两个侄女受了姑姑的影响，也都下定了不出嫁的决心。当尼姑的既然不便主持家计，于是常桂禄就不能不作一家之主了。

这使我不禁联想到中国历代手工业者用一切方法保守技术秘密的许多悲剧，我疑心这个悲剧在常家一直演到如今还没有终场。

"你们不出嫁不是为了保守家传手工艺的秘密吗？"我问。

"不是的。我们爱自在，才不想出嫁。"常桂寿很机智地抢先替她的姊姊作了这样的解释。她那瘦长的满是皱纹的脸上忽然又泛起了一层红晕。

"您怎么想当尼姑去了？"我转过来向着常桂福发问。

"我早年喜欢尼姑……"她似乎早就准备好了一句答话，而临时又有所踌躇。

恐怕这样的对话多少会刺激她们，我赶快换了话题，继续谈论她们现在的生活和生产的情形。

去年(一九五五年)十一月间北京手工业合作化运动还没有开始的时候,我看见常家这几位姑侄姊妹的劳动条件还不够好。在手工业合作化运动中,我又听说常桂禄有一些顾虑。她害怕合作化以后要取消老字号,要集中到合作社去跟别人一起劳动;她觉得一百年来的家底就要完了,心里难过。但是,事实并不是这样。她们的老字号仍然照旧,也没有集中到合作社去,劳动条件却有很大的改善,外边的订货增加了一倍多,生产规模随着扩大了。一种欣欣向荣的好光景出现在她们的面前。当我这次再来访问的时候,她们一见面都笑逐颜开,同声称赞合作化是再好不过的,并且表示愿意顺着这条道儿走到底。她们说:“北京解放是我们手工艺人的头一次解放,合作化是我们的又一次解放。”

我问了常家合作化前后的营业状况,可以看出来,区的领导机关对她们的特殊情况照顾得十分周到;她们在合作化的运动中相当如意,并且生产发展得很快。合作化以前她们每月平均流水是人民币八百元至九百元。合作化以后,今年二月份的流水就增加到一千二百元,最近的一个月增加到二千五百九十元。除了原材料、工资、税收等项支出以外,每月可以获得纯利百分之十五。她们五个姑侄姊妹,加上常桂禄的嫂嫂一共六个人,每人又都评定了工资,每月各七十元到八十元不等。为了扩大生产和提高劳动效率,区里帮助她们从通县调来了两个烧玻璃球的“点炉工”,还招收了四个女徒弟。

常桂禄总结合作化的好处是:一、原料不缺;二、周转方便;三、税率减轻;四、技术提高;五、销路扩大。现在她们的产品远销外国,供不应求。有的订货单一次就要五万枝葡萄,使他们又喜又愁。喜的是营业发展非常快,愁的是手工生产赶不上。这是新的矛盾。她们已经进一步认识,只有推广技术,扩大生产,更加紧密地依靠合作社,才能够解消这个矛盾。

离开常家的时候,我由衷地祝福她们,并且用“画堂春”的调子写了一首词送给她们:

常家两代守清寒，
百年绝艺相传。
葡萄色紫损红颜，
旧梦如烟！
合作别开生面，
人工巧胜天然；
从今技术任参观，
比个媸妍。

她们送出门来，临别时诚恳地表示，希望首都的美术家帮助她们，把她们所做的软枝葡萄的特点，用新的技术设计方法固定下来，并且使她们的手工技巧有更进一步的提高。

参阅作品

1.《上海的严寒》，新华社，1957 年 2 月 12 日。
2.《梁山伯结婚了》，新华社，1957 年 3 月 8 日。

讴歌劳动:劳动者主体地位在新闻中的彰显

马克思曾在《1844 年经济学哲学手稿》中这样论述劳动:劳动是人类自由的自觉的活动,是人的本质。这一论述把"劳动"作为实现人之为人的关键,并贯穿在他的基本哲学思想中。从这个角度出发,马克思论证了为何资本主义制度是一个不合理、不平等、"扭曲"的制度,因为这一制度会让人的劳动异化——"劳动对工人说来是外在的东西,也就是说,不属于他的本质的东西;因此,他在自己的劳动中不是肯定自己,而是否定自己,不是感到幸福,而是感到不幸,不是自由地发挥自己的体力和智力,而是使自己的肉体受折磨、精神遭摧残。因此,工人只有在劳动之外才感到自在,而在劳动中则感到不自在,他在不劳动时觉得舒畅,而在劳动时就觉得不舒畅。因此,他的劳动不是自愿的劳动,而是被迫的强制劳动"。"劳动的异化性质明显地表现在,只要肉体的强制或其他强制一停止,人们就会象逃避鼠疫那样逃避劳动"。[①] 显然,在马克思看来,是否是一个理想的社会,个人的主体性能否得到彰显,人们对于"劳动"的态度是一个重要的衡量。

20 世纪五六十年代的新闻报道中,曾回荡着一个十分有力的声音,那就是对劳动的讴歌,对普通劳动者的讴歌,这是五六十年代新闻文化的

① 马克思:《1844 年经济学哲学手稿》,收录于《马克思恩格斯全集》(第 42 卷),中共中央马克思恩格斯列宁斯大林著作编译局编译,人民出版社 1979 年版,第 93、94 页。

一个醒目的特征。歌颂劳动和劳动人民的传统并非始自50年代。中国共产党在成立之初,就面向劳工走出了一条不同于以往革命启蒙的群众路线。中国共产党的新闻实践也是如此。从20世纪20年代起,北京、上海、广州等地出现了一批由当地共产党早期组织创办的、以工人为对象的通俗报刊。这些报刊既以工人为传播对象,用通俗的语言和生动的事例向工人群众传播科学真理,同时也以工人为传播主体。如上海的《劳动界》设立《读者投稿》,鼓励工人发表消息和评论,并收到大量来稿。[①] 而在此后的共产党新闻实践中,这种群众路线逐渐明确,并通过延安整风运动和《解放日报》的改版,得到了最终的确认。但由于这一时期的战争环境,面向群众的新闻宣传仍以革命动员为主。

新中国成立后,当国家进入到社会主义建设时期,以群众为主体的新闻实践就必然地与"劳动"有了更紧密的关系。因此,并不意外的是,五六十年代的社会建设中,新闻媒体涌现过一大批讴歌劳动、赞美普通劳动者的动人的报道。

其中最为脍炙人口的是对新中国第一代劳动模范的报道。《"孟泰仓库"》中的特等劳动模范鞍钢工人孟泰、《走在时间前面的人》中的技术革新能手王崇伦、《红桃是怎么开的?》中的纺织劳模赵梦桃,以及纺织能手郝建秀、掏粪工人时传祥、邮递员姚濯新等一大批劳动模范,也都是通过新闻报道,被千千万万的读者熟知,并大大鼓舞了各条战线的劳动热情。如果用马克思关于劳动的论述来看这些劳模报道,就不难发现,这些成功的报道都写出了劳动者的主体性。首先,劳动是一种高度自觉的活动。比如新华社的报道《特等劳动模范孟泰》中开头就用孟泰妻子的一段话,写出了老工人孟泰视厂如家的精神。"有一天,我好几年没见面的一个姐姐来看我。孟泰回来了,他亲热地对她说:'日本鬼子统治东北,咱吃的是橡子面和酒糟似的高粱;国民党一来,我失了业,穷的连上班用的

① 王维佳:《从"启蒙"到"新启蒙":"群众路线"的历史命运与传播观念的变迁》,《北大新闻与传播评论》第五辑,北京大学出版社2010年版。

饭盒都卖掉了;共产党来了,生活才步步提高。用的不必说,就是吃的也净是大米白面了。这回在咱家多住些日子吧……’可是,他还没把话说完,突然扭头就走了,弄得我姐姐好难为情。我连忙解释:‘现在他已经参加了共产党,工作劲头可大啦!他没有夜班,晚上却睡睡觉就没影儿了;有时五更半夜才回来;有时到晚上才回来吃午饭。他这时一定又想起什么要紧事,跑到工厂里去了。’说实在的,我若不解释一下,真能叫人家误会呢!”其次,个人的劳动是与国家、社会紧密结合在一起的,劳动者能从这一层面认识问题,并油然产生劳动的自豪感、主动性和创造性。如上文所说的老孟泰,为何有这样的劲头搞生产,为何能把厂子视为命根子?最重要的原因是:“孟泰是从苦日子里熬出来的,他最明白生活和斗争的目的,解放后的几年来,他高度发挥了工人阶级的主人翁思想,把工作变成了他的生活。”①

赞美劳动,并且因为劳动者已经获得了主人翁的地位,劳动的意义也发生了根本的变化,从被动的劳动,到主动的劳动、创造性的劳动、自豪的劳动。如这一时期的关于“郝建秀工作法”、革新能手王崇伦的报道,都鲜明地体现了这一特点。劳动,在这一时期的报道中,并非苦情,而是阳光、健康、积极、欢乐的。而这样的一种逻辑与基调,也最能打动同样作为普通劳动者的千万读者。

本节介绍的代表作还不同于上面所说的劳模报道,乃是一篇对在社会主义建设中更为“普通”的劳动和劳动者的“白描”——1956 年由新华社十几位年轻记者集体采写的通讯《当你们熟睡的时候》(以下简称《当》)。相比于集中介绍劳动者中优秀代表的典型报道,这篇通讯刻画的则是普通劳动者的群像,因而它与读者的感情更贴近,更能引起共鸣。

这篇通讯还有几个特色,是不得不提的。其一,如何进行新闻选择。《当》文所报道的是:托儿所保育员的夜间工作,电车公司员工在夜间对

① 鲁晨:《特等劳动模范孟泰》,新华社,1951 年 9 月 11 日。

车辆检修保养,急救站值班医生护士抢救生命,电报局职工夜间收发电报,电影制片厂夜拍《祝福》,清洁工夜里洒扫全城,《人民日报》在夜里编排、付印和发送的环节,夜宵摊深夜营业,医院零点接生婴儿等 9 个具体的新闻事实,这些事实乍看都平淡无奇,既没有事实本身的新奇性,也没有所涉及报道对象的显著性,用当时参与采写的记者孙世凯的话说,这是以前"从未进入记者视野的'冰点'"。然而正是这一独特的新闻选择,成就了这篇报道,新华总社向北京分社发来的贺信中说:"这篇报道已获得社内外的好评。你们选择的这个新鲜而有广泛兴趣的主题,在材料的挑选和安排上,都表现了记者的创造性"。[①] 这确实是一种创造性的新闻实践,也是 90 年代后新闻界重新发现"冰点"的先声。这里涉及的一个深刻问题是:读者与新闻的关系,并非简单的"看"与"被看",而是要有共鸣、有联系、有共同性的。这篇新闻正是在这一点上,牢牢地抓住了读者心理,收到很好的社会反响。当然,这些看似平常的事实其实包含着编辑记者的精挑细选,平常不等于平淡,亲和也不等于随意。

其次,如何处理事实与意义的关系。除了开头一段外,这篇通讯可以说是通篇"白描",在介绍 9 个人们夜间工作的场景时,只呈现事实,没有穿插这一阶段新闻报道惯用的抒情和评论,但是它收到的效果,在人们心中激起的劳动幸福感、自豪感又明显地超过了同时期的一般报道。道理何在?这篇报道其实是在两个不同的层次上处理"事实"与"观点"(或者说"意义")的。前者是在可见的文本层面,后者是在隐伏的生产层面。也就是说,在选题阶段,记者们已经把"夜间的人们"这个劳动现象与"为人民服务"这个劳动主题结合了起来,而在采写阶段,则秉承事实原则,是一篇典型的"用事实说话"的主题新闻报道。当然,这一特点在非主题新闻报道中并不适用。

最后,这篇报道对"现场"的重视也可圈可点,这是当年极少出现的

---

① 孙世舫:《作者附语》,见冯健等编:《通讯名作 100 篇(上)》,新华出版社 2009 年版,第 133 页。

"多现场"报道,十几位记者同时采访九个新闻现场,最后整合成一篇以现场报道为主体的特稿。这在当时尚以"事后追访+形象化的文字描写"为主要采写模式的新闻实践中是不多见的,这篇报道充分地展现了"现场"和"事实"本身的魅力,因此它的成功也就毫不奇怪了。

但令人感慨的是,在50年代和60年代初期曾经出现过的讴歌劳动的报道,在此后的新闻实践中很少看到了。60年代中期以后,劳动的主体在新闻中被越拔越高,也越来越抽象。具体的、鲜活的劳动者被抽象的阶级符号和精神象征所代替。这与要求报道具体事实的新闻的特性是背道而驰的,原先生动、真实的劳动报道,也就逐渐变得刺耳、刻板,令人生厌了。在长期的中国革命实践和社会主义初期建设的实践中被证明成功的群众路线,为何会从"群众运动"发展到"运动群众",最终让群众感到厌恶?这一逻辑的转变是值得深思的。同样,改革开放之后的三十多年,报道中对"劳动"的态度,也是一种耐人寻味的当代新闻文化现象。80年代曾再度出现的赞美"劳动"和"劳动能手"的风气似乎也渐渐地被"赚钱""大款"取代,"劳动"好似被贴上了"弱势群体"、消极抱怨的标签。曾经响亮动人的对"劳动"的讴歌,又渐渐沉歇。这当然绝不只是一个新闻实践中的问题,但的确应该引起新闻从业者们的注意。毕竟,如何表达"劳动",如何表达"劳动的主体",总是涉及一个时代最被广泛关注的社会表象,也涉及一个时代最深刻而隐在的精神内里。

代表作

新华社记者集体采写:《当你们熟睡的时候》,新华社,1956年7月22日。

原文链接:http://news.xinhuanet.com/newmedia/2006-11/01/content_5276293.htm。

扫描二维码可直接阅读:

参阅作品

鲁晨:《特等劳动模范孟泰》,新华社,1951 年 9 月 11 日。

新闻批评:“让人民来监督政府”

1945 年 7 月,黄炎培等 6 位国民参政员应邀访问延安。在与毛泽东晤谈时,67 岁的黄炎培表达了他的一种担心:“我生六十年来,耳闻的不说,所亲眼看到的,真所谓‘其兴也勃焉’,‘其亡也忽焉’,一人,一家,一团体,一地方,乃至一国,不少单位都没有能跳出这周期率的支配。”他真诚地希望中共诸君能找到一条新路,跳出这历史周期律的支配。据黄事后追忆,毛泽东当时回答:“我们已找到新路,我们能跳出这周期律。这条新路,就是民主。只有让人民来监督政府,政府才不敢松懈。只有人人起来负责,才不会人亡政息。”①

“让人民来监督政府”这不是一句空话,它需要制度建设来保证其实现。新闻批评,可以说是其中一条重要的实现渠道,这种理念也早已存在于中国共产党人的新闻实践中。如早在 1942 年,延安《解放日报》改版时,改版社论《致读者》就明确地表示“报纸亦应是我们党手中的有力的自我批评的武器”。② 晋绥边区机关报《晋绥日报》在 1946 年 6 月晋绥分局高干会提出要“从上而下的开展批评与自我批评的精神”之后,报纸转变很大,敢于进行新闻批评。晋绥分局副书记张稼夫说:“高干会后,报纸转变很快,如揭发缺点,进行批评,替群众讲了话”。③ 毛泽东也表扬说,“《晋绥日报》在去年六月的地委书记会议以后,有很大进步。内容丰富,

---

① 黄炎培:《八十年来》,文史资料出版社 1982 年版,第 149 页。

② 《致读者》,《解放日报》1942 年 4 月 1 日。

③ 《本报创刊六周年纪念/贺龙同志指示/更好地为人民说话》,《晋绥日报》1946 年 9 月 18 日,第一版。

尖锐泼辣,有朝气,反映了伟大的群众斗争,为群众讲了话。我很愿意看它。”①

这种以新闻批评为武器,实现批评与自我批评,推行民主,反对官僚主义腐化堕落的做法,在建国初期也运用得较多。1949 年6 月8 日,中共中央山东分局宣传部及新华社山东总分社作出了《关于加强新闻报道中批评与自我批评的决定》,决定指出:必须注意新闻报道在正确基础上的时间性,要充分运用已经大大改善了的通信工具,力求迅速及时,不得借口“慎重”而延误大事件的报道或批评。该决定后被中共中央宣传部转发。1950 年4 月19 日,中共中央发出《关于在报纸刊物上展开批评和自我批评的决定》②,号召“在一切公开的场合,在人民群众中,特别是在报纸刊物上展开对于我们工作中一切错误和缺点的批评与自我批评”,“保障党和国家的民主化、加速社会进步”。这也是当代中国新闻史上,以中共中央的名义公开发出的第一个关于新闻批评的专门性文件。1950 年4 月22 日,新闻总署公布经政务院批准的《关于改进报纸工作的决定》,其第四条对如何在报纸上开展新闻批评做出了具体的规定,称“报纸对于政府机关及其工作人员、经济组织及其工作人员的工作中的缺点和错误,应负批评的责任。这种批评应当是积极的,富于建设性的,实事求是的,和与人为善的。报纸所发表的批评应当要求被批评者作适当的声明,以便向人民群众报告批评的结果。”③这些新闻工作的指导性文件给建国初期的新闻批评提供了一个良好的政策环境。

除了新闻政策鼓励媒体进行新闻批评外,当时开展的政治运动也对新闻批评客观上起到了推波助澜的功用。如从 1950 年 7 月 1 日到年底的全党整风运动、从 1951 年底到 1952 年 10 月开展的“三反”“五反”运动,把防止党政领导干部贪污腐败、骄傲自满、脱离群众、搞官僚主义摆在

① 毛泽东:《对晋绥日报编辑人员的谈话》(1948 年4 月2 日),《毛泽东选集》第4 卷,人民出版社 1991 年版。

② 《中共中央关于在报纸刊物上展开批评与自我批评的决定》(1950 年4 月19 日),《人民日报》1950 年4 月22 日。

③ 《新闻总署关于改进报纸工作的决定》,《人民日报》1950 年4 月23 日。

了十分突出的位置上。在这种情况下，新闻批评也顺应形势，开展得如火如荼。据统计，全党整风运动时期，《人民日报》刊登批评报道 142 篇，“三反”“五反”时期，《人民日报》刊登批评报道 777 篇，达到了批评性报道发展的顶峰。① 其中影响最大的是对刘青山、张子善一案的报道。

建国初期的新闻批评并非进展得一帆风顺，当时一个比较突出的问题是，不少老革命老干部，对新闻批评有抵触情绪。最有代表性的是“黄逸峰事件”②。黄逸峰是位具有传奇经历的老党员，1927 年到 1936 年，黄逸峰七次被捕，坐过国民党的大牢，吃过外国人的官司。新中国成立后，出任第一任上海铁路局局长，后调任华东军政委员会交通部部长兼党组书记，并兼任下属的华东交通专科学校校长。1951 年 12 月 3 日，《人民日报》“读者来信”栏发表了一篇题为《华东交通专科学校存在混乱现象》的文章，批评该校存在着教育情况不理想、校内建设铺张浪费等问题。黄逸峰得知此事，大为恼怒。一方面布置师生员工联名给《人民日报》写信，称该文不实；另一方面暗中追查投稿人。《人民日报》对待新闻批评的反馈情况也比较看重，常给向报纸写过批评建议的读者写信，要求他们将批评后的效果反馈给报纸编辑部。因此，1952 年 2 月，《人民日报》编辑部给华东交通专科学校写批评信的人去了信，结果该信被校方截送往华东交通部。黄逸峰布置人员暗查，发现信件被该校学生薛承凤取走。得知批评信的作者后，校方向华东军政委员会教育部申请开除薛承凤，虽没有被批准，却在黄逸峰的坚持下在全校召开思想改造大会，对薛承凤予以批判。此后，黄逸峰还以学校名义两次签发给薛家长的信，称其“精神失常”，要求将其领回。薛承凤无奈，将自己的遭遇再次投书《人民日报》，编辑部遂将薛的原信转交中共中央华东局办公厅，华东局领导极为重视，第三书记谭正林当即指示进行调查。1952 年 8 月初，检查组进校调查，但黄逸峰极不配合，对检查组不予理睬，甚至顶撞。检查组本拟给

---

① 张艳妮：《〈人民日报〉(1949 年 8 月—1956 年 6 月)中的批评性报道研究》，兰州大学研究生学位论文，2008 年。

② 参见陈建云：《“黄逸峰事件”惊动高层》，《同舟共进》2009 年第 6 期。

予黄党内警告处分，并要求他在《解放日报》上公开检讨，但黄逸峰却拒绝公开检讨。事情闹僵后，华东局派人赴京向中共中央汇报，请示如何处理。毛泽东得知此事后，在一份材料上批示到："压制批评，轻则开除党籍，重则交人民公审。"1953 年 1 月 13 日，华东局纪律检查委员会做出开除黄逸峰党籍的决定，1 月 19 日，《解放日报》头版头条公布了该决定，并在社论中称黄为"压制民主、欺骗组织的坏蛋分子"。1 月 23 日，《人民日报》转发了华东局纪律检查委员会开除黄逸峰党籍的消息，并配发了一篇著名的社论《压制批评的人是党的死敌》。至此，黄逸峰成为一个顶风违纪、压制人民群众批评意见的负面典型。

本节选择的代表作即是《人民日报》的这篇社论《压制批评的人是党的死敌》，这篇社论体现了建国初期对新闻批评问题的基本观点。同时，黄逸峰事件的社会影响，以及黄逸峰本人命运的变化，都给我们认识这一时期的新闻批评问题提供了一个鲜活的案例。

应该充分肯定，中国共产党的一贯作风是鼓励和提倡"批评与自我批评"的，而新闻媒体是实现"批评与自我批评"的重要平台。党的主要领导者都期望党报能充分履行这一职能，形成"严肃活泼"的民主氛围。这一在革命战争年代就形成了的经验，在新中国成立后面对"打江山容易，坐江山难"，党员干部被胜利冲昏头脑、腐化堕落的可能性时，自然更显得重要。正如这篇社论在一开头所说："工人阶级的共产主义的政党从来是依靠批评与自我批评前进的。"这是中国共产党在革命和建设实践中取得一个又一个胜利的重要法宝，也是党的政治伦理和政治智慧的体现。

但是，我们也应看到，尽管有深厚的理论支撑和现实中新闻政策、政治运动提供的良好环境，以《人民日报》为代表的各级党报在 1950 年到 1953 年确实刊登了很多批评性的报道、评论以及读者来信，涉及社会生活的很多方面，但是，这一时期的新闻批评与 80 年代以后兴起的批评性报道、舆论监督并不相同，有很多时代自身的特点。

首先，这一时期的新闻批评虽有相关新闻政策为指导，但仍有浓厚的"人治"色彩。以黄逸峰事件为例，本来华东局对黄的处理意见是党内警告和公开检讨，但黄逸峰倔强不从，闹到了最高层。因为毛泽东的一句批示，黄逸峰一下成为压制群众批评的典型，被开除党籍，成为“反党分子”，取消一切行政职务，工资连降4级，住宅被没收，全家人生活顿感艰难，黄逸峰对这个处理结果深感委屈并一再申诉。毛泽东也感到处理过于严厉，1954年他说，允许别人犯错误，也允许人家改正错误，譬如黄逸峰。1956年，毛泽东在《论十大关系》的报告中，提到可以允许黄逸峰重新入党的问题。他讲到，华东有个黄逸峰，人家要革命，你们为什么不让他革命？只有假洋鬼子才不允许阿Q革命。接着，党中央限令解决黄逸峰的组织问题。于是，1956年12月31日，黄逸峰被批准重新加入中国共产党。1980年，根据黄逸峰的申诉，中共上海市委组织专门的复查组，对1953年的事件重新复查，建议撤销当年对黄逸峰开除党籍的决定。同年，中共中央纪律检查委员会对上海市委的报告批复道：“黄逸峰同志的主要错误属实……但不应定为反党分子，给予开除党籍的处分。”①“文革”后黄逸峰受命重建上海社科院，担任院长和党委副书记。

其次，1950—1953年新闻批评的蓬勃主要是与当时的政治运动结合在一起的，并没有建立一个长效的新闻监督机制。1953年春，中共广西省宜山地委机关报《宜山农民报》在一篇社论中批评了宜山地委，引起激烈争论，广西省委宣传部请示中南局宣传部和中央宣传部。3月19日，中宣部批示：党报不得批评同级党委。②此后，《人民日报》批评性报道的数量开始逐月下降，1953年4月份的批评性报道是186篇，到12月就降到了45篇。③ 1954年4月，毛泽东提出对报纸上的批评要实行“开、好、管”的三字方针④、1954年7月17日中央政治局通过《中共中央关于改进

① 张开明：《书生—将军—学者——黄逸峰人生传奇素描（下篇）》，《党史文汇》2000年第4期。

② 《中宣部关于党报不得批评同级党委问题给广西省委宣传部的复示》，《中国共产党新闻工作文件汇编》中卷，新华出版社1980年版，第279页。

③ 张艳妮：《〈人民日报〉（1949年8月—1956年6月）中的批评性报道研究》，兰州大学硕士研究生学位论文，2008年。

④ 毛泽东：《报纸上的批评要实行“开、好、管”的方针》，《毛泽东新闻工作文选》，新华出版社1983年版，第177页。

报纸工作的决议》,强调在报纸上发表的批评的事实必须经过认真的调查研究,批评的态度和观点必须正确。强调新闻批评的正确性当然是十分必要的,但将正确性提到政治性的高度上,要求事实完全准确,观点完全正确,并要把握发表时机,深刻体会党的政策的精神,这确实在无形中限制了批评性报道的发展。“双百方针”实行期间,《人民日报》改版影响很大,新闻批评也再度勃兴,当时影响力最大的是《中国青年报》记者刘宾雁发表在《人民文学》上的长篇特写《在桥梁的工地上》和《本报内部消息》。但随着 1957 年“反右”运动的开展,新闻批评又再度归于沉寂。

再次,这一时期的新闻批评以发表读者来信、公布个人或组织的自我批评或上级机关对被批评对象的处理意见为主,记者自己采访写作并率先刊登的新闻批评并不是主体。新闻批评是内嵌在政治批评之中的,“新闻”作为一种社会实践的独特规律和机制性作用并没有被充分认识,新闻批评中的“新闻”色彩并不明确。

最后,由于这一时期在思想文化领域的批判色彩渐趋激烈,新闻批评也流露出上纲上线的征兆。如《压》文中将犯了错误的领导干部称为“死敌”,已经火力过猛了。《解放日报》《人民日报》组织的对黄逸峰事件的一系列评论,也已隐然有新闻批判的影子。在党和国家政治生活极不正常的时期,媒体上文章的火药味十足,但那不是新闻批评而是新闻批判,“打棍子”“扣帽子”的“革命大批判”文风在新闻界荼毒甚深,也与“新闻批评”的本意完全背道而驰了。

代表作

社论《压制批评的人是党的死敌》,《人民日报》1953 年 1 月 23 日。

压制批评的人是党的死敌

工人阶级的共产主义的政党从来是依靠批评与自我批评前进的。苏联共产党历史简明教程的结束语第五条教导我们:如果党因被成功所薰醉而开始骄傲起来,害怕承认和纠正自己的错误,那末,党就不能实现其为工人阶级领导者的作用;如果党不害怕批评与自我批评,善于及时改正自己的错误,那末,党就是不可被战胜的;如果党隐瞒自己的错误,不能容忍批评和自我批评,那末,党就会不免于灭亡。正因为这样,党必须经常保证批评和自我批评的发展,并且像马林科夫同志所说的那样,"把那些阻碍对我们的缺点展开批评、压制批评和对批评者实行迫害和报复的人,当作党的死敌,与之进行无情的斗争"。也正因为这样,苏联共产党新党章关于党员的义务规定:"开展自我批评和自下而上的批评,揭露工作中的缺点并努力加以消灭,反对表面成绩,反对满足于工作中的成就。压制批评是严重的恶行。凡是窒息批评、以歌功颂德代替批评的人,都不能留在党的队伍里。""向党的领导机关直至党的中央委员会报告工作中的缺点,不管报告牵涉到什么人。党员无权隐瞒不能令人满意的情况和不过问损害党和国家利益的不正确行动。凡是妨碍党员履行这项义务的人应作为违背党的意志的人而予以严惩。"

中国共产党在毛泽东同志领导下,经常把批评和自我批评看作党的建设的根本问题。在"组织起来"的演说中,毛泽东同志着重地指出:"必须开展自我批评,正视错误倾向,认真实行改正。如果在地方工作中不批评官僚主义倾向,在军队工作中不批评军阀主义倾向,那就是愿意保存国民党作风,愿意保存官僚主义灰尘与军阀主义灰尘在自己纯洁的脸上,那就不是一个好党员。"中国共产党党章总纲规定:"中国共产党应该用批评和自我批评的方法,经常检讨自己工作中的错误和缺点,来教育自己的党员和干部,并及时纠正自己的错误。中国共产党反对那种自高自大、害怕承认自己错误、害怕批评与自我批评的情绪。"中国共产党第一次全国组织工作会议通过的党员标准中规定:"每一个共产党员,应该经常地用批评与自我批评的方法,检讨自己工作的错误和缺点,并及时地加以纠正。谁如果是一个有了严重的错误而不能改正,并居功骄傲、自高自大、坚持错误的人,谁就不能作共产党员。"

根据党中央和毛泽东同志关于发展批评和自我批评的指示,我们党曾在历年的整风运动、整党运动和“三反”运动中,在检查工作和处理人民来信的过程中,在一九五〇年四月以来执行中央“关于在报纸刊物上展开批评和自我批评的决定”的过程中,努力地揭露和批评了许多党员特别是领导党员的缺点和错误,使这些党员和全党得到了教育,使工作得到了改进,而对于那些拒绝承认和纠正错误、害怕批评和压制批评的不可救药的堕落分子,党就当作死敌而进行了严肃无情的斗争。例如在一九五二年,党对于刘青山等贪污蜕化行为的斗争、对于周季方等诬陷纪凯夫的事件所作的斗争,就是全党和全国人民所熟知的。很明显,党清除了这些坏分子,不是削弱了而是加强了党,加强了党和广大的党员群众、广大的人民群众的联系。

这样的斗争无疑地是非常剧烈的。然而,这是不是就可以使每个人都得到了教训呢?很可惜,并不是这样。不但列宁、斯大林和毛泽东同志关于批评和自我批评的教导,不但党中央关于开展和保障自下而上的批评的决议和指示,在有些老爷们是置若罔闻,甚至就在“三反”和整党的斗争中间,只要党的斗争的锋芒没有直接触及他们本人的时候,他们总是无动于衷、依然故我的。华东军政委员会交通部部长黄逸峰就是这些老爷中间的一个。

黄逸峰在他所主持的华东交通专科学校中,以严重的官僚主义态度实行家长式的管理。一九五一年十二月三日,人民日报读者来信栏发表了该校学生薛承凤批评学校教学、学制等方面的混乱现象和学校开支中的铺张浪费现象,并提出改进建议的匿名信。黄逸峰完全违反党中央关于在报纸刊物上展开批评和自我批评的决定,不但毫不检讨,反而召集一连串的群众会议,煽动学生和职工起来追查和“斗争”写信的人。黄逸峰既然如此疯狂地压制正当批评,他就已经把自己放在党的死敌的地位。但是党的死敌照例是不会走到这一步就停止的。他既然坚决不承认党所规定的原则、秩序和纪律,而他又是一个“领导者”,他就必然贯彻自己的反党的原则、秩序和纪律,他就必然要进一步和党对抗。因此,他就煽动群众去污蔑党报和欺骗党报,剥夺批评者和党报直接通信、秘密通信的自由，他就抗拒华东局纪律检查委员会和华东教育部阻止开会斗争薛承凤的指示，他就要擅自开除薛承凤，他就抗拒和破坏华东局检查组的检查。在这里，黄逸峰就完全走到反党的路上去了，他已经丧失了当作共产党员的条件。华东局纪律检查委员会开除了他的党籍，是必要的和不可避免的。

黄逸峰事件暴露了我们党内一部分党员的三个问题。第一，国民党作风还在一部分党员中间有不小的影响。国民党的统治虽然已经灭亡了，但是它的精神影响是不会同时死掉的，它还要遗留很久，继续毒害人心。因此，我们在肃清隐蔽的残余的反革命分子同时，必须要用不疲倦的努力来坚决无情地肃清反革命统治的这种精神影响，肃清官僚主义和恶霸作风。第二，在一部分担负领导职务（从村长、民兵小队长起）的党员还有一种把自己所领导的单位当做独立王国而为所欲为、反抗党的领导和分裂党的极端危险的倾向。在他们的独立王国里，他们把由他们领导的党员、团员和群众认为自己的臣民，把由他们管理的国家财产当作自己的私产，他们以为党的纪律和国家的法律对他们都不适用。因此，党的任务，就是彻底解散这一切独立王国，保证党的统一和国家的统一。第三，这一部分领导干部还有一种荒谬的设想，他们以为党终于要向他们妥协和屈服，和他们成立谅解，不再去惹他们生气，因为他们是有地位有历史的党员，不能不另眼相看。确实有过一些党的组织曾经这样对待那些犯错误的人（例如河北省委在对待刘青山、王振海的犯罪行为上就曾经如此），这就更鼓起了他们的勇气。但是党不但必须彻底消灭他们的这种“误解”，而且必须彻底消灭其他任何人在这个问题上的“误解”。历史和地位并不是这么一种银行存款和保险柜，可以使任何人有为非作歹的自由；相反，一个人如果爱护自己的历史和地位，他就无论如何也不会想起向党和国家要求这种他所永远不需要的“自由”，而党和国家也永远不会给任何人以这种“自由”。

但是我们还必须从黄逸峰事件中得到更多的教训。这个事件警告我们：我们党内的民主生活和群众的民主生活，还必须极大地加强。现在这种民主生活在许多地方还是不正常的,许多混进党里来的恶霸分子还能够假借党的名义,横行霸道,强奸民意。这个事件警告我们:党的发展自我批评和自下而上的批评的原则,和党的纪律原则,还必须认真贯彻。现在这些原则还远没有深入人心,以致那些违反党的原则的坏分子,还能够无法无天,吓唬群众,俘虏群众。这个事件警告我们:党的思想工作还必须认真地改善。党的马克思列宁主义教育还十分薄弱,关于党的基本原理、党章、党的纪律和民主、党的政策和党的决议的教育还十分薄弱。应该教育所有的党员和党的组织:党必须不是国家机关的附属品,党的组织必须不是任何一个行政机关和行政负责人的附属品,它必须对所有党员按党的原则进行教育、监督和管理,保证他们对党忠诚老实,遵守党的纪律和党中央的决议,尊重党报的批评和群众的批评,联系群众而不是脱离群众,为群众服务而不是压制群众。

这个事件又教训我们:党对于干部的了解、对下级党的组织生活状况的了解还十分不够,以致像黄逸峰这样的人竟能够身居要职,以致像他这样为非作歹的事件和许多同类事件,竟没有迅速地被发现和受到处理。党还很容易受黄逸峰之流的蒙蔽,只看到他们工作中的某些成绩而加以轻易的信任,轻于听信和满足于他们的片面的报告,连本报的编辑部也在一九五二年六月八日由于轻信他们的“证明”而发表了华东交通专科学校的显然是伪造事实的答复。我们只有充分接受教训,才能把我们的工作作得更好;而整个中国共产党,依靠党中央的正确领导和广大的党和非党的积极分子热烈的支持,毫无疑问,是一定可以战胜任何黄逸峰之流的抵抗,而把工作作得更好的。

全国各地党的组织、党的领导机关、党的报纸、党的纪律检查委员会、教育机关、青年团和学生会的组织,都要因为黄逸峰事件的教训而改进自己的工作。所有正在学习联共第十九次代表大会文件的党组织,正在按照共产党员标准进行整党的党组织,都要在学习过程中,联系黄逸峰事件而检查本身的状况,对于改善党内和党外的民主生活,对于改善党内的开展批评的教育和严守纪律的教育,对于改善党的思想工作和干部工作,得出必要的结论。类似黄逸峰的人也要由此吸取教训。他们要知道:党是把压制批评的人当作死敌的,如果他们不坚决改正错误,党是决不会宽容他们的。我们的党对于犯错误的人采取“治病救人”的态度是有限度的;对于那些在当前工作中犯有严重罪恶,以及在历史上屡犯错误而屡教不改的不可救药的分子,党一定要坚决地把他们清除出去,以保持党的共产主义的纯洁性。全国人民也要由黄逸峰事件中吸取教训:决不要害怕假借党的名义的坏分子的打击和报复,也不要被他们的谎言所欺骗;黑暗的现象只能是局部的、暂时的。在毛泽东同志和我们党中央的支持之下,全体共产党员和全国人民都应该英勇地、无所顾忌地对一切压制批评、为非作歹的坏分子展开不妥协的斗争。人民民主的中国是毛泽东的时代,是坚持真理正义的人得到胜利的时代。我们应该团结一致,积极努力来铲除旧时代一切毒害的遗留,只有这样,我们的伟大的国家才能顺利地前进,我们的伟大的国家建设计划的实现才能得到保证。

参阅作品

赵振中:《惊人的浪费》,《人民日报》1955 年 7 月 4 日。

“放卫星”报道的叙述逻辑

新中国成立之初经济建设的全面恢复和第一个五年计划取得的辉煌成果,极大鼓舞了中国人的自信心,却也使得领导人做出了不符合中国经济客观情况的错误判断。从 1958 年起,中国进入了三年“大跃进”时期。今天的人们在看到当年新闻媒体在“大跃进”期间的生产报道时,很难不生出匪夷所思的感受。1957 年,苏联发射了第一颗人造地球卫星,而“大跃进”中的媒体迅速借用了“卫星”这一当时的时髦词汇,来形容中国经济也可以像卫星摆脱地球引力一样摆脱经济规律的制约,“跑步进入共产主义”。一时间,媒体上出现了大量的“放卫星”报道。

1958 年 6 月 8 日,《人民日报》报道了“大跃进”时期的第一颗“卫星”:河南省遂平县卫星农业社 5 亩小麦试验田平均亩产 2105 斤。这一数字,比当时世界小麦单产最高纪录 1497 斤高得多。四天以后,还没等人们从震惊中恢复过来,该社又创造了亩产 3530 斤的最高纪录。不过,遂平的纪录只维持了一个星期,在接下来的夏收期间,全国各地竞相发射更大的“卫星”。从 6 月上旬到 11 月中旬,仅新华社、《人民日报》报道的各种农业“卫星”就达 39 次之多。新华社报道湖北麻城每亩水稻能产 36956.7 斤,新闻记者还专门拍摄了一张四个小孩站立在稻穗上面的照片。广西环江县红旗人民公社的水稻亩产“卫星”甚至放到了亩产 130435 斤,是“大跃进”时期最大的一颗高产“卫星”。而水稻的实际产量是:一直到 2001 年 9 月,中国的超级杂交稻才创造出亩产 2393 斤的世界最高产纪录。①

新闻媒体大放高产“卫星”的这一段历史，被很多后来的研究者视为不可思议，因此反而研究得不细。进入新时期后，一些新闻界的反思文章在总结“大跃进”期间媒体表现缺失时，往往只从新闻媒体违背了新闻真实性这一角度来分析，但仅凭这一点并不足以解释为何在短时期内新闻媒体的“卫星”报道越放越大乃至到了荒谬绝伦的地步还停不下来的现象。中国是一个历史悠久的农耕社会，“大跃进”中出现的农业高产“卫星”不仅侍弄土地一辈子的农民不可能相信，稍有点常识的人也不可能不怀疑。例如，广西农民在“大跃进”时期的一首打油诗形象地描述了当时的情形：“干部会上吹大炮，社员明知做不到，怕挨‘辩论’强说好，散会以后哈哈笑。”②这说明，“大跃进”时期的“卫星”报道是在明知其有假的情况下炮制的。那既然如此，“卫星”为何还会越放越大？有研究者提出“压力说”，认为是新闻媒体在政治压力下不得不违心如此；还有研究者提出“环境说”，认为当时的社会笼罩着一种狂热气氛，自上而下皆是如此，新闻媒体在这样的环境中也不可能保持冷静。这些说法都有一定的道理。但是，如果从这一时期的新闻文本来分析，就会发现这些“放卫星”的新闻报道本身就蕴含着一种逻辑力量，这种内在推力也是致使新闻报道在一条荒谬的道路上越走越远的一个重要原因。

1958 年 8 月 27 日《人民日报》刊登的文章《人有多大胆 地有多大产》，可以说是体现了“大跃进”时期的“放卫星”报道叙述逻辑的一篇代表性文章。这篇由中央办公厅特派员写的文章，介绍了山东寿张县开展的亩产万斤粮高额丰产运动。平心而论，这篇带有调查报告性质的文章，尚不算是“放卫星”报道中最荒谬不经的一类，但它的知名度却很高。原因是这篇文章不仅提出了一个广为人知的口号，成为“大跃进”的标志，

---

① 卢晖临：《“卫星”是如何上天的——乡村基层干部和“大跃进”》，《开放时代》2008 年 5 月。

② 《当代中国》编委会：《当代中国的广西》，当代中国出版社 1992 年版，第 94 页，转引自卢晖临：《“卫星”是如何上天的——乡村基层干部和“大跃进”》，《开放时代》2008 年 5 月。

更重要的是这一口号充分地阐述了"大跃进"的逻辑：把生产建设的成就大小与政治思想的先进程度直接、彻底地联系起来。也就是说，政治思想越先进，生产建设的成就就会越大，反过来，生产建设的成就不突出，则是政治思想的先进程度还不够。这成为贯穿在"大跃进"报道中的文本内生逻辑，并演化出一系列的相似文本。如继农业战线大放"卫星"之后，又掀起了"全民大炼钢"运动，在工业战线、在教育文化战线上都放起了"卫星"。如一篇放钢铁"卫星"的著名报道《人有多大胆　钢有多大产》说：

> 全体职工在突破日产七千吨钢的大关后，决定再突破日产八千吨大关，向国庆节献礼。甲班工人在下午四点接班时，有四座平炉刚出完钢，按照平时一炉钢需要九至十小时的常规，当班就炼不出钢，可是四座平炉的炼钢工，都豪壮地提出："事在人为，一定要争取再炼出一炉钢"。工人们在熔化时间冒着高温往炉里吹压缩空气，用大铁棒来回搅动提高温度，连过去比较慢的十七号平炉也用七时十五分钟炼出了一炉钢。各辅助工段工人，全力支援了平炉。钢水罐只有二十个，一班出九炉钢，就需要二十七个罐。这时候，修罐工人在"出钢就有罐"的口号下，勇敢地跳进火红的钢罐里去，防热服被烤得冒烟，鞋底被烧得直响，汗水直流，不顾一切地进行抢修，使修罐时间由一小时缩短到二十多分钟，保证了平炉生产。鞍钢经理袁振写了一首"有胆就有产"的诗，祝贺这个厂九座平炉突破日产七千吨大关："人有多大的胆，钢就有多大的产；二炼钢有那么些胆大包天的好汉，又放了个卫星上天，同志们，有了六千就不愁七千，有了七千就一定会来八千，有八千就一定会来一万……"①

这篇报道中所体现的因果逻辑与"人有多大胆，地有多大产"如出一辙，很值得人们研究和深思。在这篇报道看来，钢厂工人取得日产钢七千

① 《人有多大胆　钢有多大产》，《工人日报》1958 年 9 月 28 日，收录于陈益民、江沛主编：《老新闻珍藏版（1956—1962）》，天津人民出版社 2003 年版。

吨的成就完全是“事在人为”的结果，是钢厂工人的主动性被充分调动的结果。在报道中，现代化大工业生产简直如同儿戏，靠着工人不怕苦不怕死的精神力量，生产时间几乎可以无限制压缩。因为经济建设成就完全由人的精神力量决定，精神力量大成就就大，反过来说，经济成就上不去自然是主观上不努力思想上不革命的结果。而问题的关键又在于，精神力量的大小强弱没有一个可见的评定标准，完全可以无限制地发扬下去，而在一个政治狂热的氛围中又有谁愿意被扣上思想不进步的帽子呢？所以经济建设的成就也就必然被无限制地吹下去。就像报道中鞍钢经理所写的那首打油诗那样，“有了六千就不愁七千，有了七千就一定会来八千，有八千就一定会来一万……”这一逻辑注定了这只能是一首无尽头的、只能用省略号而不是句号收束的打油诗。

整个“大跃进”时期，新闻媒体上接二连三地放“卫星”，这不由让人想到安徒生童话中那双一旦穿上就脱不下来、只能不停舞动的魔鞋。改革开放后在反思“大跃进”时期报道错误的时候，大多数研究者提到的都是新闻虚假造成的危害，而笔者认为除了要正视新闻真实性外还要警惕这一时期新闻中的叙述逻辑问题，相比于前者，后者往往更难被认真彻底地清算。如从 1961 年起，国家虽开始纠正“大跃进”的错误，在经济政策上实行调整策略，但成就报道与政治思想挂钩的逻辑并没有被反思。一旦政治气候有所变化，这种逻辑马上又会炮制出大批荒谬的报道。比如，“文革”时期的成就报道就不但继承了“大跃进”时期的成就报道逻辑，并且把这种“精神力量说”发挥到了极致。

代表作

刘西瑞：《人有多大胆　地有多大产》，《人民日报》1958 年 8 月 27 日。

“人有多大胆　地有多大产”

编者按：这是中共中央办公厅派赴山东寿张县了解情况的同志写回

来的信。这封信生动地反映了那里大跃进的形势,提出了一些足以启发思想的问题,特把它介绍给读者。

这次寿张之行,是思想再一次的大解放。今年寿张的粮食单位产量,县委的口号是“确保双千斤,力争三千斤”。但实际在搞全县范围的亩产万斤粮的高额丰产运动。一亩地要产五万斤、十万斤以至几十万斤红薯,一亩地要产一两万斤玉米、谷子,这样高的指标,当地干部和群众,讲起来像很平常,一点也不神秘。一般的社也是八千斤、七千斤,提五千斤指标的已经很少。至于亩产一两千斤,根本没人提了。这里给人的印象首先是气魄大。

他们的庄稼也真长得好,一片黑呼呼的要压塌地。虽然下面提出的万斤指标,今年不一定完全实现,但万斤社、万斤乡一定出现,可能不止一个。全县亩产三四千斤则是有把握的。

粮食单位产量从百斤到千斤,是个质变,从千斤到万斤,是更大的质变;这样高产量,从措施来看,也不外是水、肥、土、种、密等几条,但在具体执行这些措施中就有许多新东西值得研究。比如水和肥吧,他们的干法是大水大肥,让作物吃饱喝足,不给什么限制,不怕作物闹“胃病”。看来,农作物的肚子大得很。这里的单季玉米、谷子丰产亩,一般是八水、八肥,用水量都达到三百至五百公方;用肥是:粗肥在二三十万斤,化肥(主要是土化肥)在二百斤左右,少数地达到五百斤,是否已经吃饱喝足还难说,但决不过分。过去不少人认为一亩旱作物只需要一二百方水,化肥用多了就要烧死庄稼,损害土壤,这种看法,很显然是有片面性的。这里干部的看法是,只要有足够的水和一定的有机质肥料相配合,一亩地(仅指一季作物)用它五六百斤甚至上千斤的化肥不但没危险,并且完全必要。同时,水随肥涨,施的肥料愈多,用水量愈大,足水足肥是首要的关键。足水、足肥还必须和深翻相配合,这一点在寿张特别突出,也是他们能够在大面积的土地上展开万斤运动的决定环节。根据寿张的经验,要搞万斤粮,不掘地三尺是不行的。土质不好需要改良土壤的土地固然要这样作,土质很好不要改良、单是松土的土地也要这样作。他们的丰产田一般都深翻三尺，一般田也深翻尺半左右，他们认为不超过一尺是不行的。

在足水、足肥、深翻的基础上，就可以放手密植。这一点在谷子的种植上表现得特别清楚。过去种谷子一步三安苗，一丛丛的，每亩只留苗三万多株。现在他们的谷子种得像麦子似的密，基本不间留，一般在十万株左右，丰产田二十万株到二十六万株，而穗子决不比过去小。很明显，没有深耕和足够的水和肥是作不到这一点的。

足水足肥加深耕，在此基础上放手密植（当然要有限度）再加上他们的“田间管理如绣花”，亩产万斤就成一个现实的事物了。万斤运动能否普遍推广而不局限于小块土地试验，在水利已基本解决的条件下，看来主要是两个问题：一是肥料；二是劳力。他们解决肥料，除大搞土化肥外（有些社已生产到每亩五十斤），主要靠拆破房、刮地皮，肥料中土肥占 80%。而土肥主要是靠劳力换来的，所以中心还是劳力问题。

到底一万斤粮食要多少劳动日？到底一个全劳力使用手工工具一年能生产多少粮食？我们粗粗算了几笔账，很难答复，原因是弹性大得很。这个问题一方面和亩产多少有关系，比如许多社原来计划亩产双千斤，每亩需用三十个工（单算田间和积肥用工，不包括基本建设。以前亩产二三百斤时，一亩十五个工左右），现在指标增到万斤，使用原来的工具，每亩地也不过六七十个工。就是说，产量增四倍，用的劳力不过增一倍；单产愈高，用的劳动量愈相对的少。这是一种情况。另一方面，还决定干劲的大小和工具的优劣。据对几个社的了解，亩产指标万斤粮（一季玉米和谷子），主要措施是：深翻二尺，施肥二十五万斤，管理如绣花。一亩地需用的劳动工，以正常的劳动强度，使用原来的工具（铁轮车加木轮手推车、畜力水车）计算，至少要七十个工；如果对工具加以改良，实现滚珠化，有五十个工就够了；如果鼓足干劲加上夜战，工具改革的彻底些，还用不了三十个工呢！说来说去，是不怕指标高、措施大，就怕没干劲和不改良工具。寿张每人平均二点六亩地，每个劳力平均六亩地，单算劳力账，要大搞万斤亩是绝对办不到的，但实际上他们是办到了。他们的钢铁姑娘或钢铁姐妹,住到田间,专管高额丰产田,每人平均还需要管二亩地呢!他们今年的计划实现了,平均每人就能生产六七万斤粮食。看来,只要干劲鼓得足足的,加上积极改良工具,普遍搞万斤运动(如果需要的话)不是办不到的事。

关于工具改革,从这里看,当前主要是运输和深耕的问题。现在的深耕只能搞一尺多,而且要很多很强的牲畜,在目前畜力普遍不足的情况下,解决深耕工具还是个大问题。对运输问题,我们也算了一笔账:亩产万斤粮,如果需用七十四个劳动日的话,其中翻整土地和浇水各占6.6%,田间管理占10.8%,收获入仓占12%,而运肥、施肥就要占64%,后两项费工大主要是运输用工多。解决了运输问题,劳动用工省不了一半,也要省20%—30%。实现了滚珠化将解决很大问题。不过目前铁轮大车对道路破坏得很厉害,道路不好,使改良了的运输工具大为减色。现在高唐县有的社用旧胶皮和破鞋底代替铁皮改装大车,既减轻车的重量,又保护了道路,还腾出很多的铁(一辆铁轮车的铁皮约百余斤),一举三得,值得重视。我们想,如果全华北能在短期彻底消灭了铁轮大车,作到所有道路公路化,不但能减省劳力,对改变整个农村面貌都是有作用的。

今年寿张一个大功绩,是要摘掉大豆和谷子的低产帽子。根据他们的经验,在同样条件下,谷子要比玉米产量高,主要原因是谷子和稻谷一样,更便于密植。从现有条件看,一亩谷子密植到四五十万株,是完全可以办到的。一棵谷穗一两谷,一亩就是三万斤。玉米就不同,太密了,不透风、不见阳光,就要影响生长。现在每亩一般只密植到六千多株,每株二穗,一穗一斤,才一万多斤,而作到这样,还很不容易。谷子产量既高,还有便于保管和收割较早、有利于及时种小麦等好处。对玉米和谷子的身价,应该重新评评。他们的大豆产量也很高,估计亩产两千斤的很普遍,万斤卫星也可能出现。多种一些大豆,可以增加食油,也是解决肥料不足的一个好出路。这里过去种植谷子、大豆很不少,近两年来因扩大玉米和地瓜,被挤掉不少。这里的地瓜和小麦矛盾也不小,地瓜种植面积占耕地45%,今年小麦播种面积要占90%,80%的地瓜茬要种麦子,小麦地要普遍深翻，地瓜要就地切片晒干，这两项重活挤在一起，安排不好，很容易顾此失彼。从这些方面看，合理安排明年作物种植，是个必须及早注意的问题。

目前下面对争取秋季大丰收的劲头是很大的，但对收获后如何保管，普遍没有准备。我们问乡社干部和群众时，最初他们都是“粮食多了还怕没办法?”“那由国家买吧!”经过算细账才大吃一惊，才觉得粮食多了也有问题。特别在寿张，光红薯一项大约每人平均要收四五万斤，该县大部地区是滞洪区，房子很小，以往的一点点粮食还都是放在院子里囤起来，今年不早些打主意，非吃大亏不可。这一点，我们已向县委讲了。

刘西瑞

参阅作品

《人有多大胆　钢有多大产》，《工人日报》1958 年 9 月 28 日。

建构“社会主义大家庭”

1960年谢添导演拍摄了一部名为《为了六十一个阶级弟兄》的纪实电影，电影主题曲的歌词是：“我们，生活在社会主义大家庭，亿万人民是一个整体，同甘苦，同呼吸，团结友爱最亲密……”表现“社会主义大家庭”，可以说是当时包括新闻报道在内的很多叙述作品建构的主题。这部电影就是根据1960年《人民日报》《中国青年报》《北京日报》《北京晚报》《山西日报》和《平陆报》对一起真实事件的报道而创作的，与《中国青年报》的著名报道《为了六十一个阶级弟兄》同名。表现“社会主义大家庭”主题，这在20世纪五六十年代初期的报道中是屡见不鲜的，著名的如1952年新华社的报道《“团结井”——维吾尔族采矿工人中的第一批风镐手诞生了》、1954年的《英勇搏斗100天——记武汉市人民的防汛斗争》等。这些报道或侧重于反映民族团结、国际友爱，或侧重于描写各行业群众团结协作，克服困难，取得生产、救灾或社会主义建设的胜利。但是，把这个主题表现得淋漓尽致、脍炙人口，并产生了轰动性效应的，当属《中国青年报》1960年2月28日的报道《为了六十一个阶级弟兄》。

1960年2月2日，农历正月初六。尽管春节还没过去，但平陆县风南公路的施工并没有停止。这条公路是为了支援三门峡建设而特别修建的，抽调了附近村庄的300多位农民参与修路。然而在当天的劳作结束后，修路的张店公路营第三连回到驻地吃过晚饭，却有61名民工出现腹痛、呕吐等现象，经查是砒霜中毒，史称“平陆事件”。为了抢救这61名民工的生命，从全县上下到山西省，乃至首都，不同行业的许许多多人都为此付出了艰苦的努力，终于在很短的时间内从北京空运特效药到平陆，挽救了中毒民工的生命。这是一场可歌可泣的与时间赛跑的生命大营救,经新闻媒体报道后引起了广泛的社会反响,并在很短的时间内拍出了电影、话剧等文艺作品。1978 年,《中国青年报》的这篇 60 年代的通讯还获选入中学语文课本,影响了中国几代人。甚至到新世纪之后,人们对这篇报道的兴趣依然未减,当有救援事件出现时,就会有人想起这篇报道来。如 2006 年 2 月 14 日,《南方日报》上的一篇新闻评论,批评的是当时一则题为"女孩赶飞机救治断足遭拒绝被迫截肢"的新闻,而用的标题却是《想起〈为了六十一个阶级弟兄〉》,引用后者,批评前者。而 2011 年 7 月 23 日发生温州动车追尾事故后,温州市民连夜排队献血救助伤员,也让一些评论者正面联想到了《为了六十一个阶级弟兄》中"一方有难,八方支援"的精神。可见,在人们的历史记忆中,《为了六十一个阶级弟兄》所表达的动人的救援场景,已经成为衡量此后类似事件的一个标杆了。当然,这篇 1960 年的报道在此后的五十年里不断地被提起,被回忆,是有赞美也有反思的。

显然,《中国青年报》的《为了六十一个阶级弟兄》并不是最早关注平陆事件的报道,没有"首发优势"。在 1960 年 2 月 28 日见报前,已有《北京晚报》《人民日报》、中央人民广播电台、《山西日报》《平陆报》《空军报》《健康报》等报道了此事;《中国青年报》的这篇通讯也不是第一个从"千里救援"的角度来报道的,在"角度巧"上也不占先机。据研究,"平陆事件"发生后,《平陆报》的记者就在急救现场,但因这是一起投毒事件,县委有关领导认为不光彩,不许报道。包括《山西日报》在内的省里的报纸也都寂然无声。直到 2 月 6 日,《北京晚报》才登出了第一则相关报道《千里急救》,引起较大关注,获得《人民日报》和中央人民广播电台的转发。这时山西的媒体如梦初醒,方才意识到可以从"救人"这个角度报道,此后多家媒体都从"阶级友爱""共产主义风格""救亲人"等方面做文章。《为了六十一个阶级弟兄》的"立意"也并未"高过"这些报道。为何《为了六十一个阶级弟兄》能在不占先机的情况下脱颖而出,成为中国人关于"平陆事件"的一个集体记忆?这篇报道自身的特色值得总结。

首先,这篇报道第一个从多角度记录“平陆事件”中的救援场景,通过多方位的采访,成功地把“后发优势”发挥得淋漓尽致。在“平陆事件”的传播链条中,《北京晚报》记者郭仲义是最先报道这一事件的。据他的回忆,当他得到通讯员杨树茳提供的线索后,就赶到了北京特种药品商店,并获准参与了飞机投药,因此郭仲义得以从北京军民千里急救的角度对此事进行了报道。[①] 而当《北京晚报》的这篇1200字的报道被中央人民广播电台转播并获得较大影响时,27岁的《中国青年报》文艺版记者王石敏锐地意识到,这个事件里还蕴含着大文章。他和记者房树民立即兵分两路,他采访北京特种药品商店、五洲电料行、卫生部和空军基地,房树民则去平陆采访县委领导、中毒民工、医护人员、老艄公和司机等人。[②] 全方位、多角度的采访,使得《为了六十一个阶级弟兄》一文比此前的任何报道都更丰满、立体,一经发表后就引起了强烈震动。该报道发表次日,包括《人民日报》《解放军报》在内的首都几乎所有大报都在醒目位置转载了这一长篇通讯。

其次,这篇报道最鲜明地建构了“社会主义大家庭”的主题。对于当时的新闻生产来说,如何在报道事实的同时完美地呈现意义是一个非常重要的问题。疏于事实、乐于抒情的报道,往往给人空泛说教之感,而罗列事实、缺乏主题的报道,则又容易陷入当时仍在批判的“客观主义”的泥沼。而这篇报道在处理事实与意义的关系上,似乎颇有独到之处。“社会主义大家庭”“共产主义大协作的奇迹”的主题,固然不时有鲜明的情感和议论来直抒胸臆,但主要的,还是靠报道建立在采访基础上的多方位展现救援事实来呈现的。各个行业、不同行政层级的救援是如何进行,又是如何有效地配合协作?抓住并很好地呈现这一复杂事实,报道的主题也就呼之欲出了。类似这样的“大团结”建构方式在1954年新华社通讯

① 丁文亚:《北京晚报感知50年:千里急救为了六十一个阶级兄弟》,《北京晚报》2008年3月12日。

② 《〈为了六十一个阶级弟兄〉背后鲜为人知的故事》,《记者观察》2009年第17期。

《英勇搏斗100天——记武汉市人民的防汛斗争》等报道中已有充分地运用,而在《为了六十一个阶级弟兄》中这种主题呈现的方式运用得更有技巧、更生动和更灵活。

最后,这篇报道能获得巨大的影响,与它在新闻写作方面的创新也是分不开的。大量使用短句和时间指示词的《为了六十一个阶级弟兄》有很强的阅读张力。如报道中反复渲染的时间性表达:"现在,整整是下午四点钟""二月三日,下午四时多,在卫生部""时间,一秒,一分,一闪而过。现在距离四日清晨已经没有几个小时了。"这让读者阅读时的心理感受与救援时真实的争分夺秒,产生了巧妙的呼应。报道中大量急促的短句,更在叙述节奏上加强了这一点,如"他们使用了各种办法:给患者喝下绿豆甘草水解毒,无效!给患者又注射了吗啡,仍然无效!……无效!无效!""找药的电话,不断头地回来了:运城县没有这种药!临汾县没有这种药!附近各地都没有这种药!"等等。此外,这篇报道还别出心裁地使用了蒙太奇的手法,报道的画面感、镜头感很强,并且运用时间指示词在这些画面之间进行"切换",把多条事实线索有机地整合在一起。这是当年梦想当剧作家的王石在新闻写作上的一次大胆尝试,不想却获得巨大的成功,以至于当谢添拍摄同名电影时,几乎是把这篇报道作为电影脚本的原型。

就这篇报道本身而言,无疑是相当成功的,但也不能因此无视围绕报道产生的争议,以及带给人们的反思。近年来不断出现的"揭秘""探寻真相""背后的故事"之类的文章,引起人们思考的一个主要问题是:报道与它的时代。《为了六十一个阶级弟兄》的聚焦点在救援本身,对于被救的六十一个民工笼统地称之为"阶级弟兄",认为救援本身体现了无产阶级的阶级友爱和共产主义大协作。这一逻辑在当时的历史条件下是显而易见、顺理成章的。然而,事实的"日常性"往往无法与时代的主流逻辑完美契合,它时常反叛、嘲弄着某种既定的宏大叙事。围绕这篇报道的争议即是由此展开:被救的六十一位民工并非全是"阶级弟兄",有一小部分是地富出身，尽管在“平陆事件”发生的很短一段事件内，他们都被当成了“阶级弟兄”，个人成分被改写成了“下中农”。但当此事尘埃落定，风南公路竣工通车，抽调的民工回到原来的村庄后，这些地富出身的人仍然成为阶级斗争的牺牲品，受到了不公正的对待；此外，报道中没有涉及的中毒原因，当时被认为是阶级敌人投毒，蓄意破坏社会主义建设。但经后人仔细地调查，发现投毒主犯张德才出身贫农，但曾为日伪政权做过事。投毒动机主要是因为睡觉错过了上工，受到群众批判会的批评，遂产生报复心理。[①] 日常事实的琐细有时会构成对历史大叙事的顽强的嘲笑，这对新闻人来说，不啻是一个巨大的挑战。《为了六十一个阶级弟兄》的作者之一王石，一位令人尊敬的老新闻人，曾对一位新闻后辈坦言：这篇文章“是时代的产物，有局限”。[②]

除去当时的影响力，新闻人总还希望报道能经受得住时间的检验，在这一点上，新闻记者与历史学家的心曲颇有相通之处。如何很好地反映时代，并能经住时代的考验，这的确很难。但对于当下事件的记录者来说，更多地关注事实，尤其是那些看似不容于时代主流的事实细节，更多一些历史感，在什么样的意义具有恒久价值的问题上有更多的思考，也许这个新闻与时代的难题就会有让人更满意一些的答解。

代表作

王石、房树民：《为了六十一个阶级弟兄》，《中国青年报》1960 年 2 月 28 日。

原文链接：http://news.cyol.com/content/2011-04/25/content_4363599.htm。

---

① 石耘：《“为了六十一个阶级弟兄”鲜为人知的史实》，《文史精华》2009 年第 11 期。

② 江菲：《报人王石和〈为了六十一个阶级弟兄〉》，《中国青年报》2004 年 12 月 1 日。

扫描二维码可直接阅读：

参阅作品

1.《千里急救》,《北京晚报》1960 年 2 月 6 日。

2. 冯健:《英勇搏斗 100 天——记武汉市人民的防汛斗争》,新华社,1954 年 10 月 5 日。

典型报道的巅峰

——学习雷锋好榜样

典型报道是中国新闻实践中一道颇为独特的景观。尽管有研究者认为典型报道并非社会主义国家新闻所独有①,但学术界仍普遍把典型报道视为社会主义新闻尤其是中国新闻实践的一大特征,如把典型报道看做社会主义新闻最重要的特征,是横亘于中西报道形式之间的分水岭等。②典型报道在中国新闻实践中的大规模应用是从20世纪40年代开始的。《解放日报》的改版标志着中国共产党完善了对战争条件下新闻事业功能和性质的认识,发展出了比较成熟的党的新闻理论。在这一理论指导下,典型报道开始大量推出,并与实际生活中的政治运动、政策实践相结合,对中国社会产生了巨大的影响。如40年代报道的著名典型有:边区劳动模范典型吴满有、赵占奎、南泥湾建设兵团、战斗英雄狼牙山五壮士、董存瑞等。这些大规模宣传的典型俱为在当时的大生产运动和对敌作战中涌现出来的英雄模范,引起了很大的反响。典型报道在实践中一炮打响,从此成为党通过新闻媒介鼓舞群众、宣传政策的法宝,成为党报的一大特点和传统。如据安岗统计,仅1943年上半年,《解放日报》上刊登的各条战线的先进人物就有600多名③。

---

① 如朱金平在《新闻典型论》(长江出版社2004年版)一书中认为西方媒体也进行典型报道,如2003年伊拉克战争期间美国媒体对女兵林奇的报道等。只不过,西方新闻媒体对此不冠以典型报道的名称而已。

② 张威:《典型报道:渊源与命运》,《新闻与传播研究》2002年第2期。

③ 安岗:《论典型报道》,《新闻论集》,天津人民出版社1982年版,第53页。

1949年后，典型报道的传统继续发扬光大，至“文革”前呈现出由兴起到繁荣的向上的发展趋势。这一时期的重大典型报道主要集中在两个方面，一是在解放战争和朝鲜战场上涌现出来的战斗英雄和英雄集体。如当时较著名的报道有《射击英雄魏来国》《托炸药箱毁敌碉堡 优秀共产党员董存瑞英勇牺牲》《上甘岭大捷中的英雄们》《国际共产主义战士罗盛教》《马特洛索夫式的英雄黄继光》《伟大的战士邱少云》等；二是在国民经济恢复的第一个五年计划时期涌现出的先进生产模范和集体，如特等劳动模范孟泰、邮递员姚濯新、鞍钢工人王崇伦、纺织女工郝建秀、农业劳动模范耿长锁、优秀劳动集体鞍钢等。而“夺取全国解放的胜利”“保家卫国”和“恢复国民经济”正是当时中国面临的最大的问题，也是党的全部工作的中心。这一时期的典型报道之所以能起到行之有效的宣传效果，是有其社会与历史原因的。一是在艰苦和危险的环境下，整个社会被动员起来了，大家目标一致，再加上习惯于长期革命宣传的思维惯性，因而能对这些典型有高度的认同感；二是当时党风和社会风气都比较健康，新闻工作者抱着一种真诚的态度去发掘典型，他们笔下的典型人物大多都很贴近生活，较少空洞的说教，而典型人物自身也过得硬，经得住考验，因此这一时期的典型报道比较能让人信服。

而堪称典型报道巅峰的，是自20世纪60年代开始的雷锋报道及其后绵延数十年的学雷锋宣传。这个典型宣传的规模之大和持续时间之长，在世界新闻史上都是罕有的。据统计，仅仅《解放军报》一家媒体，从1960年到1988年的28年间与雷锋有关的稿件就有11122篇之多①。

雷锋报道的典型宣传的传播链条大致如下：

在军内先被树为典型。雷锋是因为被部队树为“节约模范”和“忆苦思甜”的典型而在偶然中受到媒体关注的。1960年9月，沈阳军区工程兵政治部宣传助理员张峻被派到雷锋所在团做调查，在了解了雷锋的事迹后，他向沈阳军区政治部机关报《前进报》投了一篇3000字的稿件，题

① 解放军报社资料室编：《解放军报学雷锋宣传回顾》，《新闻与成才》1998年第3期。

目是《节约标兵——雷锋》。与此同时《前进报》还接到了一篇自然来稿，内容是表扬雷锋给辽阳灾区捐款。这引起了《前进报》总编同时也是沈阳军区宣传部副部长嵇炳前的关注，他敏锐地意识到这条线索的价值，并要求新华社驻东北军事记者李健羽和佟希文（他们同时接受新华社和沈阳军区的双重领导）去采访。

从军区媒体到中央媒体。李健羽和佟希文对雷锋进行了采访后，认为这个战士不仅仅是个节约的典型，而要“报个大典型”①。他们采写的稿件发表于1960年11月26日的《前进报》，题目是《毛主席的好战士》。稿件还同时发给了新华社、《解放军报》等，各报刊在发表时，标题都做了修改：《解放军报》的文章题为《一棵茁壮的新苗》、《中国青年报》的题目是《苦孩子—好战士》、《辽宁日报》的标题是《红色的战士》，新华社发稿的题目是《苦孩子成长为优秀人民战士》，并刊登在《人民日报》上。这时，雷锋这个自下而上推出的典型开始有了全国性的影响，但与当时一系列典型人物相比，还不能算十分突出。

雷锋牺牲后中央级媒体将雷锋宣传推向高潮，但引起了一些争议。1962年8月15日，雷锋因公殉职。9月，《人民日报》军事记者连云山来到抚顺，听了宣讲雷锋事迹的报告会。报告人是对雷锋长期关注的沈阳军区军人俱乐部主任陈广生。1963年2月7日，《人民日报》在一版刊登了辽宁省广大青年热烈学习雷锋事迹的消息；二版刊登了介绍雷锋生平事迹的长篇通讯《毛主席的好战士——雷锋》，并配发了评论员文章《伟大的普通一兵》；在第五版刊登了雷锋日记摘抄和一组照片。2月8日，《解放军报》发表特邀记者陈广生的长篇通讯《伟大的战士》。2月9日《解放军报》发表社论《像雷锋那样做个毛主席的好战士》。2月21日《解放军报》发表社论《毫不利己 专门利人——再论像雷锋那样做个毛主席的好战士》，都引起了广泛反响。但这一时期的雷锋宣传并没有得到军区一些领导的认可。雷锋牺牲后，雷锋所在连队就认为，这是一个恶性事

① 师永刚、刘琼雄编著：《雷锋 1940—1962》，三联书店2006年版，第121页。

故，不应再宣传了。《人民日报》拿出两个半版面介绍雷锋事迹的做法也引起了军队宣传部门的不满。如当时的总政宣传部某副部长曾责问《人民日报》军事记者连云山这篇报道为什么不送审？随后总政宣传部召开了首都新闻单位参加的会议，点名批评《人民日报》和连云山对雷锋的宣传不把关，以致宣传了一个因车祸而死的战士。同时说新闻单位要接受这个教训，不要再发生这样的错误。甚至要求调动连云山的工作。[①]

在雷锋典型宣传陷入僵局时，《中国青年》"出奇制胜"，请毛主席和周总理为雷锋题词。后经中央有关领导决定，毛主席等国家领导人对雷锋的题词除了在《中国青年》杂志刊出外，还由新华社发通稿，并在《人民日报》等各大媒体以头版头条刊出。至此，各家媒体转发毛主席"向雷锋同志学习"题词的日子——3 月 5 号，正式成为学习雷锋纪念日。对雷锋典型的宣传也从宣传雷锋本人，转入对雷锋精神的宣传，开始了此后几十年绵延不断的学雷锋活动。随着时代的变化，学雷锋的内容与侧重点也在不断地建构之中。大体来说，60 年代对雷锋精神的主要理解是从"忠诚"这个角度出发的，"听毛主席的话"，是当时学习雷锋的绝对重点；"文革"中强调雷锋精神中的"明确的阶级斗争观念"；粉碎"四人帮"后则开始逐渐淡化雷锋精神中的"阶级意识"，要求人们学习雷锋身上坚定、奉献、助人为乐等更具传统美德的品质。此后对雷锋精神的阐释逐渐摆脱政治斗争的需要，而服务于经济建设和精神文明建设。在经济建设方面，强调"雷锋精神"中的"刻苦钻研"和"掌握为人民服务的本领"。在精神文明建设方面，虽然继续强调树立共产主义伟大理想，但更多的报道则把"雷锋精神"落实到"文明礼貌""做好事""义务劳动""岗位学雷锋，行业树新风""立足本职争奉献"等具体的要求上。值得注意的是，从 80 年代开始，对"雷锋精神"到底是什么，"雷锋精神"与"按劳分配""勤劳致富""市场经济"有没有冲突，"雷锋精神"有没有过时等的讨论始终不断。在肯定"雷锋精神"需要继续弘扬的同时，报纸上也频频出现《雷锋精神不

① 舒云：《原〈人民日报〉军事记者连云山回忆往事：3 月 5 日如何成了学习雷锋纪念日》，《青年参考》2007 年 3 月 6 日。

是筐》《雷锋不是变形金刚》这样的文章，对长久以来媒体阐释“雷锋精神”的方式进行反思。

雷锋报道及其后的学雷锋宣传何以成为中国新闻实践中典型报道的巅峰？雷锋报道这个看似平凡的独特个案，实则汇聚了能将“典型”理念最大化的诸多复杂元素。首先，雷锋本人就是个极其难得的报道对象。雷锋从孤儿到工人、战士的成长经历，可谓是一代共产主义新人成长模式的最好代表。部队当时普遍开展的“忆苦思甜”运动，正需要雷锋这样的典型；雷锋本人爱读书，勤于思考，乐于表达。小学文化水平的他留下了9本日记，鲜少记事，基本都是对社会和人生的思考。领袖读后也评价说他“懂一点哲学”。雷锋作报告的感染力极强，就像是一团火，到哪里就把哪里点着了。首先采访他的李健羽和佟希文在听了雷锋的报告后，被感动得留下了热泪。雷锋做的都是平凡小事，相比于有“英雄壮举”的典型，更易被接受和模仿，从而体现“模范”宣传的价值。而他的意外牺牲，更将生命定格在了最青春、最朝气蓬勃的时刻，留在人们心中的是一个几近完美的形象。

其次，雷锋形象与时代需求的完美契合。正如《前进报》总编辑敏锐的判断，雷锋不仅有“阶级恨”，更有“国家爱”“集体爱”“人民爱”，并且他很好地把忠诚、奉献、爱党爱国这样的理念和热爱集体、做好事等日常实践结合起来，完美地诠释了“国—家”的政治伦理。其忠贞、昂扬的精神品质正是刚刚度过三年困难时期的共和国急需的，其朴素、平凡的事迹又符合人们的“做好事、做好人”的生活伦理，很容易被接受。因此雷锋报道的“典型化”可谓势在必然，尽管在“典型化”的过程中也出现了一些不同看法，甚至短暂的压制，但并没能阻挡雷锋宣传的势头。

第三，新闻宣传人员的主动性、创造性在雷锋典型推广中起了极大的作用。雷锋作为一个部队的“团级”标兵，最早被沈阳军区《前进报》总编辑看出了不平凡的价值。而随后派去采访的新华社记者则凭借《毛主席的好战士》一文一炮打响，被中央媒体转载，雷锋事迹开始引人关注。雷锋牺牲后，《人民日报》仍旧采用了当年《前进报》的标题采写了通讯《毛主席的好战士——雷锋》，并配合罗瑞卿题词、图片、日记摘抄和评论，做了整整两个半版。如此破例的规格立刻引来轰动，也招致了争议。与军区和中央级媒体的关注同步的是，雷锋所在部队军区的政治宣传部门也对雷锋着意培养，留下了大量的照片（当时对“新闻真实”的理解是允许摆拍的）、整理后的日记、资料和实物，为雷锋宣传提供了基础。

第四，毛泽东等国家领导人的题词，将雷锋典型宣传推向了顶峰，并在一定程度上将“学雷锋”建制化了。请毛主席为雷锋题词是《中国青年》杂志的“突发奇想”，但正是这偶然的一步成了雷锋典型宣传中的“神来之笔”。从此，每年的 3 月 5 日虽非法定节日，却是被正式纪念的学雷锋纪念日。这对于新闻生产来说是至关重要的，因为每年到 3 月 5 日前后，“雷锋”这个词就天然地多了“新闻价值”和“新闻由头”，一次次地出现在媒体上，长久地保持着生命力，与同时代曾经轰动一时此后却很少被提起的典型，形成了鲜明的对比。

第五，也许也是最重要的，就是雷锋这个形象被高度“符号化”，并随着国内政治形势的变化，不断被赋予新的内涵。正如前文所说，雷锋这个形象既简单又丰富，既有时代性又有普遍性。据毛泽东的秘书林克回忆，主席当年题下“向雷锋同志学习”时曾说，学雷锋不是学他的某一方面的优点，而是要学他的好思想、好作风、好品德；学习他一切从人民的利益出发，全心全意为人民服务的精神①。最高统帅的这个极为概括的题词以及“全心全意为人民服务”等高度凝练的表述，给不同时代下对学雷锋——学什么和怎样学——都留下了广阔的理解空间。

雷锋报道为何会成为典型报道的巅峰？对这个问题的回答，也许还可继续罗列下去。但这几条至少已经说明：这个典型的成功集偶然性与必然性于一体，集政治需要和社会心理基础于一体，集共产主义道德、集体主义精神、社会日常伦理和个人修养于一体。套用一句广告语，雷锋典型报道的操作模式，可以被模仿，但作为特定时代的产物，它的社会影响

① 孙向忠：《毛泽东谈雷锋精神》，《毛泽东思想研究》1996 年第 1 期。

与效果却很难被超越。

代表作

甄为民、佟希文、雷润明:《毛主席的好战士——雷锋》,《人民日报》1963 年 2 月 7 日。

毛主席的好战士——雷锋

每个人每时每刻都在写自己的历史。每个共产党员和共青团员都应好好的想一想,怎样来写自己的历史。……我要永远保持自己历史鲜红的颜色。

——摘自雷锋日记

在沈阳,在辽宁的每个城市,在中国人民解放军沈阳部队每个连队里,人们都在谈论着一个普通战士的名字——雷锋。这位被誉为毛主席的好战士、无产阶级革命战士的解放军某部班长,正当生命火花四射的时刻,竟与世永诀了。他的整个生命还不到二十二年,可是,他却给人们留下了一部鲜红鲜红的历史。

雷锋——这个贫苦农民的儿子,从小生活在非人的极端贫困和饥饿里,直到解放,他才第一次感到人间的温暖。党从死亡中救了他,他热爱党,热爱毛主席,热爱解放军,而对旧社会的压迫者和剥削者怀着无比的仇恨。十岁,他参加了对敌人——地主阶级的斗争,十六岁起,投入了建设社会主义祖国的行列,当过国营农场的拖拉机手,参加过鞍钢的建设,一九六〇年,他又成了保卫祖国的中国人民解放军的一员。在革命部队里,他光荣地参加了中国共产党。在党的教育培养下,他坚定地树立了终身为共产主义事业奋斗的伟大理想。在日常生活中,他一直把革命利益放在第一位,他听党的话,他努力学习毛主席的著作,他关心别人胜过自己,他英勇顽强而又艰苦朴素……这些年来,他为党和人民做了许多有益的事情。雷锋的历史是一部深受民族压迫、封建剥削和资产阶级压榨的劳动人民的血泪史,是一个工农兵群众自觉的革命斗争的历史。

牢记阶级敌人杀亲之仇

雷锋生在湘江畔望城县安乐乡的一个雇农家里。当他刚刚懂得想念爸爸的时候,爸爸因为参加抗日斗争,被日本强盗活埋了。扔下母子四人,饥饿难当,妈妈让刚满十二岁的哥哥进工厂当了童工。可是,机器把哥哥的小胳臂轧断了,资本家一脚把他踢出了工厂。哥哥回家没钱医治,活活疼死在妈妈的怀里。接着,小弟弟也饿死在床上。苦命的妈妈为了保全这最后一条命根,忍气吞声地给一家姓谭的地主帮工。哪知道,妈妈在这地主家里,竟被少东家强奸了。这位饱受摧残的善良妇女,终于在一九四六年七月十五日的晚上,含恨悬梁自尽了。她留给了雷锋两句遗言:愿老天保佑你自长成人,给全家报仇!

这时,雷锋还不满七岁。他在失掉一切亲人之后,地主又强迫这个孤苦伶仃的儿童给放猪。住的是猪栏、吃的是霉米。冬天,衣不遮寒,他挤在猪仔窝里,偎着母猪肚皮取暖。一天,地主的狗偷吃了他的饭,雷锋打了这条狗一下,不料惹出大祸,地主谭老三挥起一把剁猪草的刀,朝雷锋左手连砍三刀,把他赶了出来。

小小年纪的雷锋并没有因此而失去生活的勇气。他记着妈妈死前的话,一心要活下去,为全家报仇。他用泥土糊住刀伤,逃进深山,拾野果,喝山水,有时用手攀些树条,到村中换饭吃。夏天让蚊虫咬烂了全身,冬天在山庙里冻得难熬,但他还是顽强地生活着。不过,经过两年非人生活的折磨,他已经枯瘦不堪了。

正在雷锋濒于死亡的时刻,他的故乡解放了。人民政府的乡长彭德茂,从深山破庙里找到了遍体鳞伤的雷锋,送他进了医院,治好了满身的脓疮。当彭乡长拿着给他做的新衣裳,接他出院的时候,雷锋双膝跪在彭德茂的脚下,喊着"救命恩人哪!"从妈妈死后,他第一次流下热泪,也是第一次下跪。彭德茂急忙扶起他,抚摸着他的头说:"我们的救命恩人,是毛主席,是共产党,是解放军,现在,可以给你的父母兄弟报仇了!"从此,雷锋苦尽甜来。他怀着对压迫者和剥削者的深仇大恨,十岁那年(一九五〇年)便手执红缨枪,投入了反封建的斗争。当时他是儿童团长,和一队同命运的小伙伴，押着恶霸地主游街。在斗争大会上，他用被砍伤的手，揪着害死妈妈的地主问罪。他亲眼看到人民政府枪决了那地主，为他，为千百万穷人报了仇。

人民政府免费供这个苦孩子上了小学。他最先学会了“毛主席万岁”五个字。他默默地对死去的妈妈说：“老天没有保佑我，是毛主席，是共产党救了我的命。”他用六年时间便学完了从小学到初中的九年功课；尽管人民政府决定供他念完大学，他却急不可耐地要为祖国社会主义建设添砖加瓦。这时，他才十六岁。

发无产阶级之愤

雷锋从十岁就想当兵为亲人报仇。可是，当时他年纪太小，解放他的家乡的一位解放军连长对他说：“你的仇，大家替你报！等你长大了，建设咱们的新中国吧！”雷锋长大了，果然献身于祖国的社会主义建设。不论参加农业生产，当国营农场拖拉机手，还是从温暖的南方来寒冷的东北鞍钢开推土机，他都恨不得把自己的手臂变成顶天立地的钢梁，把祖国的社会主义大厦赶快支撑起来。

在一九五八年秋天，在党中央发出大办钢铁的号召不久，鞍钢派人到雷锋所在的团山湖农场招收青年工人。因为雷锋懂得钢铁同祖国建设的关系，便毅然报名应招。到了鞍山，他驾起了推土机。他驾驶的“斯大林80号”推土机，车体高大，一位老师傅怕累坏了他，要给他换个小型的机车。他说：“开大车干大活，再困难，我也能够克服。”不久，鞍钢为了发展钢铁生产，化工总厂要在弓长岭建一个化工分厂，动员一批工人去搞基本建设，雷锋第一个报了名。有人对他说，那里吃没好吃，住没好住，劝他不要去。雷锋听了非常生气，他说：“正因为那里是这样，我才情愿去！”他去了，什么活重干什么活，不管多么艰苦，他都毫不畏惧地迎上前去。

这个贫苦农民的儿子，经过工人阶级队伍的锻炼，视野更加宽阔了，革命责任感更加强烈了。在一九五九年十二月三日，他听了征兵报告之后，第二天一大早，就到征兵站报名应征。他知道自己的身材太矮，很担心身体检查不及格。在兵役局量身高的时候，他偷偷地踮起了脚，军医发现了，笑了笑，让他再量一次，结果只有一百五十二厘米高；量体重时，尽管他站在磅秤上用力往下压，也只有四十七公斤；身高、体重都不合格。医生又发现他身上有许多伤疤。提起这伤疤，他立刻流下了泪水，跟医生讲述了自己的苦难童年。他说："记起过去的仇恨，我非参军不可。"医生很同情他，让他去找兵役局再谈谈。他跑到兵役局找到了来接新战士的荆营长，他拉着荆营长的手，诉说了自己过去的一切。他说："想起过去，想到咱们国家周围还有美帝国主义，我的心就催促我拿起武器保卫祖国……"他讲着讲着哭了，荆营长也流下了热泪。荆营长以老战士的名义，收下了这个新兵。

作为一个战士，雷锋深知战士的责任。这里有一段与洪水搏斗的故事，可以感到这个革命战士的责任感是多么强烈：一九六〇年八月，当百年不遇的大洪水袭击抚顺的时候，雷锋所在连队接受了参加抗洪抢险的命令。当时，雷锋身体不好，连长让他留下来休息。他却找到连长恳求说："洪水正威胁人民的生命财产的安全，我在家呆不住，我请求和连队一块儿去！"由于他百般要求，连长和指导员最后同意了。

情况很紧张，昼夜不停的大雨，倾满了上寺水库，中共抚顺市委决定开掘溢洪道以防万一，并把这个艰巨任务交给了部队。雷锋同他的战友们，顶着大雨，踏着泥浆，连夜挖掘溢洪道。他挥锹猛挖，突然锹板脱落了，天黑看不见，找不到，他就甩掉手中的锹把，用手挖泥。时间长了，手指磨破了，鲜血掺着稀泥，溅满了他的军装。卫生员让他下去上点药，他说："眼前的洪水，岂不和万恶的敌人一样，哪能为点轻伤误了大事！"

天快亮了，当部队集合被换下要去休息时，雷锋突然晕倒在地。连长立刻命人把他扶到老乡家去。打针，服药，护理了一天，雷锋觉得轻松了许多。傍晚，外边一响起集合的哨音，他趁卫生员没留神，拔腿就跑，又闯进了夜雨蒙蒙的工地。在这以后不久，在部队党组织的教育下，他光荣地参加了中国共产党。

活着就是为了使别人过得更美好

共产党员雷锋，在他的一言一行中，都闪耀着灿烂的共产主义光辉。

他在日记中曾经写道:“我觉得要使自己活着,就是为了使别人过得更美好。我要以黄继光、董存瑞、方志敏等同志为榜样,做一个热爱祖国、热爱人民,永远忠实于党、忠实于人民革命事业的人。”

这就是他的人生观,这就是他的生活目的。他是个运输兵,是个班长,但他不满足于仅仅完成自己的本职工作,总想多做些事。连队各项活动他几乎全部参加了。连队俱乐部的学习委员是他,他热心地帮助大家学习毛主席著作,买书、借书给大家看,给大家读报,宣传党的方针政策和国内外大事。开展文化学习时,他主动请求担任兼职教员,在业余时间里,给大家讲课,批改作业。他是技术学习小组长,也是连队的教歌骨干,他还担任了部队驻地附近小学少年先锋队的辅导员。对他来说,事情越多越好,为党为人民工作,他有无限的热情和精力。和他生前一起相处的战友告诉我们,什么个人打算呀,情绪不高呀等等,根本和雷锋沾不上边,他整天笑容满面,心里想的除了工作就是学习。他认为那些“闹名誉,闹地位,闹出风头”的人一个个都是“没出息”!

这里记述的是雷锋的一些小事:

有一次,他到安东去参加军区体育运动大会,从抚顺一上火车,就主动做了义务列车员,擦地板,擦玻璃,帮妇女抱孩子,给老人找坐位,冲茶倒水,忙个不停,稍一有空,又拿出报纸,给旅客读报。

另一次,他外出在沈阳换车时,看见一个从山东来的中年妇女,急着要到吉林去探亲,可是车票在中途丢了。他看她情真意切,二话没说,就领着这位大嫂到售票口,自己掏钱买了张车票,又带着她上了车。

一个星期天,他肚子疼,到医务所去看病,经过一个建筑工地,那火热的劳动场面,立刻吸引了他。他忘了自己是个病号,奔到推砖场,操起一辆小车就推起砖来了,心想:能为社会主义建设添一块砖也是好的。这个来历不明的解放军战士,越干越欢,车子推得飞快,脸上流着汗水,使全工地的建设者受了很大的鼓舞,不久工地广播站传出了“向解放军学习”的声音。最后当工人们知道他是个病号时,都万分感动,大家写了表扬他的大字报,敲锣打鼓把他送回营房。

雷锋每月的津贴除了交党费、买肥皂、理发和买书而外，全部存入银行。班里有的新战士问他："你就是一个人，何必这样熬苦自己呢?"雷锋回答说："谁说我熬苦自己，现在的生活比我过去受的苦真是好上天了。"雷锋存那些钱准备干什么用呢？谜底到底揭开了：部队领导机关先后收到了中共辽阳县委办公室、抚顺望花区和平人民公社的来信，感谢雷锋在辽阳遭受特大洪水灾害和城市人民公社刚成立的时候，分别寄来了一百元钱。雷锋同志的一位同班战友更接到一封奇怪的家信，这位战友的父亲在信中说：寄来的二十元钱已经收到，我的病已经好转，望你在部队安心。后来一打听，又是雷锋做的。为什么要这样做？雷锋在日记上写道："有些人看我平时舍不得花一个钱，说我是'傻子'。其实，他们是不知道我要把这些钱攒起来，做一点有益于人民、有利于国家的事情。如果说这就是傻子，我甘愿做傻子，革命需要这样的傻子，建设祖国也需要这样的傻子，我就是长着一个心眼：我一心向着党，向着社会主义，向着共产主义。"

雷锋这样处处表现出毫不利己、专门利人的高尚风格，是为了夸耀于人，求得领导的表扬和同志们的称赞吗？不是。运输连的指导员高士祥同志告诉我们说，雷锋丝毫也没有这样的思想，他做了好事从来也不对人讲。那次抱病在工地运砖，人们再三问他的名字，他始终不说，只说是附近部队的。人们握着他的手对他表示感谢时，他却说"这是我应该干的"。在沈阳车站给那位山东大嫂买了车票，她问他在哪个部队、叫什么名字时，他却幽默地说："叫解放军，住在中国。"

严格要求自己，努力锻炼自己

雷锋同志的革命品质所以可贵，就可贵在"自觉"这两个字上。在毛主席发出迎接合作化高潮的伟大号召的时候，他响应号召，参加合作社当了一个有文化的农民；当祖国号召要建设社会主义新农村的时候，他当上了第一批拖拉机手；当祖国号召大办钢铁的时候，他又报名投入了鞍钢工人的先进行列；当祖国处在帝国主义、反动派、现代修正主义的进攻之下，他又积极争取当上了一名祖国的保卫者、人民解放军的战士。入伍那天，他在自己的日记上写道："我要坚决发扬革命部队里的优良传统，向董存瑞、黄继光、安业民等英雄们学习，头可断，血可流，在敌人面前决不屈服。我一定要做毛主席的好战士！"参军以后，他又以自己的行动，实践自己的诺言。虽然旧社会留给他三条刀痕和一个有胃病的身体，但他严格地要求自己，努力锻炼自己。当他刚入伍投掷手榴弹不及格的时候，在全班同志帮助下，他以勤学苦练来弥补，终于在正式演习时达到"优秀"的水平。党的艰苦朴素的优良传统，他时刻牢记在心头。按规定，部队每年夏天发两套军装，他却领一套。他说："我一套就够穿，破了可以补一补，给国家能省一点是一点。"他用的搪瓷脸盆、口杯，上面的瓷几乎全脱落了，像是用黑铁做的。他穿的袜子补了又补，完全改变了原来的模样。他看到有的人吃饭时掉了一粒米在地上，乱花了一分钱，他都善意地提出批评，耐心地进行帮助。

革命的自觉性决不同于盲目的自发性。雷锋的自觉性是建立在活学活用毛主席思想的基础上的。参军后的这几年，他响应部队党组织的号召，在人民解放军这个大学校里抓紧了一切学习时间，读完了《毛泽东选集》一至四卷，其中有些文章更反复阅读过好多遍。在学习中，他深深体会到学习得越多越深，思想越开朗，胸怀越开阔，立场越坚定，理想越远大。

在雷锋同志一生的前进道路上，并不是没困难的，他是在不断克服困难的过程中，依靠党和群众，自觉地锻炼自己的革命意志。农业战线上的治水模范，工业战线上的先进生产者、红旗手，解放军中的五好战士，团组织中的模范团员，抚顺的人民代表等光荣称号，就是雷锋以自觉的主观努力，克服各种客观困难的最好证明。

雷锋在一九六二年八月十日的日记中写道："今天我又认真学习了毛主席在中国共产党第八次全国代表大会上的开幕词，其中有两句话：'虚心使人进步，骄傲使人落后'。这是千真万确的真理。过去按毛主席的教导做了，所以进步了；现在，我仍要牢记毛主席的这一教导，更好地做到这一点，永远做群众的小学生，做人民的勤务员。"

就在写出这些思想,并准备更加奋发为党工作后的第五天——一九六二年八月十五日,雷锋同志在执行勤务中,不幸牺牲了。

雷锋同志的生命的火花是熄灭了,然而他的思想的火花将永远放射光芒。正如中国人民解放军总参谋长罗瑞卿和中共中央东北局第一书记宋任穷同志题词中说的:“伟大的战士——雷锋同志永垂不朽!”“革命精神永垂不朽!”

感动全国的县委书记

1966年2月8日,兰考县的干部和群众都从广播中听到了中央人民广播电台著名播音员齐越充满感情地播送着《人民日报》前一天发表的新华社长篇通讯《县委书记的榜样——焦裕禄》。这篇通讯引发的反响被称为“兰考上空爆炸的精神原子弹”,创下了新华社报道史上空前的记录:《人民日报》在随后的一个月里发表学习焦裕禄的报道70余篇;新华社河南分社暂迁兰考现场办公以便更好地宣传焦裕禄典型;全国各地报刊都转载了这篇著名的通讯;其他新闻、出版、文艺单位纷纷派来记者;作家到兰考采访,最多时达300多名;长影、北影的创作人员都来到兰考,要写拍摄电影的剧本,其中包括著名作者李准……焦裕禄成为举国上下妇孺皆知的人物,成为党的好干部、人民的好公仆的代表。时至今日,焦裕禄精神依然有很强的生命力。

1990年,当年写焦裕禄通讯的三位作者穆青、冯健、周原又重访兰考,写下报道《人民呼唤焦裕禄》,报道中提到:“60年代,焦裕禄领导群众同严重的自然灾害作斗争,让兰考群众吃饱穿暖。今天,新的任务、新的困难正考验着我们的干部,学习焦裕禄不仅要领导群众同自然作斗争,还要同侵入自己肌体的官僚主义和腐败现象进行斗争。从某种意义上讲,这种斗争比起同自然灾害的斗争还要艰苦得多。”[①]这篇报道再次引发强烈的反响,被评为首届中国新闻奖唯一一个荣誉奖(相当于后来的“特别奖”,位于一等奖之前)。在一些干群关系紧张的地方,干部作风不正、官

① 穆青、冯健、周原:《人民呼唤焦裕禄》,《人民日报》1990年7月9日。

僚主义严重,滋生了腐败现象。这篇报道写到:“这些腐败现象,使广大群众心不平,气不顺,在干群之间、党群之间无形中筑起一道高墙,它隔断了党与群众的联系,玷污了党的形象,造成了许多不安定因素。”这时不由得不让人想到焦裕禄,想到这位仅仅在兰考工作了1年零3个月的县委书记,给后人留下的是多么宝贵的精神财富。因此,当时的《经济日报》总编范敬宜在看了该文后,难掩激动,写下了评论《不信东风唤不回》。时任福州市委书记的习近平在读了报道后,赋词一首,称“中夜,读《人民呼唤焦裕禄》一文,是时霁月如银,文思萦系……”习近平在这首《念奴娇·追思焦裕禄》中写道:“魂飞万里,盼归来,此水此山此地。百姓谁不爱好官?把泪焦桐成雨。生也沙丘,死也沙丘,父老生死系。暮雪朝霜,毋改英雄意气!依然月明如昔,思君夜夜,肝胆长如洗。路漫漫其修远矣,两袖清风来去。为官一任,造福一方,遂了平生意。绿我涓滴,会它千顷澄碧。”[①]二十多年后,兰考成为第二批党的群众路线教育实践活动的联系点,党的总书记、国家主席习近平在考察兰考时,特别强调学习焦裕禄要学习他四个方面的精神:“心中装着全体人民、唯独没有他自己”的公仆情怀;凡事探求就里、“吃别人嚼过的馍没味道”的求实作风;“敢教日月换新天”“革命者要在困难面前逞英雄”的奋斗精神;艰苦朴素、廉洁奉公、“任何时候都不搞特殊化”的道德情操。[②]

焦裕禄精神成为“共和国精神”的代表和象征,焦裕禄成为几十年来都令人难忘的名字,不消说,《县委书记的榜样——焦裕禄》是起了重大作用的。这篇超长的通讯(因此也惯称为“焦裕禄大通讯”)虽然不是第一个披露焦裕禄事迹的新闻报道,但是它那澎湃的情感、动人的笔触、鲜活的例子,一经发表,就紧紧扣住了人们的心弦,在焦裕禄逝世一年半后在神州大地掀起了学习焦裕禄的高潮。1965年12月初,时任新华社副社长的穆青路经郑州,河南分社记者周原谈到的豫北黄河古道灾区的情

① 原载1990年7月16日《福州晚报》第一版。

② 《把焦裕禄精神当镜子照照自己》,《河南商报》2014年3月19日第A05版。

况引起了穆青的关注。穆青让周原再去采访,给自己打个前站,寻访一个能带领群众抗灾的积极典型来。而周原在兰考采访时,无意中听兰考县委通讯干事刘俊生说,我们这儿的老县委书记,“除‘三害’都累死了”,并介绍了焦裕禄生前事迹,周原听后感动不已。后穆青等人也来到兰考,县委副书记张钦礼、刘俊生又详述了焦裕禄事迹,并陪同他们去实地采访。据刘俊生回忆:穆青在听了介绍后说“我参加工作 28 年了,都没有哭过,这次被焦裕禄事迹感动得流出了眼泪……虽然报道过,还得组织重新报道。”①后来由周原执笔的初稿还被送到北京前后修改了七次,而能否发表还是一个未知数。原因是这篇报道一是披露了兰考的灾情,二是没写阶级斗争,这在当时都是很有风险的。例如,长影、北影本来要拍摄电影《焦裕禄》,剧本的准备在这篇大通讯采写之前,但因为 1966 年 2 月,江青在上海讲了话,认为之前有一大批文艺作品是在暴露社会主义黑暗面,是文艺黑线专政,而电影剧本因为不能解决描写兰考县自然环境恶劣所带来的负面影响而被迫搁置了。因此,在这种情况下,焦裕禄大通讯能否发表,不仅作者之一的穆青心里没底,就是新华社社长兼《人民日报》总编辑吴冷西都拿不定主意。最后吴冷西带着穆青找到了中央书记处书记彭真,彭真拍板发表了这篇通讯②。不过在“文革”初期这篇报道仍然因为没有写阶级斗争,一度被当成“大毒草”打倒。

当然,对这篇著名报道感兴趣的人,稍加留心也不难发现,围绕这篇报道确实也产生了一些耐人寻味的现象。当然,有些是很难避免的时代局限。比如大通讯将焦裕禄精神纳入了“活学活用毛泽东思想”的典型范畴,这里是否有为迎合形势而生搬硬套的地方?周原夫妇在多年后接受采访时认为,当初的草稿主要是记录下焦裕禄的感人事迹,但后来的修改就是“一次又一次强化焦裕禄是‘活学活用毛泽东思想的典范’”。当

① 刘俊生:《宣传报道焦裕禄的前后》,《纵横》1999 年第 2 期。

② 穆青回忆:《彭真拍板发表焦裕禄的报道》,《报刊文摘》2002 年第 8 期。

时不这样说，稿子不好交代，但“强化得太过分”。[1] 报道中的一些细节也有受人诟病之处，如称焦裕禄去世后，人们在他枕头下发现了两本书，《毛泽东选集》和《论共产党人的修养》。而焦裕禄的女儿后来在接受采访时则说，焦裕禄去医院时其实并没有带任何书。更大的疑问则出在报道中几次提到的县委副书记张钦礼，原作中称他是焦裕禄的“亲密战友”。但是1979年张钦礼却被判刑13年，罪行是“‘文革’中紧跟林彪、‘四人帮’，反党乱军、迫害老干部”。此后再版的焦裕禄大通讯一律把张钦礼的名字换成了“一位副书记”，内容则未改动。2009年，随着任彦芳著的一本名为《焦裕禄身后——我与兰考的悲喜剧》的书出版，围绕大通讯、围绕事件几位当事人以及牵涉兰考县委、开封地委乃至河南省委的宣传焦裕禄事件，越发显得错综复杂。反响和驳斥都是强烈的。而从近年来所刊登的一些“揭秘”文章来看，作者大多是当年事件的当事者，却明显地分成不同的阵营在打笔墨官司，似乎多年来形成的矛盾依然在继续，包括要不要给张钦礼“平反”等。也许正如大通讯的作者之一所感慨的，这让人困惑的地方不在焦裕禄，而在别的方面。但从新闻专业的角度来说，如果当时报道的环境宽松一点，采访的消息来源多元一点，在细节的核实上更仔细一点，也许让人困惑的地方就会少一点。

代表作

穆青、冯健、周原：《县委书记的榜样——焦裕禄》，新华社，1966年2月4日

原文链接：http://news.xinhuanet.com/zgjx/2006-12/21/content_5516769.htm。

---

① 《焦裕禄大通讯四十年论战始末》，《时代周报》2009年6月18日。

扫描二维码可直接阅读：

参阅作品

穆青、冯健、周原：《人民呼唤焦裕禄》，新华社，1990 年 7 月 8 日。

第二编

“启蒙”话语中的报道

新闻界与思想解放之风

从粉碎“四人帮”到十一届三中全会召开，党史上称作是“徘徊中前进”的两年。“四人帮”虽被打倒，但“文革”时期政治方针的改弦更张却并非易事。“文革”时期意识形态对社会的桎梏仍未被打破。以当时的新闻报道来说，除了批判对象换成了“四人帮”之外，其他的报道惯习与“文革”时期无甚差别，仍旧是一套大批判的话语模式。如当时的学雷锋报道就从“文革”中“深入批判刘少奇一类骗子的修正主义路线”，变成了“学习雷锋好榜样，万炮齐轰‘四人帮’”。可以说，在这段时期，新闻报道并未随着“文革”的结束而发生根本性的转变，还沿袭着过去的宣传调门，如继续大力宣传大庆和大寨模式，并出现了新的个人崇拜现象。这种令人失望的情况一方面与当时尚未明确的党内政治权力格局有关，政治空气仍令人感到压抑；另一方面，或可说更重要的方面是因为人们在思想上、认识上尚没有获得突破和解放。一些错误的观念仍然打着领袖的旗号在窒息着人们的思想。如 1977 年 2 月 7 日，“两报一刊”奉命刊登了社论《学好文件抓住纲》，这篇社论是当时中共中央副主席汪东兴授意撰写、中共中央主席华国锋批准发表的，它提出了著名的“两个凡是”的观点：“凡是毛主席作出的决策，我们都坚决拥护；凡是毛主席的指示，我们都始终不渝地遵循。”梁衡曾在一篇纪念真理标准问题讨论的文章中写道：“这种观点，当然不能为广大群众所接受，因为它没有解决粉碎‘四人帮’后国家向何处去的难题。如果按照‘两个凡是’，毛主席决定过的都不能改变，这样，大的方针如继续搞阶级斗争，具体的事件如撤销邓小平同志的职务等等就都不能变。”①

在这样的情况下，讨论是非对错的标准、探讨到底真理的标准是什么，就成了打破“凡是论”、解放思想的必然选择。而在推动真理标准问题的讨论中，以中央党报为首的新闻界做出了重要贡献。方汉奇在《中国新闻事业通史》中对此的评价是：“在‘两个凡是’占主导地位的历史条件下，组织和发表这种主题的文章，开展这样一场讨论，要冒很大的风险，要有很大的勇气。”

1978年1月9日，《人民日报》发表邵华泽的署名文章《文风和认识路线》，讲的虽然是新闻报道的文风，但已经开宗明义地提出：“客观事实是第一性的，还是人的主观认识是第一性的”问题，并再次重申了陆定一1943年《我们对于新闻学的基本观点》中的看法，即坚持物质第一性，意识第二性，认识是客观存在的反映。② 同年3月26日，《人民日报》又发表署名张成的文章《标准只有一个》，更鲜明地提出了：“真理的标准，只有一个，就是社会实践。”③同时，也更明确地批评了那些“不管社会实践如何，而是看书本上是怎样讲的”观点。不过，这两篇千余字的小文章虽引起了一些关注，但毕竟篇幅短小、点到为止，没有引起太大反响，只能说是1978年那场轰轰烈烈的真理标准问题大讨论的先声。真正拉开了大讨论序幕的，是1978年5月11日发表在《光明日报》的特约评论员文章《实践是检验真理的唯一标准》。这篇6000多字的哲学理论文章，雄辩滔滔地阐述了检验真理的标准问题，引起了极大的社会反响，吹起了第一次思想解放之风。而这篇文章的发表，既是党内和社会各界希望纠正“文革”错误的强烈愿望的表现，同时也是新闻界精心筹划的智慧结晶，“是中国思想解放史上的大事变，是中国党报史上的重大事件”④。

---

① 梁衡：《论“两个凡是”与解放思想》，《求是》1998年第9期。

② 邵华泽：《文风和认识路线》，《人民日报》1978年1月9日。

③ 张成：《标准只有一个》，《人民日报》1978年3月26日。

④ 蔡美华：《真理标准问题讨论中党报作为研究》，复旦大学2009年博士学位论文。

1977年7月在南京召开的一个理论讨论会上，曾就读于北京大学新闻专业的南大政治系青年教师胡福明发言反对“文革”时期对“唯生产力论”的批判。他认为这不是修正主义，而是马克思主义。受制于“两个凡是”的框框，这个观点在会场上并没有得到多数人的响应，反而马上招致了批评和反对的意见。但与会的《光明日报》理论部哲学专刊主编王强华却慧眼独具，向胡福明约稿。他前后与作者通信五六次，提出“为了使文章更加具有战斗性，可适当增加联系实际部分”①等意见。胡福明的稿件1977年9月寄到报社，原题是《实践是检验真理的标准》。《光明日报》在1978年1月14日发排，先印出小样，后又请作者进行了数次修改，第五次修改后，标题改为《实践是检验一切真理的标准》，拟在1978年4月11日《光明日报》的哲学副刊上发表。但当最后的大样被送给杨西光总编辑审阅时，杨西光认为：第一，这个文章意义重大，放在哲学副刊里可惜了，应该放在一版的位置；第二，文章还要做比较大的修改。杨西光此时刚刚结束在中央党校的学习，从上海调任《光明日报》当总编辑。他得知中央党校理论研究室的孙长江也在撰写相同主题的文章，而恰在此时，南京的胡福明也来到北京开会。1978年4月13日晚，杨西光约请孙长江、胡福明、王强华和《光明日报》理论部负责人马沛文四人在他的办公室共同讨论修改意见，明确提出文章应该解放思想，批评“两个凡是”，冲破禁区。这次集体改稿后，杨西光又与马沛文、王强华等讨论修改文稿三次，都有文字记录。他们将文章的标题最终定为《实践是检验真理的唯一标准》。此后，中央党校的孙长江又以《光明日报》送来的稿件为基础，改写出一稿，经中央党校理论室主任吴江修改，于1978年4月27日定稿，送中央党校主持工作的副校长胡耀邦审稿。1978年5月10日，中央党校内部刊物《理论动态》先刊登了此文，次日，再以《光明日报》特约评论员的名义在头版公开发表。当时，“特约评论员”文章是一种变通的发表形

① 《亲历者解读〈实践是检验真理的唯一标准〉如何出炉》，王强华2008年5月11日在新华网演播室的访谈记录，http://news.xinhuanet.com/politics/2008-05/11/content_8118491.htm

式，转载其他刊物的文章，且文章内容不是硬性新闻而是评论，就不必经过负责宣传的中央领导的审阅同意。所以如果报社的编辑担心评论的内容不容易获得通过，而文章又非常有必要刊发，采用先让内部刊物发表，而后转载，并且署名“特约评论员”的方式，就可以绕开某些舆论禁区。而对于普通读者来说，“特约评论员”这样的名称又显得很郑重，远比具体的署名有分量。粗略统计，从 1978 年 3 月到 1985 年 12 月，各报刊采用“特约评论员”名称发表的文章，有 70 多篇①，很多都来自于中央党校内部刊物《理论动态》。

《实践是检验真理的唯一标准》发表后，获得了新闻界的广泛支持。当天，新华社全文转发，第二天《人民日报》《解放军报》等一些中央和地方的重要报纸，均相继转载。据统计，截止到 5 月 18 日，共有 22 家省级党报转载了该文。② 但是，这一思想解放的过程并非一帆风顺。文章发表后也一度招致打压。从党中央主席、副主席、毛著编委会副主任、中宣部长到《红旗》杂志主编，都曾在不同场合对真理标准问题讨论进行批评。王强华回忆说：“发表以后我们都不敢讲话了，感觉周围空气都很沉闷，那时候也很害怕，有些人给我们扣的‘帽子’是很大的，又是‘砍旗’，又是‘反动’等，直到 6 月 2 日邓小平讲话以后情况才逐渐好转。”③

可以说，在这场思想解放运动中，以《光明日报》为代表的新闻界和思想理论界，通过在报纸上组织发表哲学讨论文章，给压抑已久的思想界打开了一个突破口，但思想解放之风真正吹遍中国大地，并迎来历史性的转折，则并非新闻界一家之功，而是新闻界、思想界、政治界密切互动的结果。例如，当讨论在中央级媒体陷入僵局时，邓小平同志在东北视察，每到一地就谈实践是检验真理的标准，指出只有坚持实事求是，才是真正高

① 胡正荣：《时代之印：中国媒介三十年（1978—2008）》，陕西人民出版社 2008 年版，第 11 页。

② 蔡美华：《真理标准问题讨论中党报作为研究》，复旦大学 2009 年博士学位论文。

③ 同上。

举毛泽东思想旗帜,“两个凡是”不是真高举。在邓小平等政治家的推动下,全国二十几个省、自治区、直辖市党委负责人就真理标准问题纷纷表态,并在报纸上发表文章,自下而上地推动了讨论。当某些地方党委负责人阻挠讨论时,一些新闻媒体则巧妙地采用迂回策略发表与真理标准讨论有关的文章。如上海市委某负责人曾对“真理标准问题”下过“不表态、不讨论、不介入”的“三不”方针。《文汇报》先后向市委送过9篇阐述真理标准问题的理论文章,都被压下。在这种情况下,《文汇报》另辟蹊径,将复旦大学党委书记夏征农在读书班上讨论真理标准问题一事,写成新闻,并用通栏大标题,标出“讨论真理标准问题”字样,在全市造成很大影响。① 此后,为了推动讨论,驳斥有些人的责难,在罗瑞卿的直接关照下,《解放军报》和《人民日报》于1978年6月24日同时发表了中央党校吴江的一篇理论长文《马克思主义的一个基本原则》,影响也很大。此后,以《人民日报》为代表的新闻界还通过推动社会主义民主和法制的宣传,进一步解放思想。代表作如当时两位年轻的女作者林春和李银河发表在《中国青年》杂志上的文章《要大大发扬民主,大大加强法制》,被视为“打破了不允许讨论民主的禁区”。②

《实践是检验真理的唯一标准》一文可说是一块“投石问路”之“石”,它打破了思想理论界的坚冰,对延续“文革”意识形态的做法提出了尖锐的挑战。这块问路之石,引发了一系列连锁反应,并最终谱写了一曲思想解放的大合唱。在这一历史的转折点上,既有新闻工作者把握时机、勇于担当的智慧和勇气,理论工作者的思想火花和学术贡献,更有胡耀邦、邓小平、叶剑英、罗瑞卿、谭震林等老一辈政治家审时度势、运筹帷幄的大力推动。而当时中共中央主席华国锋面对真理标准问题讨论,采取了相对克制、宽容的态度,并没有激化矛盾、不计后果。这对于党内路线纠错和党内民主讨论的恢复都是很重要的。

---

① 马达:《马达自述:办报生涯六十年》,文汇出版社2004年版,第27页。

② 马国川:《李银河:真正的变化要开始了》,《经济观察报》2008年2月15日。

讨论哲学问题的文章,能在新闻媒体上着重发表,并引发全国性震动,如果脱离当时的历史条件和时代背景,是很难想象的。也正因此,包括《实践》一文在内的思想解放运动中多篇引发轰动的理论性文章,学术性仅为其表,对当时政治环境的明指或暗喻才为其实。在这种情况下,重在“气势”逼人和现实意义,而非学术逻辑的严密也就难免了。正如《要大大发扬民主,大大加强法制》的作者之一李银河后来所说,《要》文的大受欢迎,很大程度上投合了中国文化的“气势”,而不是以经验材料做基础的严格的社会科学研究。当时这些理论文章主要的论证方式仍旧是回到马恩列斯毛的原典,用革命导师著作中的话作为观点的主要论据。这其实反映了当时理论研究的不成熟之处,以至于赞成和反对“实践是检验真理唯一标准”观点的两派都通过同样的论据在辩驳对方。当然,这些后人之见,无损于这些文章的现实价值和在特定时期所起到的巨大的历史作用。

总之,《实践是检验真理的唯一标准》一文拉开了思想解放运动的序幕,这不仅是中国新闻史上的重要一笔,更是中国当代史的华彩乐章。但它并非一人或几人之功,而是历史的产物,体现了社会转型时刻新闻媒体与政治的复杂而深刻的关联。

代表作

《实践是检验真理的唯一标准》,《光明日报》1978 年 5 月 11 日。

原文链接:http://news.xinhuanet.com/theory/2008-05/12/content_8150576.htm。

扫描二维码可直接阅读:

参阅作品

1. 吴江:《马克思主义的一个基本原则》,《解放军报》1978 年 6 月 24 日。

2. 林春、李银河:《要大大发扬民主,大大加强法制》,《中国青年》1978 年第 3 期。

“拨乱反正”时期的新闻报道

从1976年10月粉碎“四人帮”到1981年6月中共十一届六中全会召开，审议通过《关于建国以来党的若干历史问题的决议》，这一阶段被称为“拨乱反正”的历史阶段，是党和国家历史进程中的重要一页。通过“拨乱反正”，实现了“从以阶级斗争为纲转到以发展生产力为中心，从封闭转到开放，从固守成规转到各方面的改革”。[①] 但是这一阶段的顺利完成绝非易事。“四人帮”刚一倒台，胡耀邦就曾对叶剑英的儿子叶选平说，当前有三件大事特别重要。第一是，停止批邓，人心大顺；第二是，冤狱一理，人心大喜；第三是，生产狠狠抓，人心乐开花。[②] 胡耀邦说的这三件大事在当时既是最迫切的工作，也是最敏感的工作。以平反冤假错案为例，据不完全统计，“文革”中被整人数包括受牵连者在内约有一亿多人，占国家人口总数的九分之一。国家干部被立案审查的占当时国家干部总人数的17.5%，特别是中央、国家机关副部长级以上的和地方副省长级以上的高级干部，被立案审查的高达75%。[③] 其中，最受关注的是对天安门事件的平反，这一被错定为反革命事件的群众运动直接导致邓小平被撤销党内外一切职务。但由于各种原因，为天安门事件平反阻力重重。早在1976年10月16日，陈云就明确提出要重新审查天安门事件，要尽快使一些老干部出来工作。1977年3月13日，陈云向中共中央工作

---

① 《邓小平文选》第3卷，人民出版社1993年版，第269页。

② 沈宝祥：《富强胡同6号见证拨乱反正》，《党史纵横》2006年第7期。

③ 王海光：《平反冤假错案的历史进程和历史意义》，《当代中国史研究》1999年第5—6期，第177页。

会议上海代表团正式提交书面发言，表示拥护邓小平重新参加党中央工作和解决天安门事件的问题。但是会议工作班子要求陈云按照当时中央主要领导人讲话的口径修改这篇发言，被陈云拒绝。结果会议简报竟然不予刊登陈云的发言稿。[①] 由此，天安门事件能不能平反，成为"拨乱反正""平反冤假错案"进程中的一个标志性问题。在这一重大历史关口，新闻媒体因为一篇239字的小消息"助推"了历史进程，给新闻史，也给当代史留下了令人难忘的一笔。

天安门事件的爆发和平反，说起来都与新闻媒体有关，时间上正好是粉碎"四人帮"的前和后，而新闻报道获得的历史评价也是一反一正。1976年1月8日，周恩来总理逝世，举国同悲，百万群众在十里长街哭送总理。但1月9日，姚文元就对当时《人民日报》总编辑鲁瑛说，总理逝世"没有报道任务""唁电的标题要缩小""不要提倡戴黑纱、送花圈""报上不要出现'敬爱的周总理'"等字样[②]，千方百计压缩悼念周总理的报道。1月14日，在为周恩来总理举行追悼会的前一天，《人民日报》头版头条刊登的却是《大辩论带来的大变化》，强奸民意，说"近来，全国人民都在关心着清华大学关于教育革命的大辩论"。此后，报纸上更是充斥着"反击右倾翻案风"的文章，明里暗里地"批邓""反周"。1976年3月5日，又是一个学雷锋纪念日。而上海《文汇报》在转发新华社稿件时，将周恩来当年给雷锋的四句题词删去了，这立刻引起了读者警觉。南京街头随即出现"誓死保卫周总理"和揭露《文汇报》的大标语。3月25日，《文汇报》头版新闻《走资派还在走，我们就要同他斗》中称"党内那个走资派要把被打倒的至今不肯改悔的走资派扶上台"。读者立刻感觉到这是把"党内走资派"的帽子扣到周恩来头上。这篇新闻稿犹如一个导火索，本来万马齐喑的政治环境被人们压抑已久的怒火点燃了。先是南京大学数学系的400多名师生上街游行，后人数越来越多，每日抬着花圈到雨花台吊唁总理的群众多达5万人。

---

① 陈述：《陈云与拨乱反正》，《中共中央党校学报》2005年5月。

② 余焕春：《人民日报与1976年天安门事件》，《百年潮》1998年第2期。

这一被称为“南京事件”的群众运动是紧随其后的“天安门事件”的前奏。当“四人帮”费尽心机要压制“南京事件”的时候,“烈火已经在天安门广场上冲天而起了”①。“天安门事件”爆发后,1976 年 4 月 5 日晚,广场周围的警察和警卫部队一齐出动,封锁了广场,在清场过程中一二百人被打伤,200 多人被抓,其中近 40 人于 6 日晨被投入监狱。当时,“四人帮”还诬陷与外界处于隔绝状态的邓小平是“天安门事件”的总后台,1976 年4 月 7 日,邓小平被撤销党内外一切职务。这一事件中,党报起了很坏的作用。1976 年 4 月 8 日,《人民日报》发表完全颠倒黑白的报道《天安门广场的反革命政治事件》,刊出后举世震惊。一位署名“一名现场工人民兵”的读者给《人民日报》写信,信封正面写“北京人民日报总编辑收”,背面写的是“请戈培尔编辑收”。信中装着 4 月 8 日《人民日报》的一、二版,并在一版上写着:“令人震惊! 党报堕落了! 你们演的这场‘国会纵火案’实在不高明”,“从今改为:法西斯党机关报”。这是对“四人帮”控制下的党报的愤怒声讨和辛辣讽刺。“四人帮”垮台后,中央派以迟浩田为首的三人小组进驻报社,《人民日报》重获新生。当时还在五七干校的余焕春被大家推举回编辑部领导报社清查工作,他回忆说,“临行前,许多同志对我说:‘头一件要清查的就是天安门事件,那是人命关天的大事’”。②

因此,天安门事件的平反一方面有党内老干部的呼吁,另一方面也有重获新生的新闻界的自觉推动。例如,在北京市委对“天安门事件”表态之前,上海《文汇报》就大张旗鼓地报道了以“天安门事件”为背景的话剧《于无声处》,在 1978 年 10 月 12 日登出长篇通讯《于无声处听惊雷》,并在 10 月 28 日—30 日连载了剧本全文。这使得《于无声处》这个由青年工人自发创作的话剧由“荒野上的一朵野花”得到全国关注。剧中一句台词“人民不会沉默太久”,流传极广。11 月 4 日,《人民

① 程中原:《两个中国命运的决战——1976 年从天安门事件到粉碎“四人帮”》,《当代中国史研究》2005 年 1 月。

② 余焕春:《人民日报与 1976 年天安门事件》,《百年潮》1998 年第 2 期。

日报》也发表消息，导语引用上海《解放日报》的报道，称《于无声处》是"为北京天安门广场悼念敬爱的周总理、同'四人帮'英勇斗争的时代英雄高唱颂歌"①。此时，距北京市委常委会议做出关于"天安门事件"的讲话，尚早了10天。

1978年11月14日，北京市委常委扩大会议进入到总结阶段。市委第三书记贾庭三在总结发言时，突然脱离讲稿，拿出了一张小纸条，念了一段有关天安门事件的讲话："1976年清明节，广大群众到天安门广场悼念我们敬爱的周总理，完全是出于对周总理的无限爱戴、无限怀念和深切悼念的心情，完全是出于对'四人帮'祸国殃民滔天罪行的深切痛恨，它反映了全国人民的心愿，完全是革命行动。对于因此而受到迫害的同志一律平反，恢复名誉。"②在场的新华社记者周鸿书听了小纸条的内容，马上意识到了这具有重大的意义，一散会就到新华社国内部找领导商量，能不能把小纸条的内容单独发稿。国内部主任杜导正表示支持，要"争取一下试试"。但联系的结果是，北京市委不同意单发，周鸿书只得先写了一个2400多字的稿件，报道北京市委扩大会议，把关于"天安门事件"的内容包含在里面。次日，《北京日报》已发了一篇4000字的会议消息，内有关于"天安门事件"的这段内容，但没有突出。新华社没有将周鸿书原来的稿子发通稿，因为此时还正在紧张地磋商——新华社国内部将单发新闻稿的想法向副社长兼总编辑穆青请示后，穆青非常支持，但表示事情重大，还要和在京西宾馆开会的社长曾涛商量。曾涛和穆青通了十几次电话，并和同在京西宾馆参加中央工作会议的《人民日报》总编胡绩伟、《光明日报》总编杨西光、国务院研究室负责人于光远等商议后，最终决定单发，又和穆青议定了标题，直接点出"中共北京市委宣布天安门事件完全是革命行动"。而北京市委会议决议中的那段讲话出于顾虑，并没有出现"天安门事件"五个字，因此这个标题是有一定风险的，等于是在中央

① 《歌颂天安门广场悼念周总理、同"四人帮"斗争的时代英雄/话剧〈于无声处〉轰动上海文艺界》，《人民日报》1978年11月4日。

② 《天安门事件是如何平反的?》，《中国新闻周刊》2008年10月27日。

正式表态前就给“天安门事件”定性了。穆青回忆说：“到晚上7点临发稿了，曾涛同志又打电话给我，说：‘怎么样？穆青，下决心这么发好不好？’我说：‘好啊，我们大家都同意这么发。’曾涛像是开玩笑地跟我说：‘如果这篇稿子出了问题要坐牢，你可得陪我一块去。’我说：‘行，我跟你一块去’”。[①] 11月15日，新华社发出电讯，次日包括《人民日报》在内的各大媒体都在显著位置转载，一篇239字的短消息引起全国欢呼。

之所以要详述这篇电讯稿的来龙去脉，是为了还原当时复杂的新闻环境和政治环境。有文章曾简单地把这篇著名消息的发表称为是总编慧眼独具，从几千字的文稿中发现最有新闻价值的一段，这实在是大大简化也曲解了当时新闻生产的背景。这篇新闻的发表与其说体现的是新闻敏感，不如说体现的是政治敏感。当时新闻界的几位领军人物已经意识到为“天安门事件”平反是大势所趋，北京市委会议决议中的那段话也必然已经得到了中央主要领导的认可。但毕竟在中央作出正式决定前，就在新闻报道上给一次重大历史事件“定性”，这种做法前所未有。因此，连胡耀邦都有些意外地对《人民日报》的同志说了句：“你们事先也不打个招呼。”11月25日，华国锋在中央工作会议宣布了9条决定，第一条就是关于“天安门事件”的。他说：“中央认为，‘天安门事件’完全是革命的群众运动。”[②]至此，天安门事件彻底平反。

在“拨乱反正”阶段，新闻报道与政治运作“互推”“互动”的痕迹非常明显。典型的例子是，在胡耀邦组织下，《人民日报》先后发表了两篇评论文章，对当时的“拨乱反正”工作影响很大。一篇是1977年10月7日发表的《把“四人帮”颠倒了的干部路线是非纠正过来》，发表后短短一个月，就收到一万多封支持和拥护的信件与电报。第二篇是1978年11月

① 徐庆全：《新华社为天安门事件平反电讯稿发出前后》，《纵横》2003年第2期。

② 朱幼棣、蔚建民：《〈1976年天安门事件完全是革命行动〉的消息是怎样发出的》，《中国记者》1999年2月。

15 日发表的《实事求是有错必纠》。邓小平曾在会见日本客人时专门提到这篇文章,称其在国际上反响很大。他说:"勇于纠正错误,这是有信心的表现。当然,解决这样复杂的问题总要有一个过程,现在时机成熟了。"①由于与政治形势的紧密互动,党报上的文章常被视为是"风向标",影响极大。邓小平 1979 年说:"《人民日报》对上访问题发表过两篇文章,时间相隔不久。第一篇是 9 月 17 日,文章一出去,上访人员呼噜呼噜都上来了;第二篇是 10 月 22 日,文章把道理讲清楚了,上访人员很快就减少了。这说明什么呢?说明单单是报纸舆论就可以发生这样大的影响。"②邓小平说的这两篇文章前一篇是《切实解决上访问题》,后一篇是《正确对待上访问题》。

就这一时期新闻报道涉及的典型案例而言,影响最大的是对张志新烈士的报道。张志新生前是辽宁省委宣传部普通干部,因坦率表达了自己对"四人帮"和"文革"的不满,蒙受牢狱之灾,被残忍割喉直至被枪毙。1979 年 3 月 26 日,辽宁省委为张志新平反昭雪,追认她为烈士。据统计,《光明日报》在 1979 年 6 月 5 日到 9 月 12 日这集中宣传的三个月期间,共发通讯、文章、来信、诗歌、图片等近 90 篇(幅),约 14 万余字。《光明日报》记者陈禹山在调阅了当年案卷后采写了长篇通讯《一份血写的报告》,引发全国悼念、学习张志新的热潮。

代表作

《中共北京市委宣布天安门事件完全是革命行动》,新华社,1978 年 11 月 15 日。

---

① 黄黎:《胡耀邦初理冤假错案——纪念胡耀邦同志逝世 20 周年》,《党史博采》2009 年第 3 期。

② 《邓小平文选》第 2 卷,人民出版社 1994 年版,第 228—229 页。

中共北京市委宣布
天安门事件完全是革命行动
对于一九七六年清明节因悼念敬爱的周总理、反对“四人帮”
而受到迫害的同志要一律平反，恢复名誉

新华社北京十一月十五日电 中共北京市委在最近举行的常委扩大会议上宣布：一九七六年清明节广大群众到天安门广场沉痛悼念敬爱的周总理，愤怒声讨“四人帮”，完全是革命行动。

会上宣布：一九七六年清明节，广大群众到天安门广场悼念我们敬爱的周总理，完全是出于对周总理的无限爱戴、无限怀念和深切哀悼的心情；完全是出于对“四人帮”祸国殃民的滔天罪行深切痛恨，它反映了全国亿万人民的心愿。广大群众沉痛悼念敬爱的周总理，愤怒声讨“四人帮”，完全是革命行动。对于因悼念周总理、反对“四人帮”而受到迫害的同志要一律平反，恢复名誉。

参阅作品

1.《实事求是有错必纠》，《人民日报》1978 年 11 月 15 日。
2. 陈禹山：《一份血写的报告》，《光明日报》1979 年 6 月 5 日。

新闻批评的复兴

正如本书第一编第五节中所述,1950—1953 年以及 1956 年曾出现过短暂的新闻批评的高潮,但没能持续下去。童兵认为此后新闻批评的总体趋势和轨迹是:“一方面弱化对党政机关和社会公仆的舆论监督,甚至用党的组织纪律明令禁止对党的某级机关的公开批评。另一方面则是把批评的重点转移向人民群众。”①这里说的前者指 1953 年春,中宣部在给广西省委宣传部的批示中,明确做出的“党报不得批评同级党委”②的规定;后者则指的是在建国后历次政治运动,尤其是“文革”时期,利用党报进行“革命大批判”的做法。在进行“革命大批判”时,党报火力十足,并经常突破“党报不得批评同级党委”的框框。因此,童兵所述的两个并置的现象,事实上已经是两个本质不同的问题,前者尚在新闻批评的框架内,后者则可说是新闻批判。有研究者用“民主的批评”和“专制的批评”来分辨两者,是有一定道理的。如认为“民主批评”是在权利平等的条件下进行的,尊重被批评者反批评的权利,是双向性的。“专制批评”则只能绝对听从,决不许辩驳,是单向性的;“民主批评”是批评与自我批评的结合,“专制批评”则是只批评别人而不作自我批评等等。③ 1976 年粉碎“四人帮”后,尤其是在 1978 年因“真理标准问题”讨论而迎来的思想解

① 童兵:《新闻批评和政治民主——对“党报不得批评同级党委”规定的历史考察》,《中国人民大学学报》1988 年第 4 期。

② 《中宣部关于党报不得批评同级党委问题给广西省委宣传部的复示》,《中国共产党新闻工作文件汇编》中卷,第 279 页。

③ 姚文华:《继承和发扬党报新闻批评的优良传统》,《新闻知识》1991 年第 1 期。

放的风气中，新闻媒体又开始试图衔接和延续50年代乃至可上溯到延安时期的党报“新闻批评”的传统。

研究者一般认为比较早地重开新闻批评风气的是广东的《南方日报》。1978年11月，《南方日报》出人意料地刊登了一篇批评稿——《麦子灿同志给习仲勋同志的信》。广东惠阳地区检察院的麦子灿，在1978年9月25日给当时广东省委第二书记习仲勋写了一封意见信，尖锐地批评习仲勋：“我感觉到你还是一个爱听汇报，爱听漂亮话，喜欢夸夸其谈的人”，还在信末“将”了一军：“你讲话中不是常说爱听刺耳话，说什么‘良药苦口利于病’吗？现在给你提两个刺耳的意见，看你是否‘叶公好龙’！”习仲勋10月18日给麦子灿复信，除了解决麦子灿所提的实际问题外，对麦子灿的批评表示“诚恳接受”，并决定将麦的来信转发各地，“以便进一步把党内民主空气发扬起来”。10月20日，习仲勋又给广东省县以上和省直局以上单位负责人写信，通告了此事，并称“麦子灿同志对我的批评，是对我们党内至今还严重存在的不实事求是、脱离群众等坏作风的有力针砭，应该使我们出一身冷汗，警醒过来”。麦子灿批评信、习仲勋复信并给广东省领导干部转发信的全部内容，都在同一天的报纸上公开出来，造成很大的轰动。11月7日，新华社就此发了电讯，11月8日，《人民日报》以《不要怕听刺耳的话/鼓励干部群众讲话/广东惠阳地区麦子灿同志写信批评省委第二书记习仲勋，习仲勋同志复信，诚恳接受意见，并写信给各地，要求接受缺点，改进作风》的长题，再次发表上述三信内容，并配发编者按称：“领导干部以身作则，广开言路，广大干部和群众就敢于发表不同意见，敢于讲话，我们党被林彪、‘四人帮’严重破坏了的好传统、好作风，很快就会得到恢复和发扬，毛主席所期待的那种‘又有集中又有民主，又有纪律又有自由，又有统一意志、又有个人心情舒畅、生动活泼，那样一种政治局面’，就会很快出现。”很显然，新时期新闻批评的最初重现就是以续接传统的面貌出现的，是对“丢失物”（the lost object）的找寻，它的话语方式与内在逻辑与延安时期和50年代初期别无二致。

新时期新闻批评的复兴在1980年夏季首先形成一个高潮。据统计，

1980 年 4 月—8 月,《人民日报》共发表批评报道 122 篇(含社论、评论 28 篇),平均每日一篇。[1] 1980 年 3 月,中共中央颁布了《关于党内政治生活的若干准则》,《准则》要求共产党员要“按照事物的本来面目如实地向党反映情况”,“切忌‘报喜不报忧’”。这些规定,极大地鼓舞了新闻界开展批评的勇气。当时对社会影响较大的新闻批评报道主要有:“渤海 2 号沉船事故”报道、“商业部长吃饭不付钱”报道和昔阳县“西水东调”工程报道等。

“渤海 2 号沉船事故”报道在当代新闻史上地位甚高,往往被称作是新闻批评的一个“里程碑”。这一评价主要是从当时的社会影响而言的。1979 年 11 月 25 日凌晨,石油部海洋石油勘探局“渤海 2 号”钻井船在拖航作业中翻沉,死亡 72 人,直接经济损失 3700 多万元,酿成石油系统新中国成立以来的最大死亡事故。海洋石油勘探局在事故报告中认为是“突遇大风,不可抗拒”,并马上开展大总结、大评比、大宣传和大表彰活动。但天津市革委会组成调查组对事故进行了调查,推翻了海洋石油勘探局的报告,认为这是一起违章指挥的事故。1980 年 4 月 21 日,天津市劳动局向市人民检察院提出控告。5 月 7 日,天津市人民检察院接受了市劳动局提出的控告,进入审查、立案阶段。5 月下旬,石油部向国务院作了检查报告,承担了违章指挥的责任。这一期间新闻媒体并未披露渤 2 事件。《工人日报》曾在《新闻战线》杂志上介绍过当时的采访内情:5 月份,报社曾有公开报道的打算,也向上级领导请示了,但思想上仍有顾虑。顾虑在于,一是报道这样严重而未处理的事故还没有先例,担心报道会造成不好的国际影响,或让群众泄气;二是事故涉及石油部负责同志,报社担心会有阻力。直到“6 月份,中央一位领导同志批评我们《工人日报》不为群众讲话,我们愉快地接受了这个批评,增强了在报纸上开展批评的勇气。”[2]可见,《人民日报》和《工人日报》能介入报道,是更高层的

---

① 蔡铭泽:《走出历史的迷雾——论新闻界的拨乱反正》,《新闻大学》2001 年春季号。

② 《工人日报》“渤海 2 号”事故报道组:《要有向群众讲真话的勇气》,《新闻战线》1980 年第 10 期。

领导发话的结果。1980 年 7 月 22 日,《人民日报》和《工人日报》同日报道了“渤海 2 号”钻井船翻沉重大事故的消息,理所当然地引发全国关注,并持续性地成为舆论热点。《人民日报》在此后的一个多月内除新华社通稿外还自发消息和评论 20 多篇。媒体的公开曝光及造成的巨大社会压力,使这一本来已经在处理中的事故被更快地做出了决定。《人民日报》的丁沧济回忆说,7 月 25 日,他就从总编处获悉,“胡乔木同志对渤二事故的报道非常重视,并说报纸上批评石油部后,国务院会很快作出处理渤二事故的决定”[①]。很快,1980 年 8 月,国务院做出了严肃处理“渤 2 事故”的决定。这一决定被认为创造了新中国成立以来的三个“第一”:由于领导工作犯了错误,解除一个政府部长的职务是第一次;由于对严重事故不能及时准确处理负有直接责任,给一位副总理记大过处分是第一次;由于对这一严重事故处置不当,国务院领导声明自己失职,并向全国人民承认错误也是第一次。而这些也被视为是新闻批评的重要成果,成为新闻界在论述此事时骄傲自豪,以及张扬新闻理想的论据。

事实上,如果不被这种“光荣与梦想”色彩的叙述过分笼罩的话,对于这一被当做新时期新闻批评代表作和里程碑式的个案,是可以也应该做更审慎的分析的。正如前文所说,新闻界对“渤 2 事故”的报道不仅晚了 8 个月不说,而且也并非由新闻记者调查采访发现事实真相,是先有天津革委会调查组的调查结论,后有新闻媒体在已有调查结论基础上的报道。而对“真相”的进一步探究,甚至会让人感到不安。1981 年 7 月 1 日《海洋石油科技简讯》增刊刊登了《对渤海 2 号钻井船拖航翻沉原因的基本看法及技术探讨》一文,对调查组做出的“违章指挥”的原有结论提出了不同看法。1982 年年中,石油部又请上海交通大学、中国船舶科学研究中心等单位完成了一系列实验,参加单位共提交了 12 份资料报告。同时,交通部烟台海滩救助打捞局也将“渤 2”沉船分割成 10 大块打捞上岸,随后进行了沉船打捞出水后的实物试验分析。这些船模试验和分析

---

① 丁沧济:《“渤二事件”与报纸批评》,见《人民日报》报史编辑组:《1948—1988 人民日报回忆录》,人民日报出版社 1988 年版,第 245 页。

的结果是:沉船的主要原因是船体设计的问题,导致通风筒被打掉后,无法排出海水。这与当时的调查结论以及报纸的观点都相差甚远。[①] 由于此事后来不再提了,“渤 2 事件”本身逐渐淡化,但从中央对当时处理的石油部部长和国务院副总理的重新任用的决定上,似可见一些端倪。1982 年 6 月 15 日,国务院发出关于撤销国务院副总理康世恩处分的通知;1985 年 3 月 6 日,中组部通知恢复原石油部部长宋振明正部长级待遇。

从某种意义上来说,时间是新闻的敌人。事实的诸多层面,往往会在时间的打磨下风化、斑驳、破碎,乃至面目全非。而新闻报道永远是与时间赛跑的,这巨大的矛盾,不能不让新闻从业者在面对事实尤其是复杂事实时心存敬畏。但显然,这一点尚没有在刚刚恢复的新闻批评中得到体现。在“渤 2 事件”的前后报道中,新闻批评的逻辑是批“极左”、批相关负责人的领导作风,从思想问题倒推事实。《人民日报》和《工人日报》“渤 2 事件”报道组在总结经验时,都谈到了这一点。这一逻辑因袭已久,新中国成立前《晋绥日报》在晋绥分区土改的热潮中也曾轰轰烈烈地开展过新闻批评,结果就因为政策导向的极大变化而使得报道在短期内出现戏剧性的变化。而这一教训似乎并没有被汲取。一个很重要的原因是,当时批“极左”路线,的确切中了社会情绪,合乎民意。社会情绪是社会心理的累加和酝酿,是长期以来人们对社会现象的基本看法和认知,但它毕竟不是也不能代替具体的新闻事实。80 年代初新闻批评的复兴顺应了民意,也表现出了新闻从业者的勇气和胆识,但此时尚未有对新闻自身特性的清醒认识和独立思考。当然,这并非新闻界独有的问题。例如,在“渤 2 事件”报道中,《人民日报》和《工人日报》虽是同天报道,但《人民日报》的首篇报道更符合新闻特性,相对客观,《工人日报》的《渤海二号钻井船翻沉事故说明了什么?》则夹叙夹议,更像一篇记者述评。但在当时的情况下,《工人日报》的报道显然更让人“解气”,更成功,也获得了更

---

① 《漫漫求索路:渤海 2 号钻井船翻沉事故原因的追踪》,《石油科技论坛》2006 年第 6 期。

多的关注。《人民日报》不仅在第二天全文转载了《工人日报》报道，而且相关采编人员也在《新闻战线》上发文，承认“不如工人日报”。[①] 急切地发言，明辨是非对错，对于新闻批评来说是有极大风险的。新闻批评应是一个开放的、连续性的社会实践过程，而不是一次性的用“正确”去批评“错误”。因此新闻批评不仅需要勇气，也需要“节制”。这种“节制”既出于对新闻与事实关系的敬畏，也出于对媒体作为一种话语权力载体的自律，以及对新闻与民意、社会情绪关系的冷静思考。做到了这些，“新闻批评”才可说不仅“恢复”，而且朝着成熟、有建设性的轨道上“发展”了。

当然，80 年代初新闻批评的复兴有着不可磨灭的时代功绩。它对官僚主义的尖锐批评，促成了生动活泼的政治民主氛围的形成；它对极“左”思想的批判，加快了进一步解放思想的步伐；它延续的“批评与自我批评”的传统，营造出上下合力、万众一心的改革共识。此外，它还突破了只能说好、不能说坏，否则就是给社会主义“抹黑”的心理禁区。正如研究者在“渤 2 事件”报道效果研究中感慨的那样：“辩证法就是如此耐人寻味，当出现‘信仰危机’时，你拼命灌输‘正统思想’，结果却适得其反；你公开亮丑，直面错误，人们会兴奋地高声评论：‘共产党这回动真的了！’在新闻批评中，在党中央的科学决策中，人们看到了我们党实事求是优良传统的恢复，一个公开承认自己的错误并拿出行动迅速改正自己错误的党是有希望的，是有力量的。”[②]

从时间性上来讲，时势与历史，是新闻面对的两个维度，不可分割又隐含张力。既要把握时代的机遇，勇敢面对时代的挑战，又要经受住历史的考验，成为历史的忠实记录者。这不能不说是新闻工作中的两难，但也是最富魅力的部分——它把新闻思考从“业务”层面拖拽进“哲学”层面，从而给新闻工作增加了厚重和反思，使之成为最具有意义感的人类实践

---

① 人民日报工商部负责人答本刊记者问，《“渤海 2 号”事件报道的意义在哪里？》，《新闻战线》1980 年第 10 期。

② 石统宇：《敞开人民报纸的民主之门——新时期十年新闻批评的纵向考察》，《新闻知识》1988 年第 1 期。

活动之一。

代表作

陈骥、牛凤和:《渤海二号钻井船翻沉事故说明了什么?》,《工人日报》1980 年 7 月 22 日。

渤海二号钻井船翻沉事故说明了什么?

渤海 2 号钻井船的翻沉,是一个令人痛心的事件。参加这次事故调查的同志和海洋石油勘探局的许多职工都认为,这次事故不是偶然的,是海洋石油勘探局领导上长期以来坚持一些错误的指导思想和做法的必然结果。

只讲需要　不讲可能

海洋石油勘探局在钻井勘探作业的安排上,相当严重地存在着只讲需要、不讲可能的思想。

渤海湾冬季寒流多,风浪大,钻井船容易位移,造成钻井打偏报废,而且,钻井船都是不抗冰的。但是,因为有关领导机关曾经向局里提出"是站着过冬还是干着过冬"的问题,要求钻井船冬季也要出海打井。局领导往往不顾实际情况,又没有什么有效的措施,冬天也把钻井船轰到海上。职工群众提出不同意见,局领导就说:"要翻船也给我翻到海里去,不要翻在码头里。"

这样做的实际效果究竟怎样呢?据"渤 2"钻井队职工反映,1978 年冬季,"渤 2"主机有毛病,甲板有裂缝,应该检修,而局里非让它继续打井,并说:"要干着过冬,不能泡着过冬,要过一个革命化的冬天。"结果在海上打了两口井全部打偏报废,白干了一冬。有的船由于冬季出海打井,不得不在春夏被迫回港检修。

"渤 2"这一次所以要在冬季紧急迁往新井位打井,也和这种指导思想有关。按照规定,钻井船迁移井位,一般应在 15 天以前把任务正式下达到钻井船队,并且必须同时提供新井位的水深、地貌、泥厚等必不可少的资料,使钻井船可以比较充分地进行拖航准备和顺利地在新井位就位。但是这一次“渤 2”迁移新井位的时间很急迫,11 月 20 日确定任务,21 日开拖航会议,24 日就要降船拖航,拖航准备只有三四天时间。而且当时连新井位的水深、地貌、泥厚等资料都还没有弄清楚。由于任务要求过急,拖航准备不得不仓促上阵,为了赶时间,在拖航前,应该排的压载水不排,应该卸的可变载荷不卸,应该捞的潜水泵不捞,使这条本来能抗 12 级以上大风的钻井船,却经不起八九级风(最大阵风十级)的袭击而翻沉。

冒险蛮干　不讲科学

海洋石油勘探局领导上往下压生产任务,常常是要求过急,不讲科学,强令下面接受领导上的违章指挥。据“渤 1”职工揭露,有一次在大风警报的情况下,局里强令他们冒险起浮拖航(按规定四级风以上就不得起浮),群众没法子,只好照办。起浮后风浪越来越大,根本无法去新井位就位,只得冒着危险由拖轮拖着顶风走,在海上“大游行”了三天。象这样强迫命令瞎指挥的事例是很多的,但是领导上从来不认为是个问题,相反却把蛮干没有出事,当作经验来总结,出了事就说是“没经验”,“交学费”。领导上根本不把“安全”二字放在心上。“渤 2”引进已经六年了,该船的《稳性计算书》等外文资料一直没有翻译过来,发生事故后,为了调查案情,才由事故调查组请人译出。

结果就造成了一种怪现象:谁要是不问实际情况只按领导要求去做,即使明明是违章作业,也是“有干劲”,“有锐气”;相反,谁要是讲科学,抵制违章指挥,谁就是“怕困难,不听指挥”,就要受批判,调动工作。该局船舶处一位副处长,提出拖航作业应该由拖轮负责指挥,因为钻井船的队长钻井是内行,对航海并不内行。这位副处长的意见至少可以讨论吧,但是不行!因为这冒犯了局里的规定,一位副局长强令按原规定拖航,这个副处长拒绝参加,就被批判三次,后来被调离了船舶处。到底是讲科学、抵制违章指挥的是对四化建设负责的好工人、好干部,还是只知服从、盲目蛮干的是好工人、好干部?这个重要的问题被弄颠倒了。

这种不讲科学的态度，还表现在不尊重来自生产第一线的干部、工人的建议和意见。这次“渤2”拖航前，队长刘学曾几次打电报来要求卸载、捞潜水泵和请求用三条拖轮拖航。但是这些正确的意见，却被搁置一旁。如果按刘学的意见办，这次事故就有可能避免，至少能大大减少死亡和损失。

只讲生产　不顾安全

职工们在事故调查的座谈中，揭露了该局领导上只顾生产、不顾工人安全的大量事实。在海上采油平台上，采油区和生活区、油罐区之间，有不少地方没有走梯和走台，工人们要顶着大风，在一米粗的拉筋管道上来回走，没有扶手栏杆，下面就是大海。职工从交通船爬上平台也总得捏把汗，船在水里晃动，搭上一块一尺宽、几米长的跳板，工人们就在跳板上走上走下。

海上的救生、防火等设备很少配齐过。“渤3”出海半年多以后才配上救生筏。工人们出海换班的交通船上也只有很少的救生设备。如海上井喷、起火时救生用的耐火救生球数量配备太少，有的有了球，却没有放下海的设备，还是不能起到救生作用。更为严重的是，这些海上救生设备即使有了，工人也不会使用，因为平时不组织学习、演习。

这个局海上作业的职工只占六分之一，以六分之五的人来保障六分之一的前线职工的生产安全和生活，应该是照顾得比较周到的，但是事实上对海上作业工人的照顾却很差。工人出海换班有的要自带行李，船上又无舱房，冬季在甲板上或过道里任凭刺骨寒风吹打。国产钻井船设备较差，工人们每天一身泥水，二十天才能洗一次澡。进口船上原来配有沙发，但引进后一到码头，沙发就被搬到岸上使用。特别是工人在海上得了重病，或出了工伤，更是难以及时回港就医。一次，“渤4”有个工人在船上摔伤，伤势严重，处于昏迷状态，钻井船要求局里紧急派直升飞机抢救。飞机来了，机上坐着钻井处处长孙治业和另一位海工处的处长。因为飞机只能坐3个人，队长和指导员说明情况，要求他们下机，先把工人护送到岸上抢救。海工处长下了飞机，孙处长无论如何不肯下机，钻井队队干部说了很多好话,他还是无动于衷。最后,只好派一名工人跪在机舱里护送伤员,而孙处长却端坐舱中,不肯帮一手。

海洋局领导上不去真心实意地关心和爱护职工,却说什么“要奋斗就要有牺牲”。一味地要求工人“一不怕苦,二不怕死”。“渤2”翻船后,局领导还是用这一套来统一思想。局政治部的一位副主任,在对事故调查组汇报时,竟然说:“要奋斗就要有牺牲,战争年代要付出代价,搞四化也要付出代价,七十二人死的是值得的,他们是英雄,要交学费嘛!”

掩盖矛盾　逃避责任

海洋石油勘探局成立七年多来,发生过许多次大小事故,但是领导上从不认真总结教训,常常用评英雄、追认烈士的办法,逃避领导责任,不了了之。群众批评说:“我们海洋局是事故出英雄,一次事故,一批英雄;事故越多,英雄越多。”

1977年冬,“渤1”断腿事故,其严重程度并不亚于这次“渤2”事故,只是由于工人英勇抢救,侥幸没有造成人身伤亡。可是事后领导上不总结教训,钻井船被抢救回港后,给人们披红戴花,设宴摆酒,评了英雄,就算了事。这次“渤2”翻船后,局领导仍想用这种办法来逃脱责任。在事故后的第三天,就急急忙忙写出不如实反映情况的报告,定了“突遇大风,不可抗拒”,“指挥无误”,“抢救英勇”的调子,要在全局大讲“渤2”不怕牺牲的功绩,开展所谓大总结、大评比、大宣传、大表彰的活动,绝口不提查清事故责任问题。而且以此在全局强行统一思想,连说“事故”二字都不允许,还宣称要“注意阶级斗争新动向”,“防止别有用心的人把水搅浑”。其实,局领导所谓的“突遇大风,不可抗拒”的说法是完全没有事实根据的。他们说突遇10级至11级大风,但是据查,当天距“渤2”只有三海里航行的“大庆9号”油轮的气象记录是:“11月24日24点,西风9级;25日4点,东北风7级。”天津、山东等气象台的实况记录,也都只有8、9级风,最大阵风只有10级。“渤2”从新加坡拖运进来和送日本大修时,在拖航途中都遇到过11级大风,但是因为照规程办事,钻井船安然无恙。

随后局领导又根据这个报告,向有关领导机关提出追认英雄烈士的要求。职工群众认为,“渤2”船队是有功绩的,72名职工也是英勇的,但是不能允许领导上借此来掩盖自己的责任。职工群众非常担心地说:“如果这次仍然不了了之,我们总有一天要被他们‘指挥’到海里去。”

人们强烈地要求按照党纪国法严肃处理对事故负有重要责任的领导人员,同时要求肃清极“左”路线的流毒,确实保障职工在生产过程中的生命安全和身体健康,保证国家财产不被糟蹋,是理所当然的。我们不能总是交这些冤枉的学费!一定要从这次惨痛的事故中引出积极的结果来,把海洋石油事业办好,为四化建设作出应有的贡献。

参阅作品

1. 夏林、李和信:《石油部海洋石油勘探局忽视安全工作,违章指挥蛮干/造成渤海二号钻井船翻沉重大事故》,《人民日报》1980年7月22日。

2.《青年厨师陈爱武敢于向特权挑战》,《中国青年报》1980年10月17日。

经济新闻:边“试水”边改革

1978年11月27日,中国科学院计算所34岁的工程技术员柳传志和往常一样按时来到办公室上班,上午的时间他一般都将在喝茶读报中度过。二十多年后,这位缔造了联想集团的中国顶级企业家回忆说,“记得1978年,我第一次在《人民日报》上看到一篇关于如何养牛的文章,让我激动不已。自打‘文化大革命’以来,报纸一登就全是革命,全是斗争,全是社论。在当时养鸡、种菜全被看成是资本主义尾巴,是要被割掉的,而《人民日报》竟然登载养牛的文章,气候真是要变了!”这就是吴晓波《激荡三十年——中国企业史1978—2008》一书的开篇故事,它很好地说明:那时的经济新闻起到了怎样一种引导、推促经济改革的作用,敏感的人们从一篇篇经济报道中率先嗅出了“春江水暖”的变革气息。柳传志的记忆其实有误,那天他读到的应该不是养牛而是一篇养猪的报道。关于要“大力发展养牛业”的报道是1979年初出现的。随着十一届三中全会的召开,报上关于允许群众致富的论调愈发鲜明起来。1979年12月7日,《人民日报》转载《辽宁日报》社论摘要,旗帜鲜明地提出“要敢富”,批评了一些地方出现的“群众千方百计要富,领导想方设法堵富、卡富的怪现象”,指出这种“恐富症”的根源是有些领导干部错误地把“富”当成“右”,当成“修”,当成资本主义。“怕农民富,实质上是怕自己右”[①]。这篇给“富”平反的社论一时间影响甚大。从完全的计划经济体制转型到发展社会主义商品经济的改革,可以说与当时新闻媒体的有意、有力的推

① 《要敢富》,《人民日报》转载《辽宁日报》社论摘要,《人民日报》1979年12月7日。

促是分不开的，而媒体上的经济新闻报道自身也走上了变革之路。

有研究者曾把计划经济体制下的经济报道称为：农业新闻是“春种、夏管、秋收、冬修”四季歌，工业新闻则跳不出“年初开门红、年中双过半、年尾超计划”的框架。[①] 这种说法有简单之嫌，20 世纪五六十年代其实也出现过不少生动活泼的经济新闻报道，但总体上计划经济体制下的经济报道确实是集中在生产领域的，而新时期的经济报道则以面向消费领域、贴近群众生活让人耳目一新。这方面表现最突出的要算新创办的《市场》报和《经济日报》。

《市场》报是 1979 年 10 月 1 日创刊的，隶属《人民日报》，这是十一届三中全会后创办的第一家面向市场的经济类报纸。《市场》报的创办可说是上应下合的结果。主要创办人《人民日报》副总编辑安岗回忆说：1978 年 9 月 20 日，《市场》报试版报样和一份请示报告送到了胡耀邦面前，胡耀邦立即批示：“我赞成这个报。但不要赠送，而要订阅，也可以考虑外销。”这份批示三个小时以后即送回了当时只有两个人的编辑部。[②] 10 天后，这份第一家实行彩印的 16 开小报正式面世。引起的轰动是：在北京，西单一个销售点 1 小时就卖了 1 万份，全天卖出 9 万份；在上海，人们排长队争购，上海市委领导知道后派人去买，竟未买到；在合肥，在南京，购买者挤垮了邮局的柜台。[③]《市场》报的许多方面在当时的新闻媒体中都独树一帜——它坚持小报小办、消息言论短小精悍、版面高度密植、标题字号不超过 2 号字；它不说官话，不打官腔，开门见山，用事实说话，用群众语言讲话，替老百姓说话，被外电称为“中国出现的唯一没有政治术语的报纸”；它以报道经济信息为己任，在广告、资讯尚不发达的时代，起到了市场沟通、促进商品流通的重大作用；它呼唤经济改革，推促经济领域的新鲜事物，关注市场和民生。因此，这份报纸甫一问世即好评如

① 石瑛：《〈经济日报〉早期版面变化与新闻报道的启示》，《赤峰学院学报》2009 年第 1 期。

② 安岗：《〈市场〉报和市场》，《新闻战线》1984 年第 10 期。

③ 禹建强：《市场报兴衰探析》，《青年记者》2009 年 5 月上。

潮，它的贴近生活的报道、短小的新闻和评论、率先刊登的征婚广告等，都成为与经济改革相伴随的新闻界自身革新的鲜明象征。

1979年12月，该报记者段心强采写的《北京酱油为何脱销》，获全国好新闻一等奖；1980年的短新闻《经济学家赶集》、1981年的《副总理验锅》都获得了当年的好新闻奖。其中《经济学家赶集》被多家新闻院校收入教材，成为这一时期经济报道的代表作之一。如果不了解背景，恐怕很难品味出这篇连标题在内只有395字的新闻的好处。首先，在写作上，这篇报道顺应了当时新闻界提出的文风改革，是一篇短小、生动的佳作。为改变“文革”时期遗留的虚假、僵硬、空洞、冗长、上纲上线、缺乏新闻价值的报章文风，1977年底新华社总社就向各地分社发出号召，要求“每个分社每月至少要向总社发一至二篇主题和内容重要、写作上精益求精的短新闻”[①]。1977年11月13日，《解放军报》发表评论《禁止一切空话》。十一届三中全会之后，短新闻写作在实践中真正形成高潮。除了要“短小”“言之有物”外，新闻界的文风改革还提倡一种散文化的风格，要逐渐摆脱“文革”时期刚猛僵化的语言风格，变得清新可人。如女记者郭玲春的《一颗燃烧的心——访作家巴金》《金山同志追悼会在京举行》就是当时新闻报道散文化的名篇佳作。《经济学家赶集》在写法上短小精悍、言之有物，而且生动鲜明，一连串动词的使用给人“栩栩如生”的现场感，是这场新闻界文风改革中的代表性作品；其次，在角度上，记者巧妙取材，以小见大，用经济学家薛暮桥赶集的场景片段，点出了应该发展集贸市场、促进商品流通的大问题。“小”是《市场》报给自己的定位，不发指示，不下指令，而“大”是这篇短新闻乃至这份小报的内在关怀：推动经济改革，促进商品经济的发展。小与大之间的结合，是匠心独运的对事实的选择和呈现。薛暮桥是当时最有影响力的经济学家，他积极推动经济流通体制的改革，1979年出版的《中国社会主义经济问题研究》一书发行近1000万册。通过报道薛暮桥赶集的生活片段，比如买挖耳勺的细节描写，生动

---

① 《新华社〈关于多发新闻短新闻的通报〉》，《新闻战线》1978年第1期。

地说明了市场的活力。这比一般性报道或严肃地论述商品经济不仅更易被接受,而且风险也小得多。

这种“以小见大”的风格可说是80年代初经济新闻名篇的一个显著标志。哪怕一个鸡蛋、一床绣花被,往往都能从中挖掘出经济改革的大意义,这不能不说是一种时代特色。《经济日报》的“让王府井大街亮起来”的系列报道较为完整地展现了这种由“小”到“大”、由“现象”入“本质”、由“经济问题”到“体制问题”的报道深入过程。1983年1月1日,《经济日报》创刊,次年3月15日,《经济日报》头版报道了王府井大街商铺关门过早、群众生活不便的新闻。记者在王府井大街实地调查发现,130家商店中有26家下午太阳还没落山就关门了,有78家从六点半到七点半先后停业。人们下班后再到这些商店去,往往什么东西也买不上了。同时配发社论,提出“让王府井大街亮起来”的呼吁。这个鲜明、生动、易记,而且与百姓生活密切相关的口号一经提出,就引发广泛关注。次日,《经济日报》再配发记者调查,走访王府井附近的一些机关干部、居民和过往旅客。他们一致希望王府井商业区各商店能早日延长营业时间。经过十多天的酝酿,3月底开始,《经济日报》掀起了第二轮报道王府井大街营业时间问题的热潮。如果说第一轮报道热潮是侧重于消费者的呼吁,那么第二轮报道则是从建设性角度,说明“让王府井大街亮起来”的口号不仅势在必行,而且实行在即。这一轮报道不仅用大篇幅关注了王府井商业区从4月1日开始试行推迟营业时间后,晚间顾客盈门、人群熙攘的实际效果,探讨了王府井商业区如何解决商业人员延长工作时间的实际问题,而且逐步把对这一个案的讨论引向深入。一方面,报纸发表了类似《论夜市》这样的专文,就开夜市“合不合算”“社会主义社会应不应该有夜市”等问题,从经济角度算了一笔账,从理论上阐述了开办夜市的合理与可行,说明“繁华商业区是一种经济优势,是一种潜在资源,应当积极开发利用”①,解决了开办夜市的思想问题;另一方面,报道开始由点到面,

① 万典武:《论夜市》,《经济日报》1984年4月13日。

辐射全国，先后报道了广州、上海、天津、杭州、青岛、西安、重庆、成都、沈阳等地开办夜市的情况，把“亮起来”的口号从北京王府井一地，引申为全国繁荣市场促进商品流通的一种普遍现象。5月下旬，报社再接再厉，结合全国人大六届二次会议召开的契机，再谈王府井商业街问题。此时，报道已从简单地“让王府井大街亮起来”的口号，进入到“商业改革”的层面，提出给企业“松绑”的商业体制改革呼吁。至此，从1984年3月15日到5月22日，《经济日报》围绕“让王府井大街亮起来”的话题，共发新闻和文章43篇，通过几轮报道运作，有计划地将话题引向深入，成为这一时期经济新闻连续报道的典范之作。

媒体在这一时期的经济报道热潮中发挥了主动性，引领了时代，当然也不是没有代价的。《人民日报》前工商部主任林晰回忆这一段历史时说，因为报纸上的一些经济宣传尚属“犯忌”，因此遭到了不少业务部门负责人的批评和指责，被斥为“离经叛道”。但是从事经济宣传的编辑和记者最深刻的体会还是：“要积极地投身于现实经济生活之中，并勇敢地去干预经济生活，而不仅仅是奉上级指令去行事，如果是那样被动的去工作，就不会有《人民日报》那一段时间比较生动活泼的局面了。”①

在经济改革的热潮中，媒体自身也在探讨新闻报道的改革。一个比较突出的例子是关于步鑫生的报道。步鑫生是浙江海盐衬衫总厂的厂长，他大胆改革，在全厂推行了一套独特的经营管理办法，使这个小厂迅速摘掉了落后的帽子，成为浙江第一流的专业衬衣厂。1983年4月26日《浙江日报》以整版篇幅报道了步鑫生改革事迹的长篇通讯《企业家的歌》，引发省内热烈反响，但也引来了关于企业改革的一些争议。同年11月，新华社就此问题发表内参，肯定了步鑫生的改革举措和精神。时任中共中央总书记的胡耀邦对内参做了批示。很快，这篇内参和胡耀邦的批示就以《一个有独创精神的厂长》为题，在11月16日的《人民日报》头版发表，影响很大，步鑫生成为企业改革的标志性人物。次年2月，新华社

① 林晰：《拨乱反正开新路——忆粉碎“四人帮”后十年间的人民日报经济宣传》，《新闻战线》2008年第8期。

和《人民日报》又在显著位置发表了“浙江省委支持步鑫生改革创新精神”的报道,此后新闻界把步鑫生树为企业改革的典型大书特书,相关文学作品也相继问世。然而,很快步鑫生的浙江海盐衬衣厂就因投资西装生产线失败,效益急剧下滑,债台高筑,步鑫生也于 1988 年被免职。而媒体的口风此时也急剧变化,在新闻报道中批评步鑫生“粗暴专横,讳疾忌医”,甚至列举他十几条“罪状”。

同一个人,短短四年间的媒体形象有如此戏剧性的变化,这一现象很快引起了新闻界的反思。艾丰说:“步鑫生免职报道发表后,有的新闻单位曾约请一些著名的改革者发表感想。有一位企业家迟迟未予理会,他私下里对人说:‘记者不可靠’,‘成也萧何,败也萧何’。这是相当一部分人就此事对新闻界所持的批评态度。步鑫生免职的报道,会对社会产生一定的冲击,这是可以预见的。但它反过来冲击了报道界,恐怕是许多同行始料不及的。它冲击的是我们新闻界某些长期采用的思维方式和工作方式。”[①]当时新闻界的反思主要针对传统的典型报道观念,认为过去那种“好要好得出奇,坏要坏得冒尖”“没有中间状态”的典型报道旧模式“非改不可”了。[②]事实上,这已经不仅是一个写作上的“程度”问题,更需要反思的是报道中的简单逻辑——企业经营成功,就是典型人物具有改革精神的结果;企业遭遇困难,也是负责人精神境界产生的问题所致。这种简单武断的报道思维完全无视经济、市场和现实的复杂性,不仅在变化越来越快的现实面前无法再“自圆其说”,而且不可能不招致人们的反感。正如《人民日报》在《一人沉浮 千人评说/步鑫生被免职后的种种议论》一文中称,人们普遍对公开批评步鑫生的报道持反感态度。一位工人说:“步鑫生没有你们吹得那么好,也没有你们批得这么坏!”一位干部说:“有些记者既当接生婆,又做掘墓人,真缺德!”一位厂长说:“记者太势利,靠不住!”这些尖锐的批评给热情甚至急切推动经济改革的新闻记

① 艾丰:《冲击了滞后的思维——由步鑫生报道引起的》,《新闻战线》1988 年第 3 期。

② 杜明、夏建棣:《两个步鑫生反差何其大——典型报道旧模式非改不可》,《新闻记者》1988 年第 3 期。

者们敲了一记警钟，激情和勇气不能代替对事实的冷静、全面、理性的分析与呈现。而新闻界对步鑫生报道的公开的反思，也正是在热情与激情中的一种自我冷却。新闻界对自身观念和思维方式的自觉、自主的检视，体现了不仅是“吹鼓手”，也是“改革者”的新闻界正在努力走向成熟。

代表作

冯国熙：《经济学家赶集》，《市场》报，1980 年 4 月 25 日。

经济学家赶集

3 月 4 日下午，经济学家薛暮桥到北京北太平庄农副产品市场赶集。

这位 75 岁高龄的老人，兴致勃勃地挤入人群，东瞧西看，问这问那。见到卖鲜鱼的，便问是怎么运进城里来的。有几个顾客正和卖主讨价还价，最后达成协议：1 元 2 角 1 斤。薛暮桥同志高兴地说：“好，我也买 1 条。”卖鱼的拣了 1 条又大又肥的活胖头鱼，一称，5 斤重。薛暮桥一边付钱，一边说：“看来还是两个市场好。”买完鱼，又买了 1 条擀面杖。这时，一个老头在叫卖挖耳勺。他赶忙过去花 3 分钱买下 1 个，说：“我很早就想买这么个小东西，总买不着，今天算是盼着了。”

赶完集，来到市场管理所。薛暮桥对管理所同志说：“这样的市场多开辟几个、分散一些就更方便了，是不是可以让那些较富裕的社队自己投资建市场呢？”管理所同志说，也有个别人搞投机倒把。他说：“我看要进行教育，做到公买公卖。我们以国营市场为主，农贸市场作为补充，提倡社队集体卖货，也保留少数商贩。”

参阅作品

1. “让王府井大街亮起来”连续报道，《经济日报》1984 年 3 月 15 日—5 月 22 日。
2. 《一个有独创精神的厂长》，《人民日报》1983 年 11 月 16 日。

从万岁到您好：领导人活动报道的改革

改革开放之前，领导人的活动往往被新闻媒体界定为一种“神圣仪式”。尽管在1949年之后的不同时期新闻表现的“神性”程度或有不同，但整体而言，新闻报道中的领导人活动既不是纯粹的政治行为，也不是领导人的个人行为，而是带有强烈象征性色彩的仪式类活动。新闻报道把领导人活动视为“神圣仪式”，这一建构方式是如何形成的呢？应该说，有老百姓对于“开国”领袖发自内心拥护与爱戴的原因，也有中国传统心理积淀的因素，但最为主要的，还是因为中国共产党内对“个人崇拜”问题的认识偏差所致。现在党史研究中的一个较为普遍的观点是：早在1949年以前，党内的个人崇拜就已经出现了，当时做出的一些决定实际上为后来的个人专断提供了温床。如1945年5月14日，党的七大《关于修改党章的报告》中对毛泽东就已经出现了许多溢美之词，称其为天才创造的马克思主义者，中国有史以来最伟大的革命家、政治家、理论家和科学家。1945年6月14日《解放日报》发表社论《团结的大会胜利的大会》则把这种个人崇拜进一步推进，称中国人民有了自己自古以来未曾有过的最伟大的领袖，我们不懂得的东西还多，还要好好努力学习，才能更好地为人民服务，才能称得上毛泽东同志的好学生。此后，将封建社会喊皇帝万岁的落后风气也移植到对毛泽东的个人崇拜上，“毛泽东同志万岁”成为一个普遍的口号。①

当时，毛泽东本人对这种个人崇拜的现象还是比较清醒的，也有所抵

① 黎津平：《论个人崇拜和个人专断的缘起与发展》，《求实》2006年第1期。

制。如他在七大上说:“在二十多年的工作中,无论在军事上、政治上,在党务工作上,我都犯了许多错误。”1950年5月20日,他在沈阳各界给他铸铜像的报告上批示“铸铜像影响不好,故不应铸”。1956年他还针对斯大林的问题,在《关于无产阶级专政的历史经验》一文中写道,斯大林之所以犯下“一些重大的错误”,就是因为“斯大林在他一生的后期,越陷越深地欣赏个人崇拜,违反党的民主集中制、违反集体领导和个体负责相结合的制度”。应该说,1949年至1957年,尽管个人崇拜思想在党内和民间都有所萌芽,但由于毛泽东和中央领导集体清醒冷静的态度,并未形成过大的危害。这一时期新闻媒体对毛泽东活动的报道虽然也常常高呼“毛泽东万岁”的口号,但基本是报道者真情实感的自然流露,还没有形成后期完全僵化的“仪式”话语。

如果说,从1949年到1957年之间,由于领袖本人的清醒,新闻报道里的“个人崇拜”多少表现为一种纯朴的感情,并未酿成大患的话,那么从1958年中共成都会议之后,这种感情就开始逐渐变质了。1958年3月中共成都会议开始吹起了对毛泽东的个人崇拜之风。如“我们的水平与主席差一截,应当相信主席比我们高明得多,要力求在自觉的基础上跟上”“相信毛主席要相信到迷信的程度,服从毛主席要服从到盲从的程度”等等①。这种集中颂扬毛泽东个人的情况是与中共八大公开反对个人崇拜的精神相违背的,而这个时候毛泽东对个人崇拜的看法也发生了转变。他在成都会议上说,个人崇拜有两种,一种是正确的,正确的东西必须崇拜,不崇拜不得了。另一种是不正确的崇拜,不加分析,盲目服从,这样就不对了。反对个人崇拜的目的也有两种,一种是反对不正确的崇拜,一种是反对崇拜别人,要求崇拜自己。问题不在于个人崇拜,而在于是否是真理,是真理就要崇拜,不是真理就是集体领导也不成。……有人反对列宁,说列宁独裁。列宁回答得很干脆:与其让你独裁,不如我独

① 林蕴晖:《20世纪60年代个人崇拜的起源》,《党史博览》2005年第11期。

裁好。①

可见，从这一时期开始，毛泽东已经放弃了过去明确反对个人崇拜的立场。60年代之后，林彪等人利用了毛泽东在全党和全社会的崇高威信，大讲“高举”，山呼“万岁”，对本来就已经存在的“个人崇拜”推波助澜。如1964年从人民解放军开始率先广泛发行《毛主席语录》，并很快推向全国，制作并佩戴各种各样的毛泽东像章很快成为一种狂热的社会现象。1966年林彪署名的《毛主席语录》再版前言，把对毛泽东的个人崇拜推向了顶峰，称他是“当代最伟大的马克思列宁主义者”，要全国人民都“读毛主席的书，听毛主席的话，照毛主席的指示办事”。从此，毛泽东被称颂为“伟大领袖”，高喊“万岁、万岁、万万岁！”视毛泽东为“心中最红最红的红太阳”！② 新闻媒体中对毛主席活动的报道，更是呈现出让今天的人们感到匪夷所思的狂热，报道版面常被巨大的领袖画像所占据。这种情况一直延续到“文革”后。1976年到1978年，新闻报道和中央文件也都无一例外地在华国锋主席的名字前冠以“英明领袖”字样，并经常出现“英明领袖华主席，一举粉碎四人帮”“向华主席表忠心”等语句。直到1978年11月，《人民日报》才不再刊登毫无新闻价值的大幅领袖标准像及其语录。1980年8月18日，邓小平发表《党和国家领导制度改革》的重要讲话，对个人崇拜的危害以及改革领导制度和组织制度、从根本上避免个人崇拜等问题作了全面深入的总结。③ 1981年6月，中共十一届六中全会通过的《关于建国以来党的若干历史问题的决议》指出华国锋同志犯了“继续维护旧的个人崇拜的同时，还制造和接受对他自己的个人崇拜”等严重错误。从此，新闻报道中对领导人活动的建构方式终于开始摆脱了桎梏已久的“神”性枷锁。而在这一转变中堪称代表性的新闻作品，则源于一个偶发性事件。

---

① 张家康：《从反对到欣赏再到讨嫌——毛泽东对个人崇拜的态度》，《党史文苑》2005年第1期。

② 魏绍馨：《个人崇拜：不应忘记的历史教训》，《东方论坛》2003年第6期。

③ 孙凯民、李雪峰：《我国中央领导集体避免个人崇拜的几次努力》，《内蒙古师大学报（哲学社会科学版）》1999年10月。

1984年国庆是进入改革开放的80年代第一个逢五逢十的大庆,结束“文革”、接受思想解放的洗礼、国家大政方针的重心回到经济建设上来,国内形势令人鼓舞。在这种情况下,要参加国庆游行方队的81级北大生物系遗传专业的几位学生在国庆前夜自制了一条标语,标语上只有四个大字“小平您好”,并在国庆游行当天经过天安门东华表时打了出来。由于自制标语是“违规”动作,这条由学生床单做的标语只打了一分多钟即收了起来。据当事人回忆,该标语随即被扔在了长安街上。然而这起游行队伍中的小动作,却整出了大动静。先是央视的直播。央视的直播镜头本来正对准北大方阵,看到这意外出现的标语,马上调转方向,镜头立即转向清华方阵,犹豫了一会儿后,又转回北大,于是当天看直播的人都看到了这条标语。其次是当时在现场的记者。拍摄1984年国庆游行的摄影记者有三四百人之多,光新华社就派了30多位摄影记者。但是这些记者中现在知道的只有两位完整拍到了北大学生打出“小平您好”标语的画面。其中一位是当时站在天安门金水桥南侧的《人民日报》摄影记者王东,一位是当时《北京青年报》的记者贺延光,他跟随“三千日本青年访华团”站在天安门观礼台观礼,看到突然出现的场景,“眼前一亮”并“不假思索就将相机高高举过头顶,连拍3张,队伍就过去了”①。相比而言,王东拍摄的位置更好些。最后是“小平您好”照片和报道的传播。一开始新闻单位有很大的顾虑,如《人民日报》1984年10月2日的头版和国庆游行专版都没有发《小平您好》的照片,只在2版中发了,编发过程也反复掂量。一位夜班编辑回忆说:“这张照片的画面,虽然在上午的电视屏幕上出现过,但那是现场实况转播的瞬间。本报和新华社文字记者的游行报道,均未提到这个细节。我们不知有关部门的态度,不知这些学生的详情,不知照片的作者。”②后来知道照片是本报记者王东所摄,则更添考虑:为什么新华社和军报没有同一场面的照片?是没有抓到,还是有而不发?不过在重重顾虑下,在场编辑的意见还是倾向于发,

① 贺延光:《贺延光:我拍〈小平您好〉》,《绍兴日报》2010年4月9日。
② 叶伴:《我们是怎样编发“小平您好”照片的?》,《新闻实践》1985年第4期。

这张照片得以在《人民日报》2 版出现。1984 年 10 月 3 日，文字报道也开始跟进，新华社和《人民日报》都发表了相关的报道，"小平您好"的影响力走向全国，成为一个家喻户晓的时代口号。后来王东的照片《小平您好》荣获 1984 年全国新闻摄影作品评选的最佳新闻照片奖，而"小平您好"一语也被用于各种书籍、纪录片的标题，历时三十多年依然鲜明地存在于人们的记忆中。

一起国庆游行中的偶发事件，不经意地成就了新闻史上的经典之作，并成为中国人关于 80 年代历史侧面的一个重要的集体记忆。这一过程充分地体现了新闻生产，尤其是能对历史产生影响的新闻代表作生产中的两大张力。张力一是现实的事实呈现与媒体的意义赋予。北大学生制作"小平您好"标语的过程和游行经过在时隔多年后，已由多位当事人分别讲述过。这一事实充满了年轻人不逾常规、勇于表现的青春气息。9 月 30 日晚，北大宿舍 28 号楼 203 房间的几个人在扎花，突然有人说，明天的游行我们能不能偷偷带点什么进去？能展现我们个性的东西？因病休学一年，并因之养成练书法习惯的北京籍学生常生于是说："我写点什么，做个横幅，让全世界看看我的书法。"在场的郭建葳回忆道："北大的学生嘛，就是想与众不同，张扬一下个性而已。就我个人而言，参与这么一件后来成为里程碑式的事件，在当时真的不像一些媒体报道的那样说经过很深的思考，这一切的一切其实都是很偶然。"①另一位亲历者栾晓峰回忆怎么会写出"小平您好"四字时说，大家一开始想写个标语，因为花束、气球是别人都做的事，没创意。写什么呢？大家又商量了半天，后来不知道谁说到了直接问声好，就写"小平同志您好"吧，获得一致赞同。没有毛笔，常生就用抹布蘸上墨汁写了这六个字，另一位同学李禹拿来了自己的塑料床单。可当大家要把这六个字固定在床单上时发现床单太短了，最后就只别了"小平您好"四字。后来又找了两个拖布杆，支撑横幅。整个过程都是"集体创造"。1997 年邓小平逝世后，时任《黑龙江晨报》总

① 郭建葳、王东：《1984 年国庆阅兵"小平您好"横幅出台前后》，《开心老年》2008 年第 10 期。

编室主任的栾晓峰写过一篇《再道一声:小平您好》的悼念文章。[①] 这个带着浓厚青春气息的偶然事件在媒体的叙述中则显得更具意义感。在试探性地发了《小平您好》的照片后,《人民日报》1984 年 10 月 3 日刊发当时还是北大教师的徐小平的文章《“小平您好”——知识分子的心声》,将学生的举动建构为“知识分子的心声”,“科技队伍中,人人心里都在说:‘小平您好’”,使这起偶然的标语具有了象征性意义。这种意义建构的方式也在同期和此后讲述“小平您好”的新闻叙述中不断得到强化,如新华社在《小平您好——北大学生的心意》报道中,对标语制作过程中否定用“万岁”字眼细节的着意强调,反映了媒体在领导人报道话语转型方面的有意引导。

应该说,事实的样貌和媒体的叙述之间总是存在张力的。英文中的报道可以用“story”来表达,而这个词本来就有两种矛盾的含义——既可指“故去之事”、以本来面貌存在的事实本身,又可指对事实的叙述、报道乃至文学性的“故事”。现实事件的偶然、无序、纷杂,在经过了“叙事”环节之后,则会被赋予意义、确定秩序。作为现代社会最大规模的“叙事”,新闻报道也不例外。对一个偶然事件的“命名”,甚至可以成为影响一个时代的象征性话语。这的确是新闻的影响力甚至权力所在,但是这种“命名”却并非随意——新闻叙述者更像是雕刻家,把“意义”从“事实”的石块中“凿”出来,而非凭空创造。就“小平您好”的新闻传播个案而言,事件本身固然是偶然的,带有青年学生的热情、创造力和表现欲,但牵动的社会情绪却是普遍的。例如北大 81 级生物系学生们的“壮举”迅速在北大校园内引发热议,一位学生回忆说:“小平您好为什么让大家印象深刻?我认为这个横幅在当时解决了人民如何对待党的领袖、党的领导人的态度问题。对中国及中国人民来说,在一些非常时期,这甚至是一个关乎个人命运和国家生死存亡的问题。”[②]这样的看法几乎成了一种共识,正是这种已然存在而尚未找到“突破点”的社会心理将“小平您好”的新闻摄

① 葳曼:《亲历者向本刊讲述“小平您好”》,《职业技术》2004 年第 11 期。
② 曾钫:《“小平您好”的横幅是偷偷带去的》,《政府法制》2009 年第 8 期。

影和报道推到了历史前台,担当起一种话语转型的代言人。新闻记者在这里所起的作用,一方面是记录历史,另一方面是能准确判断并建立“事件”与时代、社会、历史等宏观语境的“意义”联系。

这一新闻代表作反映的张力之二是,捕捉突发事件的新闻意识与实际存在的自我约束。当学生们在华表前突然打出“小平您好”的横幅时,中央电视台的直播突然转向旁边的学生方队,片刻犹豫之后才转回来。在场的三四百名摄影记者拍到画面并发表出来的,也只有王东和贺延光两人。而照片的编发过程也并不顺利。当时《人民日报》的夜班编辑,负责编二版的曹焕荣说,在本报记者、新华社记者和《解放军报》记者拍摄的几十张备选照片中,他“一眼看到了‘小平您好’”。当他把包括这幅照片在内的六幅照片交给值班编委时,对方虽连连称好,却挑出了更为“正统”的“欢乐的学生举着‘祖国万岁’‘我有一颗中国心’等标语”的照片。最后几经考量才以一般规格发表在二版上。曹焕荣认为“这种思考,在当时是免不了的”①。的确,对于手握“把关”“命名”权力的新闻生产者来说,在新闻选择和新闻呈现上的思考必然得是谨慎的、冷静的、理性的,这也是媒体成熟度的重要标志。但是,这种“思考”又不能过度,尤其是不能变成影响新闻记录历史的自我约束。可实际上,这一个案体现出的这种新闻工作者的自我约束还是很明显的。一些新闻单位事后反思,为什么现场记者去了那么多人,却没有拍到一张横幅的照片?一种观点将之归咎于新闻敏感性不够。其实这不是新闻敏感不够,而恰恰是敏感过了头,变成了对新闻工作的自我束缚。贺延光曾回忆在广场上拍摄这一瞬间的情境:“在人山人海的广场上,有的记者根本就没注意到这个横幅的出现;有的记者看到了,但却是一愣:怎么回事,昨天预演时没这个安排啊,拍不拍?稍一犹豫,机会就过去了。”这里有记者需要反思的、自我束缚的“惯性思维”,同样,也有整个社会环境需要反思的束缚新闻记录的外在压力。贺延光在另一篇谈新闻摄影体会的文章中说:“新闻摄影究竟

① 曹焕荣:《素质与判断——曹焕荣谈编发照片“小平您好”的体会》,收录于郑兴东:《好新闻后面:编辑耕耘录》,新华出版社 1998 年版,第 23—25 页。

是干什么的？不能给历史留下空白。但实际上对社会生活、对一些重要的历史阶段，大多数新闻摄影记者交了白卷，有的甚至交的是完全和真实生活两张皮的影像，有很大的距离。为什么？归根到底就是说新闻摄影是干什么的。我们要向历史负责。因此我们这帮朋友在一起就说：‘不管怎样，拍下来再说。’”①

代表作

摄影作品 王东：《小平您好》，《人民日报》1984年10月2日第2版。

参阅作品

《“小平您好”——北大学生的心意》，新华社，1984年10月2日。

① 蔡开松采访：《“不管怎样，拍下来再说”——摄影家贺延光访谈》，《中国摄影家》2010年第7期。

调查性报道的登场

调查性报道,对于更熟悉“新闻批评”的中国新闻界来说,是个带有“舶来品”意味的词汇。这种报道形式发端于20世纪初美国新闻界的“扒粪”传统,70年代起,“调查性报道”已经成为美国新闻一种重要的实践形式,1975年由一批记者编辑发起成立了“调查性报道记者编辑协会”(IRE),运行至今。1985年美国普利策新闻奖开设了“调查性报道奖”。中国对“调查性报道”概念的引入较晚,最早对“调查性报道”做出定义的,是1993年出版的《新闻学大辞典》,称“调查性报道是一种以较为系统、深入地揭露问题为主旨的报道形式”①。进入21世纪,我国才开始出现较多地专门讨论“调查性报道”的论文和专著。但与理论界的“认定”较晚不同的是,新闻实践却是先行一步,80年代即已出现了早期的调查性报道。调查性报道最重要的两个特征,一是报道题材具有揭露性,往往是对公共利益有重大危害,且被有意“捂住”或“堵住”的事实;二是记者要通过自己的深入调查,将事实挖掘出来。这两个条件缺一不可。因为调查性报道基本上是批评性的,因此在很长一段时间内,新闻界并不特别地将之与一般性的“新闻批评”“舆论监督”区分开。但调查性报道不仅是批评报道,而且是建立在对复杂事实独立调查基础之上的批评,它体现了新闻实践的专业性。对我国新闻界来说,这其实是一种有别于“新闻批评”传统的职业精神。因此,尽管还很不成熟,也缺乏自我意识,但出现在80年代的一些具有“调查性”的新闻名篇,不仅在80年代的社会大潮中

① 甘惜分主编:《新闻学大辞典》,河南人民出版社1993年版,第153页。

留下惊人的反响,而且也悄然预示着一种新的职业理念的形成。这一时期堪称早期调查性报道代表作的,是1987年《中国青年报》关于大兴安岭火灾的“三色报道”(1987年6月24日《红色的警告》、6月27日《黑色的咏叹》、7月4日《绿色的悲哀》),尤其是第一篇《红色的警告》。

1987年5月6日,大兴安岭发生森林火灾。国务院当年向全国人大常委会的汇报材料上写到:这场大火“令五万同胞流离失所、193人葬身火海,五万余军民围剿了25个昼夜方才扑灭。”“大火烧过了100万公顷土地、焚毁了85万立方米木材”,是“建国以来毁林面积最大、伤亡人员最多、损失最为惨重”的一次。如何报道这一特大火灾?全国新闻界集体交出了一份尚可称为满意的答卷。首先是行动快,突破了以往负面事件需要主管部门首肯才能报道的状况。5月7日,中央电视台新闻联播后面的天气预报就及时播发了美国泰勒斯气象卫星的云图,云图显示黑龙江境内有两处红色火区。5月9日,中央人民广播电台在早晨的新闻联播节目中报道了大兴安岭发生火灾的消息。新闻媒体对突发火灾的报道确实起到了“警报”的作用——正是通过这些最早的信息,国务院领导同志得知大兴安岭起火的消息。其次是克服恶劣条件,亲赴火灾现场,发回大量火线报道。1987年6月19日,中华全国新闻工作者协会在京召开会议,表彰了首都28家新闻单位先后赶赴大兴安岭参加火灾现场报道的91名记者。据记协不完全统计,全国赶赴灾区的记者有200名之多。最后,新闻界对大兴安岭火灾的报道不仅有对扑火官兵的歌颂,刻画了如“大胡子师长”等生动的英雄形象、有对一方有难八方支援的全社会援助灾区群众的感人事迹的描写,也有对火灾起因、火势蔓延、初期救火不力的揭露,对由大兴安岭火灾引申出的官僚主义的深刻反思和对新闻界自身的火灾报道表现的全面思考。这种比较迅速、全面、立体的对一起重大灾难事故的报道在1949年以后的新闻实践中还是首次出现。

在火灾报道中,《中国青年报》的“三色报道”系列尤为抢眼,被视为是新闻界对大兴安岭火灾报道的“代表作”。然而当年参与报道的记者叶研却不讳言《中国青年报》在大兴安岭火灾报道初期的“失语”,称这是一个“严重教训”。在全国媒体都陆续增强火灾报道的同时，《中国青年报》迟迟没有动静，直到火灾发生的 9 天后，才派出记者雷收麦、李伟中、叶研和当时还是实习记者的贾永赶赴大兴安岭。叶研回忆说：“这以前，在火场上，老有人在问：‘《中国青年报》怎么没来？’到了火场，又老听人说：‘你们怎么才来？’”[①]不过这四位“迟到”的记者却待到了最后。他们用在火场三十多天的调查采访和此后拿出的调查性与深度俱佳的系列报道，挽回了报社错失报道先机的损失，做到了“后发制人”。

“三色报道”的首篇《红色的警告》，上来就提出了一个问题：“一把令 5 万余军民围剿 25 个昼夜的火，究竟是从哪里、为什么而又怎样燃烧起来的？”记者的调查也正是围绕着这个全国人民都关心的问题而展开，而呈现在读者面前的事实竟是如此的错综复杂——有体制的原因，大兴安岭林区在地方行政上归属黑龙江，而版图又属于内蒙古，同时还是林业部的直属森工企业，一个媳妇仨婆婆，以至于在林区道路建设、森林瞭望台设置、解决柈子城等问题上都出现了“三个和尚没水喝”的情况，一旦出现问题就一发不可收拾；有防火意识不够的问题，尽管大兴安岭年年有火灾，但却没有烧醒一些人麻木不仁的神经。大兴安岭林管局发出了不准在防火期间使用割灌机的通知，却没有督促和没有检查，最后还是因为违章操作割灌机引起火灾。漠河县原有的武装森林警察队伍却因为与县里领导的纠纷，被“请”出了漠河，关键时刻无警可用；更有干部作风和能力的原因，漠河和古莲两处火场腾起的烟雾都没能让漠河县委重视起来，盘古火场的大火已经染红了夜空，县委领导还在屋内争论不休，上百名森警队员急得跳脚。县委书记一再通过广播电视下令县城青壮劳力上山打火，却只字不提让群众转移，并且向上级隐瞒了火情，迟迟不申请援助。更有甚者，漠河县消防科科长在火起时动用 4 台消防车和大推土机死保自己家和县长家的住宅，对旁边群众的请援不闻不问，以至于大火过后在一片瓦砾中只刺目地矗立着官员家的红瓦房，等等。类似的事实细节在

① 叶研：《调查与分析》，收录于卢跃刚、罗强烈主编：《本报今日出击：中国青年报调查性报道选》，南方日报出版社 2000 年版，第 251 页。

《红色的警告》和其他两篇报道中不胜枚举，它们全面而深刻地呈现了火灾及其背后的复杂事实，令人信服地回答了为什么会发生这样的大火的问题。

然而这样的对事实的搜集整理却是一个艰难的调查过程。一方面是因为火场情况复杂，条件相当恶劣，通信手段落后。《中国青年报》的记者赶赴大兴安岭后三十多天无法与报社联系，分头采访的记者之间也十多天不通音讯。在这种情况下记者坚持到现场、实地去一处处地了解、还原事实全貌，就体现出新闻人的专业素养了。一个特别能说明问题的细节是：《红色的警告》中报道的后来引发全国反响的漠河县消防科长不顾群众死活死保自己住房的事实，其实当时就引起了当地群众的强烈不满。人们口耳相传，记者不用去火场，在齐齐哈尔就可以得到“耳闻”。但《中国青年报》的记者却要去核实事实细节，在废墟上寻找至少两个以上的直接消息来源进行印证。在灾民撤离、车辆烧毁、偌大个县城就靠两条腿走路的情况下，记者还是找到了目睹现场的个体户和当时的推土机手印证此事，并因为这些印证使得这个“传闻”成为报道中一个极其重要的、令人震撼的事实。这就是调查性报道的魅力、事实的魅力和记者专业水准的魅力，它远远高于借助于“据说”进行的简单批评和情感发泄。

大兴安岭火灾调查的艰难，另一个更重要的原因是当地出现的对新闻记者的“不合作”态度。不少去大兴安岭采访的记者后来都写了文章批评了一些领导干部对记者的态度。当时省委的一位负责人质问前来采访的记者：你们把火灾报得这么惨！你们到底想干什么？林业部在一份公函中也责问媒体：在报道中点了那么多单位和人的名，究竟“用意何在”？在塔河、在漠河，不给记者住处，不给记者吃饭，都当作了不欢迎记者的“有效”手段。[1] 记者们到扑火救灾前线总指挥采访，看到指挥部会议室门外一张红纸上写着“谢绝记者采访”的字样。当地有关领导还指示邮电局，对没有指挥部签字的稿子，不给拍电报、接电话。“三色报道”

① 冯慧：《记者们用意何在——记在大兴安岭中的新闻记者》，《民主与法制》2009 年第 22 期。

中的第二篇《黑色的咏叹》中就写到了一些人面对记者采访时的心态：当记者拍到招待所里一些官员正在大吃大喝的画面时，漠河县的一些领导居然殴打记者，甚至对记者进行两天的单独询问。询问中，他们问记者“你们到底掌握了什么秘密？”很显然，一些官员不愿揭开的“秘密”，正是调查性记者努力挖掘的真相，正因为这真相触及一些人的利益，所以揭露真相的过程总是困难重重，阻力重重。也正因此，调查性记者的努力总是加倍地受到人们的尊敬。

“三色报道”的成功不仅在于挖掘事实、还原真相的努力，也在于叙述和分析事实的深度探索、对官僚主义和体制弊端的尖锐抨击。这种“思想性”相当鲜明的报道可以说是20世纪80年代深度新闻作品的一个共同特点。《中国青年报》编辑杨浪在总结“三色报道”的经验时谈了几点体会，第一条就是：“成功的报道一定要有很明确的具有涵盖力（富于弹性）的报道思想，这一点至关重要。”[①]这种将事件与政治、与社会、与历史紧密联系的思想力度与整个80年代宏大开阔、热衷政治的氛围是分不开的。它成就了80年代新闻经典的独特气质，但也隐藏了一个问题，即宏大的思想势必要建立在更为细致扎实的事实挖掘的基础上。“三色报道”较好地协调了两者的关系，但有些地方仍然流露出“观点”重于“材料”、“表达”重于“陈述”的倾向。而在80年代引起社会重大反响的一部分新闻报道中，这一问题可能更为明显一些。例如1985年6月16日《人民日报》报道的《触目惊心的福建晋江假药案》披露了晋江地区的一些药厂用银耳伪造药品的事，引起很大反响。但是这一新闻起先只是记者在全国贯彻实施药品管理会议上获悉的，缺乏独立调查的意识。一个月后，新华社记者才到晋江调查，对晋江假药案作了初步剖析。而在此之前，媒体对晋江假药案的批评已经上升到了“谋财害命”的程度。这一事件还直接导致富有改革精神的福建省委书记项南的黯然离职（项南曾表扬过晋江地区乡镇企业发展得好，是“一枝花”）。对晋江假药案的揭露是媒

---

① 《杨浪谈〈红〉、〈黑〉、〈绿〉的编辑过程》，收录于郑兴东：《好新闻后面：编辑耕耘录》，新华出版社1998年版，第226页。

体的职责所在，但后续调查没有跟上，“批评”大于了“新闻”，一些当事人在时隔多年后仍心有耿耿。如当时的晋江地委书记张明俊在2010年撰文，对《人民日报》当年“在没有派记者到泉州现场采访的情况下，就在头版头条刊发了《触目惊心的晋江假药案》一文”，是有怨言的。[①] 事实上，从媒体一方看，认为坚决地揭露假药事件，与这种行为斗争，是为了更好地改革开放；从晋江和福建省委一些领导看，要把假药案和乡镇企业分开，继续发展乡镇企业，不开改革倒车。观点上各占其理。但媒体与其限于观点、措辞之争，不如回归新闻本义，回归事实本源，用扎实的事实串起事件的逻辑链条，不仅向公众报道事实真相，也便于决策者更好地分析问题实质。调查性报道的出现，可以说正是媒体正视专业属性的一种表现，它不仅致力于向社会揭露问题，伸张正义，同时也提醒媒体自身要注意事实逻辑，谨防监督错位。

调查性报道登场之初还有一个不得不提的特点，就是报道与“领导人指示”的密切关系。不少调查性新闻之所以能出台，不仅取决于媒体的努力，也取决于当时是否存在有利的报道环境。例如“三色报道”得以“出笼”，一方面是报社内部会议的决定，另一方面也是因为国务院副总理万里在全国人大会议上做了关于反对官僚主义讲话的结果。1983年2月9日，中央人民广播电台报道了哈尔滨铁路局双城堡火车站的野蛮装卸事件，马上得到国务院和国家经委领导的高度关注。国家领导人多次在中央人民广播电台记者的“内参”报道上批示，给了坚持调查的记者们极大的勇气去克服一些部门的重重阻力，并质疑有关部门一开始做出的袒护车站的调查结论。在黑龙江铁路局动真格，撤换了双城堡车站党委书记、改组领导班子后，报道则从批评转为了表扬，表明批评的目的不是“抹黑”而是“擦黑”，是建设性的。领导人给调查性、批评性报道“保驾护航”，这固然是政治开明、支持新闻改革的表现，但过分依赖这种“保驾护航”的调查性、批评性报道只能是偶一为之，尚没有成为一种成熟的新闻

---

① 张明俊：《我在晋江遭遇“假药案”》，《炎黄春秋》2010年第6期。

实践模式，也没有在新闻的调查揭露职能的社会价值方面形成明确的观念，以至于日后还有反复。90 年代中后期，这类调查性报道才逐步走上了栏目化、常规化的较为稳定的发展之路。

代表作

雷收麦、李伟中、叶研、贾永：《红色的警告》，《中国青年报》1987 年 6 月 24 日。

原文链接：http://news. cyol. com/content/2011-06/30/content_4603620. htm。

扫描二维码可直接阅读：

参阅作品

1. 雷收麦、李伟中、叶研、贾永：《黑色的咏叹》，载《中国青年报》1987 年 6 月 27 日；《绿色的悲哀》，载《中国青年报》1987 年 7 月 4 日。

2. “黑龙江双城堡火车站野蛮装卸”系列报道，1983 年 2 月 9 日—6 月 25 日，中央人民广播电台。

时代困惑催生的“深度”报道

1987年在80年代的新闻改革中被赋予了一个特别的名称，它被称为新闻界的“深度报道年”。这一年的上半年，新闻界还笼罩在比较沉闷的空气中，下半年却从《中国青年报》的报道开始，一跃进入“开朗的下半年”。[①] 中央的几份大报接连推出了引发社会强烈反响的重头报道，它们中的一些代表作是——

1987年5月29日、30日，6月2、3日，《中国青年报》分四次刊出的《西部贫困探源》；

1987年6月12日—7月23日，《经济日报》的“关广梅现象”系列报道；

1987年8月6日，《人民日报》第一版报道《鲁布革冲击》；

1987年10月6日、7日，《人民日报》连续两天在第一版发表的《中国改革的历史方位》和《改革阵痛中的觉悟》；

1987年12月2日，《中国青年报》长篇报道《命运备忘录》；

等等。

这些报道所具备的共同特点是：题材重大，关注的是改革过程中人们普遍关心的社会热点、难点问题；报道不是侧重于回答“是什么”的问题，而是“为什么”的问题；突破了一事一报的传统新闻写法，旁征博引，大量使用新闻背景材料，或进行连续报道、系列报道，力求立体全景地展现改

---

① 凌志军：《潜流与潮头——从党的十三大前后的农村经济报道看新闻改革的新态势》，《新闻实践》1988年第4期。

革进程的复杂图景,爬梳具体事实在宏大背景中的意义;篇幅长或报道总量大,写法上重思辨、重析理。因为这些特点,新闻界对这类报道的一个共同称呼是“深度”报道,顾名思义,它们是深入社会表象背后的、面对并致力于分析时代本质的新闻作品。新闻界的这种努力很快得到了认可,1988 年全国好新闻评选开始增设“深度报道奖”。

何谓“深度”?何谓“深度报道”?这个提法在 80 年代的新闻学术界也引起过一些讨论。有的研究者并不认可“深度报道”的说法,因为其隐含着其他报道都是“浅度报道”的潜台词;有的研究者认为“深度报道”理念来源于中国古已有之的文体,有的则认为来自西方的新闻理念;有的研究者认为“深度报道”是一种新的新闻品种,有的则认为是一种新闻观念而非新闻品种,并举美国为例,普利策新闻奖就没有一个所谓的“深度报道”奖,可见其不是新闻种类[①];还有的研究者探讨了“深度报道”兴起的背景,一种观点认为这是报纸在与广播、电视等时效性更快的新媒体竞争中扬长避短的产物,另一种针锋相对的观点则认为:新的主流报道形式的出现,总是与这个时代的人们为更好地认识世界、改造世界的主流要求联系在一起的。因此,当人类生活的社会化程度极大提高后,片段的、支离破碎的、互不相连的客观报道就再也无法在人们的头脑中构成关于周围世界真实图景的有效认知。因此,“深度报道”不是什么权宜之计,而是一种“结构化的新闻操作方式”。[②] 这些理论与实践密切关照的讨论,无疑深化了在 80 年代后期“深度报道热”中人们对这一新的实践动态的理解。一种能较普遍地引发共识的看法是:“深度报道”尽管受到来自美国的新闻实践理念的影响,但基本上还是中国社会大背景的产物——“深度报道在中国传媒中的崛起,是中国社会商品经济发展的产物,正是在商品经济发展的大潮推动下,新闻报道才有了向深度开拓的可能”[③]。美国

---

① 车英:《从一个“最简单的道理”谈起——就所谓“深度报道”答何光先先生》,《新闻知识》1989 年第 11 期。

② 喻国明:《深度报道:一种结构化的新闻操作方式》,《青年记者》1997 年第 3 期。

③ 时统宇:《倾听新闻实践的呼声——关于深度报道的几个问题》,《新闻知识》1989 年第 10 期。

“深度报道”的理念出现在世界经济大萧条、社会动荡的20世纪30年代，中国的“深度报道热”出现在改革逐步深入、社会矛盾明显、观念碰撞剧烈的80年代后期，都不是偶然的。可以说，正是时代的困惑，以及人们迫切的“解惑”的需要，催生了“深度报道”。

1987年，获得全国好新闻唯一一个特等奖的是《经济日报》持续了45天之久的“关广梅现象”报道。与那些单篇的“深度报道”不同，这个系列报道由辽宁本溪女企业家关广梅的信拉来序幕，历时45天，共发表78篇各类体裁的报道——包括关广梅来信和读者讨论信件、文章56篇，通讯4篇，消息7篇，评论员文章5篇，小言论4篇，综述1篇。[①] 它由本溪副食店租赁改革的事件入手，全面讨论了企业改革过程中姓“资”还是姓“社”的关键问题，通过层层递进的深入报道（运用各种形式），反映了中国改革进程中令人困惑又亟待解答的关键问题。“关广梅现象”系列报道的产生背景正处在1987年“沉闷的上半年”和“开朗的下半年”的微妙关系中。由于反对资产阶级自由化的口号在一些地方被错误地运用，许多在改革舞台上很活跃的人物心怀忧虑，人们正在困惑中观望。1987年4月中旬，辽宁本溪搞租赁改革的女企业家关广梅被视为本溪市“资产阶级自由化代表人物”，这一信息给《经济日报》驻辽宁记者站记者庞廷福巨大的震动。因为关广梅从1984年开始搞租赁改革以来成绩斐然，对租赁的商店进行了体制改革后，经济效益大幅提高。但是从1986年开始，一些人对关广梅的改革举措就有争议，现在更上升到了“资产阶级自由化代表人物”的高度。是关广梅错了，还是有些人错了？带着这样的疑问，庞廷福赶赴本溪调查了三天，在摸清基本事实后连夜给北京编辑部写了一封信《关广梅是搞资产阶级自由化吗？》，记者认为社会上出现了混淆改革同自由化政策界限的新情况，导致在实际工作中出现了忽视、贬低，甚至排斥改革的倾向，这是一个带有全局性的重大问题，也是一个人们十

---

① 李东东：《在有声有色的背后——李东东谈“关广梅现象”以及“股票暴跌纵横谈”系列报道的经过》，收录于郑兴东：《好新闻后面：编辑耕耘录》，新华出版社1998年版，第219页。

分关心却不知怎么提或不敢提的大问题。[1] 记者的信在《经济日报》编辑部引发的思考更深一层:当时全国的大气候是国务院领导同志提出了企业改革“两权分离”的设想,继承包经营后,企业租赁、拍卖等改革刚刚起步,各地对这些改革议论纷纷,尤其是租赁、拍卖等是否偏离甚至违背了社会主义方向?这是个涉及改革方向的重大问题。总编辑范敬宜亲自拍板,要报道。而且在一封给记者的信中,他提出,编委会决定开展关广梅问题的讨论,不是仅仅想弄清楚关广梅这个人究竟能不能当十三大代表,主要是想通过这个讨论,帮助广大群众认清目前进行的改革的性质,更加坚定对改革的信心和决心。如果将来的事实证明这个报道搞错了,一切由总编辑负责,与记者无关。[2]

因此,“关广梅现象”一开始就是被放在了改革大方向的时代坐标轴上去认知的,它的思路正契合了《哈钦斯报告》关于“深度报道”的定义:所谓深度报道就是围绕社会发展的现实问题,把新闻事件呈现在一种可以表现真正意义的脉络中。从这样的思路出发,编辑部特派出骨干记者和辽宁记者站的庞廷福会合,“群策群力”地要打好这一次报道“战役”。据记者杨洁回忆,这次采访的形式也相当特别——由于主要不是回答事实层面“是什么”的问题,而是在基本事实清楚的情况下(关广梅搞租赁企业经营成功的事实无人否认)下人们“怎么看”的问题,因此这一次的采访主要是由数次“座谈”组成,采访过程也是不同观点的人讨论和交锋的过程。在本溪采访之初,记者们就连续召开了5个座谈会,直接采访对象50多人,听到了两种截然对立的评价。采访快结束的时候,又在市委领导的支持下,召开了来自各方面持不同观点的代表参加的30多人的大型座谈会,关广梅本人也参加。座谈会上气氛热烈,观点尖锐,一再延时,让记者们深感兴奋,他们已经预感到这样能激发普遍思考的报道,一定能在全国打响。事实证明,这种预感是准确的。《经济日报》推出“关广梅现象”系列报道的40多天里,收到全国各地读者的讨论信件1000多封,

① 庞廷福:《参与“关广梅现象”大讨论报道回顾》,《中国记者》2009年第1期。
② 同上。

其中三分之一是经济领域和理论工作者的来信；中央人民广播电台三次播出“关广梅现象”系列报道；境外二十多家媒体转载或评论；国务院相关研究部门和商业部先后派出调查组，调研“关广梅现象”——甚至报道的题目，记者无意中想出来的“现象”一词，也成为日后“＊＊＊现象”一类深度报道标题的滥觞。

尽管80年代深度报道名篇的风格各有不同，但都体现了“深度”的本义——“在事实的基础上不是简单的报告事实，而是为读者梳理出关于事实的认识”，通过事实来“表现真正意义的脉络”。[①] 如《中国青年报》的《西部贫困探源》，从西部地区为何贫困的现象入手，探讨人的观念的现代化问题；《人民日报》的《鲁布革冲击》通过比对云贵峡谷鲁布革水电站中外管理方的施工情况，探讨了管理体制和劳动效率的问题。毋庸讳言，这些都是人们在改革中面对的，也困惑的。在解惑方面做得更思辨也更彻底的，是《人民日报》在十三大召开前夕推出的两篇深度报道——《中国改革的历史方位》和《改革阵痛中的觉悟》。这两篇报道又被称为“政论性通讯”，它巧妙地选择了采访一批中青年理论工作者的角度，联系改革进程中人们感同身受的现象，探讨并力图回答中国改革应该走什么样的道路，以及如何看待眼下的困难的问题，激起全国读者的热烈反响。它的体裁的确奇特——有事实，有采访，但更重论点的新颖，论证的雄辩。这是评论还是新闻？用作者之一祝华新的话说，在这滚滚历史洪流之中，在社会转型期的时代困惑之中，读者已经“顾不上细察这些文字归属新闻还是更像理论文章的通俗版”[②]。

80年代深度报道还与一个人的名字紧密相连，他就是《中国青年报》的高级记者张建伟，人们甚至把他采写的深度报道冠以“张建伟模式”的名称。从1985年的《大学毕业生成才追踪记》、1986年的《第五代》到1987年的《命运备忘录》（与人合作）、1988年的《改革预警录》，张建伟的

---

① 陈力丹：《深度报道“深”在哪儿？》，《新闻与写作》2004年第4期。

② 祝华新：《寻找体制与文化的交汇点——兼评1988年深度报道》，《新闻战线》1989年第1期。

长篇深度报道一次次引起读者广泛关注。《第五代》发表后,《中国青年报》门口被读者贴了一幅标语:"《中国青年报》万岁!"而它独特的形式也让编辑部感到这简直"非驴非马",总编辑干脆用"张建伟模式"概括。许多人试图分析"张建伟模式"到底是什么模式,张建伟本人也认可的"张建伟模式"的三大特性是:专题性、宏观性、启蒙性。所谓专题,指记者追求的不是一个新闻事实的"点",而是一个能引起读者广泛兴趣的"场";所谓宏观,指新闻选题是要能影响现代化进程的大题目;所谓启蒙,指通过记者的报道、分析、解读,要能给饥渴的、需要现代化观念的人们提供一些观念的启蒙。一批和张建伟一样秉持重大、启蒙、思辨、解读等新的新闻观念的中青年记者活跃在80年代深度报道的舞台上,他们也被称为记者中的"第五代"。

80年代后期,尤其是1987年深度报道的集中出现,可谓80年代新闻改革历程中的璀璨星光,诸多名篇直到今日还被新闻人津津乐道或追思怀想。放在历史长河中看待这一80年代新闻界的"荣光",不难发现其有着深刻的时代元素。一时间让新闻界和社会各界普遍叫好的"深度报道",其实是改革遇到的问题、困惑、疑难催生的结果。新闻界没有回避这种困惑,并且致力于用新闻专业的观察力、敏锐度和社会担当在"解惑",深刻地契合了公众和社会的需要,这正是80年代"深度报道"能"热"起来的原因。也是因为这样的"热",让无论是新闻界还是社会公众一时都"顾不上"新闻生产中一些更细节也许也是更恒久的问题。例如,那个已在本书中被提及多次的价值判断与事实判断的问题。"深度报道"重在"解惑",重在有"观点"能答时代之"疑"。问题是,这个"观点"怎么来?尽管一些记者和研究者也在不断地强调,观点来自于事实本身,来自于更深入更全面地对事实的占有,但是作为一种新的报道品种,深度报道身上"亚哲学思辨"的意味是如此浓重,以至于磅礴恣睢、汪洋大气、纵横捭阖、高度跳跃带来的畅快淋漓的感觉,成为对许多中青年记者的一大诱惑。"主题先行"的问题、观念先于事实的问题,甚至"事实不够,议论来凑"的问题都时有发生。平心而论,在那个改革风起云涌的年代,在前所未有的变革大潮汹涌而来的年代，要求与现实与实践保持最密切关系的新闻记者能做出二三十年后的学者们都做不出的冷静文章，实在也是一种苛求。更何况，其时其景，奔涌在“第五代”新闻人心中的恐怕更多是一种改革弄潮儿的豪情，一种社会启蒙者的自我期许。这种看似与客观记录的新闻职业定位有些错位的心态，其实正是从近代以来中国新闻人始终绵远不绝的“文人论政”的抱负和胸襟。这份情怀和担当，时至今日依然相当重要，它远好过犬儒主义的风险规避和“拿肉麻当有趣”的游戏人间。当然，这份情怀需要更多更审慎的对新闻职业的自我检视和自我规约——否则豪情可能流于狂妄，启蒙难免自我瓦解。80 年代“深度报道热”中许多一时“顾不上”的东西，包括报道的形式、长度（如新华社原副社长李普就认为《中国改革的历史方位》《改革阵痛中的觉悟》两文虽好，但太长，不适合报纸读者的阅读习惯）、写法等问题都还有待日后做更符合“新闻规律”的探讨。而 80 年代后期的这一波“深度报道热”自身却随着政治形势的改变悄然中止，它的成功与不足在当时都还来不及做更充分的讨论。1990 年首届“中国新闻奖”开始评选时，“深度报道奖”被取消。

代表作

庞廷福、杨洁、谢镇江：《租赁企业究竟姓“社”还是姓“资”？（2）关广梅现象》，《经济日报》1987 年 6 月 13 日。

租赁企业究竟姓“社”还是姓“资”？（2）

关广梅现象

本溪出了个关广梅！

1985 年 4 月，当“关广梅租赁经营”这件新鲜事儿，成了当地报纸头条消息的时候，很少有人预料到，租赁改革居然会如此剧烈地搅动了平静但并不丰富的山城市场：

——1985 年，关广梅一鸣惊人，租赁了本溪市消防副食品商店，年终实现利润 25.2 万元，比上年增长 40%，居全市 36 家副食商店实现利润额的第二位；

——第二年 4 月，她再度夺标，租赁已经亏损 6.5 万元的光明副食商店，到年底，这家连续亏损 6 年的商店扭亏为盈；

——同年 8 月，她第三次夺标，承租本溪市副食商业系统最大、利润最高的东明副食商场，5 个月盈利 33 万元，相当于上一年全年的利润额；

——今年 1 月，关广梅连夺五标，一次承租五家副食品商店，连同前三家，组成租赁群体，共拥有职工 1000 人，总销售额占全市商业系统副食品零售商店总额的三分之一，利润额占二分之一。

较高密度的个人租赁门店、惊人的利润增长和一定程度上左右本溪副食品供应的市场，形成了本溪市独特的“关广梅现象”。

“关广梅现象”带来了什么？

一

说话嗓门很亮的蒋秀娥是关广梅租赁商店中从前“脾气最不好”的营业员。租赁以前，她几乎每天上班时，必不可少地要发生两件事：一是和同伴们聊天，二是挑顾客的毛病。“我过去是个不合格的售货员”，她直截了当地对我们说：“租赁以后，关经理告诉我，再犯过去的毛病，重罚。我压根儿不吃她那一套，过去哪个经理不是这么说，到头来罚过谁了？可有一天，店里一个营业员和顾客吵了一架。第二天，关经理先罚了自己 20 元，又罚了营业部主任、营业组长各 10 元，再罚吵架的那位 50 元，最后，连一旁看到吵架没出声的一个营业员也罚了——因为她没有制止本来该制止的事儿。就是从那一天以后，我见了顾客，处处小心在意，时间长了，倒觉着顾客也变得通情达理了，您说怪不怪？现在，我每月的奖金都是全商店 220 来号人中最高的……”

蒋秀娥的变化，只是租赁企业中职工精神面貌和劳动态度的一个缩影。租赁把“百元销售工资率”等一整套管理办法，输入了本溪市长期以来缺乏活力的商业小型企业中,使营业员的劳动收入和劳动量直接挂起钩来,由此带来的劳动热情和服务质量,本溪人都看到了眼里。

一位顾客向我们讲了一个真实的故事:“我住在光明商店旁边。那商店,过去又脏又乱,你进门买菜,问话没人搭理你;搭理你那话头也是硬梆梆的。有一天,我去买菜,突然发现墙刷新了,地扫干净了,商品也多了一些。一打听,原来这店让关广梅租赁了。一个过去和我吵过架的营业员迎上来笑着说:‘我们新进了白面包,您要不要?这儿还有新鲜的小香肠,您买吗?’就是从那一天起,商店营业时间延长了。我现在每次走进店里,都感到有点‘阿信’的味儿。”

二

1948 年参加解放军的宋士柱,是关广梅租赁商店从前的门市部主任。当了 20 多年的主任,他承认自己还站在生意人的门外。但他没有想到关广梅租赁后,会请他去烧茶炉,而他自己居然也认为这种安排没什么不合适——此事一度成为震荡本溪商界的新闻。

本溪市委政研室处长李明,是最早研究“关广梅现象”的人。理论上探索了一年以后,他居然“弃官经商”,辞去处长职务,去做关广梅的助手——此事引起的轰动是去年辽宁省的十大新闻之一。

平庸的领导者开始去做力所能及的工作,一批敢冒风险的人急剧地向改革的实践流动。这是“关广梅现象”带来的另一个变化。有人统计过,在她租赁的 8 个企业中,商店经理一级的干部从 33 人减到 18 人,科室脱产工作人员从 76 人减到 40 人。

本溪理论界对上述事实的评价耐人寻味:这种变化,是租赁机制对干部选拔方法的一个刷新,把过去行政部门的“静态任命式”改变为企业内外的“动态竞争式”,使经营能人得以脱颖而出。

三

50 岁的于淑芹,已经有 17 年的商业工龄,但她做梦也没想到,关广梅租赁她所在的平山副食商店以后,她会对"头儿"的看法发生了这么大的变化。

在她的记忆中,平山副食店很少有过盈利的月份。她只记得,租赁前一年有几个月,营业员每人每月只发25元生活费。今年1月开始租赁,5个月以后,商店的财务报表上出现了正号:实现利润比去年同期增长315%,职工每个月可以拿到几十元的奖金。从不大声讲话的于淑芹忍不住给素不相识的关广梅写了一封信。当向我们谈到这件事时,这位3个孩子的母亲眼睛是湿润的:"租赁这5个月,日子再不象过去那么紧巴巴的了。我不会写字,就央求丈夫代我写封信给关经理,没别的想法,我就是想谢谢她……"

租赁,在把生产力向前推进的同时,也给生产关系带来了新的变化。关广梅租赁后,给职工办了12件事:45岁以上的职工过生日,送寿桃;晚婚青年结婚,送礼品;女职工生育送5公斤鸡蛋;职工搬家,商店给"搬迁费";商店配一台洗衣机,为职工洗工作服;职工父母病故,领导吊唁送花圈;逐步建立阅览室、游艺室、托儿所、浴室……

一位女职工谈到这些事时,讲了一个小例子。她说:"我们租赁企业的所有女职工,一个月有两天特殊假,记者同志,您在别的地方听说过这种事儿吗?"

四

"关广梅现象"究竟带来了什么?我们在采访中,不断向本溪人提出这个问题。

租赁企业的营业员说:现在挣多少钱要由我们干了算,"大锅饭"吃不成了;

一位每天买菜的退休干部说:市场上发生了一些微妙的变化,走进租赁商店,你感到自己真的成为顾客了;

租赁商店上级公司的经理说,她的用人办法,解决了我们多年来想解决而解决不了的问题——"常败将军常挂帅";

市委书记丛正龙说：本溪是改革的一块试验田，关广梅是试验田最早的开垦者之一；

省委书记全树仁说：这个经验是成功的；国务院领导同志认为，这个情况说明了租赁制的作用……然而，并非所有的人都对“关广梅现象”拍手叫好：

一位在本溪市蔬菜公司系统工作26年的党员干部情绪激动地抨击道：关广梅租赁后，就把党支部书记换了，这事儿发生在资产阶级自由化泛滥的1986年，难道是偶然的吗？他一口气提出了对关广梅租赁经验的12条“学不了”，其中上至关广梅不要党的领导，下至关广梅会跳交谊舞，洋洋洒洒。

另一位自称对理论“很有兴趣”的同志，则表现出更大的疑虑：关广梅一人可以租8个店，由此才形成企业群体，如果国家的企业任凭这样“租”下去，那么本溪钢铁公司可不可以租？

去年12月底，在“本溪市企业思想政治工作会议”上，有人一口气向关广梅提出十几条问题。其中，“不要党的监督”“不要职工民主管理”“贬低思想政治工作”等等，带有相当浓烈的政治气味。

4个月后的另一次很重要的会议上，为数不少的代表提出了更尖锐的批评：“关广梅的租赁，是坐收渔利，带有剥削性质”；“她一人租赁8个店，在本溪市形成了一个商业垄断集团，把市场的商品和物价都垄断住了”；“她干的是社会主义吗？”……

新与旧、进与退、未来与以往、变化与僵化，环绕着“关广梅现象”，发生着冲突、碰撞，有时甚至是对峙。

“关广梅现象”引出了更多的社会现象，这些现象向改革的人们提出了一些迫切需要回答的问题。

这些问题是深化改革进程中所不能回避的。

参阅作品

1. 杨柏等:《西部贫困探源》,《中国青年报》1987 年 5 月 29 日、30 日,6 月 2、3 日。

2. 杨飏:《鲁布革冲击》,《人民日报》1987 年 8 月 6 日。

3. 罗荣兴、祝华新、曹焕荣:《中国改革的历史方位——时代的挑战与中青年理论工作者的思考(上)》和《改革阵痛中的觉悟——时代的挑战与中青年理论工作者的思考(下)》,《人民日报》1987 年 10 月 6 日、7 日。

4. 张建伟等:《命运备忘录》,《中国青年报》1987 年 12 月 2 日。

价值观大讨论

1978年9月,沉寂12年之久的老牌青年杂志《中国青年》刚一复刊,马上就以一种新生之竹的姿态在复刊号上发表"童怀周"的《天安门革命诗抄》、"四五"运动青年代表韩志雄的《革命何须怕断头》和特约评论员文章《破除迷信,掌握科学》。这"等于是在'两个凡是'和'天安门事件'两大'禁区'的堤坝上,掘开了个大口子"。[①] 因此,尽管《中国青年》在复刊时遇到了差点停刊的风波,却反因这风波造成"洛阳纸贵"的局面。当期刊物的发行量就高达300万份,为一时之盛,尤其在青年读者中的影响力极大。1980年,《中国青年》又发起了一场延续数月、牵动全国的人生价值观的大讨论,更是把自己的影响力推到了历史顶峰。

这场讨论就是被称为一代中国青年人"精神初恋"的"潘晓讨论"。

1980年第5期的《中国青年》上刊登了一封署名"潘晓"的来信,信的题目是《人生的路呵,怎么越走越窄》。作者在信中称,"常隐隐感到一种痛苦,这就是,我眼睛所看到的事实总是和头脑里所接受的教育形成尖锐的矛盾",并发出了"有人说,时代在前进,可我触不到它有力的臂膀;也有人说,世上有一种宽广的、伟大的事业,可我不知道它在哪里。人生的路呵,怎么越走越窄"这样痛苦的感慨。尽管这封信来自于《中国青年》编辑部有意的策划和精心的准备,但它引发的轰动效应仍大出编辑部的预料——短短25天就收到全国各地青年读者的来信、来稿18000多件。不少读者来信回应"潘晓"式的苦闷,因为这在他们的身上同样存在。但

---

① 孙兴盛:《〈中国青年〉复刊风波——复刊就被下令停发》,《百年潮》2008年第10期。

对“潘晓”提出的“主观为自己,客观为别人”的解决路径则观点不一,有附和赞成的,有同情理解的,也有反对的。一场全国性的关于人生价值的大讨论就此拉开序幕。讨论伊始,不仅编辑部多少有些心怀忐忑,就是读者也相当疑惧,有人干脆怀疑发表这封信就是一个“圈套”,为了引诱出青年的真实思想,再加以“围剿”。1980 年 6 月 18 日下午,曾担任过《中国青年》主编的胡乔木(时任党中央书记处书记)来到编辑部,和编辑部负责人座谈,高度评价了这场讨论。1980 年第 8 期的《中国青年》以《胡乔木同志关心人生意义的讨论》为题发表了他的讲话摘要,胡乔木称“这个讨论引起了千百万人的关心和兴趣,我也是这千百万中的一个。这是一场很有意义的讨论,凡是关心青年一代的成长的人都应该有兴趣”。从第 7 期开始,《中国青年》将每期的讨论版面从 8 页扩充到 20 页。据统计,从第 5 期到当年第 12 期,《中国青年》共发表 110 多位读者的稿件,近 20 万字。其中,像武汉大学历史系三年级学生赵林写的《只有自我才是绝对的》等文章,激起了更多的观点碰撞。在此期间,《中国青年》收到读者来信来稿 6 万多件,其中不少稿件是几十、上百个青年联名写的。与此同时,《中国青年》也创下了发行 397 万份的中国杂志发行最高纪录。当年关注并参与到这场“人生价值观大讨论”中的媒体不止《中国青年》一家,还有《中国青年报》《工人日报》,《人民日报》也在讨论的关键节点上几次转载过《中国青年》的文章。这些媒体的发行量在 20 世纪 80 年代初都数以百万计,阅读面更广。因此说这一讨论是一场在媒体平台上开展的、全民参与(青年为主)的思想启蒙运动,并不为过。

它最重要的“启蒙”意义在于第一次鲜明提出并广泛讨论了“主体”的问题。正是在这次讨论中,很多青年“第一次知道了‘自我’这个词,第一次认真考虑在社会统一的宏大目标之下还存在着自我价值、自我设计和自我追求”。[①] 同时,更多的人还在思考“自我”与“社会”的关系,不管当时的表达是否显得幼稚或肤浅,但这种“思考”本身就是“主体性”解放

① 李春玲:《“潘晓讨论”是非功过评说——访关志豪、谢昌奎、魏群》,《青年研究》1993 年第 9 期。

的一个重要步骤。在思考中,长久以来对青年的教育方式也成为反思的重点。过去的教育是一种“全红式”的教育,青年读者来信中提到这种理想教育是:把我们关在一个封得严严实实的小屋子里,只开着一个小小的窗口,而窗口上面放满鲜花,我们就以为外面全是鲜花,但当我们走出自己的小屋步入社会时才发现根本不是这么回事,我们难以接受这个真实的现实。从社会发展来看,80 年代初在媒体上掀起的人生价值观大讨论蕴含的这两点反思具有十分重要的意义。在承上启下、继往开来的“新”时代的起点,它实际上体现了一种试图建构与新时代相匹配的社会价值观念体系的努力。以《中国青年》为代表的媒体凭借着灵敏的嗅觉捕捉到了这一迹象,并以较大的勇气积极搭建了一个相对开放、宽容的讨论平台,可谓功不可没。但也不得不指出的是,媒体包括社会精英在当时其实都没能很准确地意识到这一场讨论的深刻价值。

在“潘晓讨论”之前,《中国青年》在 1949 年到 1966 年就进行过 30 多次读者讨论,问题有“应该根据什么来建构我们的远大理想?”“青年应该成为什么样的人?”“什么是青年的幸福”等。“潘晓讨论”可以说是《中国青年》驾轻就熟的一种工作方式。1978 年,为筹备复刊,《中国青年》复刊领导小组组织全社的人分成 7 路深入到农村的生产队、工厂的车间和学校的老师中去调查,了解青年人的想法。结果发现青年中普遍存在着一种委屈受骗和看破红尘、讲实惠的情绪。“潘晓”原型的两位主人公就是在调查中发现的。针对这种普遍的社会情绪,编辑部决心要在青年群体中发起一场人生意义的大讨论,重建被“文革”破坏了的精神信仰,“通过青年们的自我教育,互相启迪,重新唤起他们对人生的热爱”①。因此这场讨论尽管在一开始由于一些领导者的宽容和媒体的有意推促,显得相当令人惊喜,但自始至终这场讨论还是一场典型的媒体“引导”青年的教育运动。也正因此,当领导者发现“教育”的效果并不好时(如人们更多记住的是“主观为自己,客观为别人”这样的观点),很快就改变了原先

① 李春玲:《“潘晓讨论”是非功过评说——访关志豪、谢昌奎、魏群》,《青年研究》1993 年第 9 期。

的支持态度，讨论也很难再继续下去。

《中国青年》在前期调查中发现了两位不惮于把人生苦闷“倾倒”出来的青年——北京第五毛衫厂青年女工黄晓菊和北京经济学院二年级学生潘祎，并在黄晓菊来信的基础上整合了潘祎的一些观点，以一个“合成”的思想典型“潘晓”为名，发表了那封引起巨大关注的读者来信。严格来说，这种“媒介策划”方式有编辑部过分“导演”的痕迹，也表明从一开始《中国青年》就是要树一个具有象征性和代表性的抽象的“思想”代表人物，而不是还原到日常生活情境中的具体的某一个人。这种操作方式在顺利地把“潘晓”式问题普遍化的同时，却也终究无法回避读者对生活语境中“潘晓”其人的好奇。讨论开始的不久，就出现了一些传言，说潘晓并无其人，是编辑部捏造的。接着又出现了被误认为“潘晓”的人。如一个山东威海的女青年，因为经历与潘晓相似，硬被人说成“潘晓”。[①]在这种情况下，《中国青年》杂志安排一位副总编带着黄晓菊和黄所在单位的党支部书记接受了央视的采访，节目在 1980 年 8 月 20 日的《新闻联播》中播出。这下黄晓菊出名了，但非议也接踵而至。到 1980 年 9 月，讨论的外部氛围已经变得微妙。9 月 23 日，《工人日报》内刊《情况参考》第 212 期刊登了两篇读者来信，其中一篇名为《邻居眼里的潘晓》，对黄晓菊在日常生活中的为人处世进行了批评。几天后，中宣部《宣传要闻》第 74 期转发了这两封信。胡耀邦在其上做了批示：“请有关部门查查这件事，报刊、电台有个猎奇的思想，没有解决好……”[②]10 月 7 日，中宣部在有各主要新闻单位参加的例会上传达了该批示。当年 12 月，《中国青年》宣布潘晓讨论结束，并在第 12 期的杂志上刊登了一篇标志收束的文章《六万颗心的回响》。次年 3 月，《中国青年》杂志社又特别组织撰写了更为全面深入的总结文章《献给人生意义的思考者》。该文认为：重新探索人生意义是历史的需要，而青年应该投身到正确的历史进程中去寻找生活的意义。该文被《人民日报》和《中国青年报》转载。

---

① 马立诚：《1980 年“潘晓来信”事件揭秘》，《读书文摘》2009 年第 9 期。

② 彭苏：《28 年“潘”+“晓”》，《南方人物周刊》2008 年第 4 期。

至此,潘晓讨论宣告结束。但在1983年清除精神污染运动中,《中国青年》又因组织潘晓来信遭受巨大压力。当年12月,华中工学院党委向中央有关部门送上一份题为《〈中国青年〉〈中国青年报〉关于人生意义讨论散布大量错误观点必须澄清的材料》,对此胡耀邦批示说:“这件事用不着再大肆折腾,注意一下就可以了。”12月6日,杂志编委会向团中央书记处写了一份检查,承认这场讨论在“客观上对这几年的资产阶级极端个人主义思潮起了推波助澜的作用”①。当年6月,杂志社原总编关志豪已被调离,当年还发了类似《从潘晓到张海迪》这样的文章,以期消除影响。1984年第1期《中国青年》又发表《“主观为自己,客观为别人”错在哪里?》,在编者按中,杂志社向社会作了公开检讨。

从表面上看,这场讨论的黯然收场源于政治大气候的变化和领导层的出面干涉。但实质上它显示出八十年代思想启蒙中的一个巨大难题——人的主体价值的重建。当年的一大批知识分子包括记者都曾信心满满地要指点出一条“现代化”的道路,但站在21世纪回望那段历史,正如有学者指出的:“令人遗憾的是,当时不仅国家,而且知识界都对这样一种时代精神伦理状况、时代精神伦理课题没有足够清楚的意识与思考。”②从同时期的文学文本的变化中也可看到这一端倪:“文革”中和甫一结束的“伤痕叙事”构建了一个鲜明的“受害者”与“加害者”的二元对立,人的主体性和反思性并未彰显。很快,“改革文学”又以一种热情洋溢的姿态预言了一个近在咫尺的社会和个人的现代化道路。然而恰恰是在这样的时代,潘晓式的苦闷依然存在,而社会精英与前辈对本应成为建设主体的青年的“指导”并未得到理想的回应。对这种情绪更为敏感的文学作品很快出现了宣告“指导”模式失效的无主题文学、荒诞派小说等。与文学线索相交织的是:媒体在“潘晓讨论”后又陆续有过一些价值观讨论,但都没能再次引起像“潘晓讨论”那么大的影响力。1988年媒体对“蛇口风波”(“青年教育专家与蛇口青年座谈会”风波)的报道,更是能

---

① 彭苏:《28年“潘”+“晓”》,《南方人物周刊》2008年第4期。

② 贺照田:《从“潘晓讨论”看当代中国大陆虚无主义的历史与观念成因》,《开放时代》2010年第7期。

看出原有的教育模式的失效。但是,新的模式并未建立起来。在迷茫中,在困惑中,曾经出现在“潘晓讨论”中的真诚的理想主义愈发远去了。

这当然是一个远远超出新闻媒体能力的时代命题。但无论如何,在媒体上开展的这场大讨论揭开了社会精神层面问题的面纱——尽管并未找到最佳答案(在当时的条件限制下,也许也不可能找到)。答案和寻找答案的方式,都有待更充分、更彻底、更开放的全民讨论,而绝非不许讨论。因此对于《中国青年》来说,开展讨论本身也许就是这场讨论的最大的意义——它为青年提供了倾吐苦闷的渠道,它引起了社会对精神层面问题的真切关注。与时代的脉搏跳动在一起,与读者的心跳动在一起,记录并保留社会历史进程的真实脚本——这正是媒体应该做的。

代表作

潘晓:《人生的路呵,怎么越走越窄……》,《中国青年》1980 年第 5 期。

人生的路呵,怎么越走越窄……

编辑同志:

我今年 23 岁,应该说才刚刚走向生活,可人生的一切奥秘和吸引力对我已不复存在,我似乎已走到了它的尽头。回顾我走过来的路,是一段由紫红到灰白的历程;一段由希望到失望、绝望的历程;一段思想长河起于无私的源头而终以自我为归宿的历程。

过去,我对人生充满了美好的憧憬和幻想。小学的时候,我就听人讲过《钢铁是怎样炼成的》和《雷锋日记》。虽然还不能完全领会,但英雄的事迹也激动得我一夜一夜睡不着觉。我还曾把保尔关于人生意义的那段著名的话:“人的一生应当这样度过:当回忆往事的时候,他不会因为虚度年华而悔恨,也不会因为碌碌无为而羞愧……”工工整整地抄在日记本上的第一页。日记本记完了,我又把它抄在第二个本上。这段话曾给我多少鼓励呀。

我想,我爸爸、妈妈、外祖父都是共产党员,我当然也相信共产主义,我将来也要入党,这是毫无疑义的。

后来我偶然看到一本过去出的小册子《为谁活着,怎样做人》。我看了又看,完全被迷住了。我开始形成了自己最初的,也是最美好的对人生的看法:人活着,就是为了使别人生活得更美好;人活着,就应该有一个崇高的信念,在党和人民需要的时候就毫不犹豫地献出自己的一切。我陶醉在一种献身的激情之中,在日记里大段大段地写着光芒四射的语言,甚至一言一行都模仿着英雄的样子。

可是,我也常隐隐感到一种痛苦,这就是,我眼睛所看到的事实总是和头脑里所接受的教育形成尖锐的矛盾。在我进入小学不久,“文化大革命”的浪潮就开始了,而后愈演愈烈。我目睹了这样的现象:抄家、武斗、草菅人命;家里人整日不苟言笑;外祖父小心翼翼地准备检查;比我大一些的年轻人整日污言秽语,打扑克、抽烟;小姨下乡时我去送行,人们一个个掩面哭泣,捶胸顿足……我有些迷茫,我开始感到周围世界并不像以前看过的书里所描绘的那样诱人。

我问自己,是相信书本还是相信眼睛,是相信师长还是相信自己呢?我很矛盾。但当时我还小,我还不能对这些社会现象进行分析。况且过去的教育赋予了我一种奇怪的能力,这就是学会把眼睛闭上,学会说服自己,学会牢记语录,躲进自己高尚的心灵世界里。可是,后来就不行了,生活的打击向我扑来。那年我初中毕业,外祖父去世了。一个和睦友爱的家庭突然变得冷酷起来,为了钱的问题吵翻了天。我在外地的母亲竟因此拒绝给我寄抚养费,使我不能继续上学而沦为社会青年。我真是当头挨了一棒,天呵,亲人之间的关系都是这样,那么社会上人与人的关系将会怎样呢?我得了一场重病。病好后,借助几个好同学的力量,给街道办事处写信,得到了同情,被分配在一家集体所有制的小厂里,开始了自食其力的生活。那时候,我仍然存在着对真善美的向往,也许家庭的不幸只是一个特殊的情况,我现在已经踏上了生活,生活还是充满诱惑力的,她在向我招手。

但是,我又一次失望了。

我相信组织。可我给领导提了一条意见，竟成了我多年不能入团的原因……

我求助友谊。可是有一次我犯了一点过失时，我的一个好朋友，竟把我跟她说的知心话悄悄写成材料上报了领导……

我寻找爱情。我认识了一个干部子弟。他父亲受"四人帮"迫害，处境一直很惨。我把最真挚的爱和最深切的同情都扑在他身上，用我自己受伤的心去抚摸他的创伤。有人说，女性是把全部的追求都投入爱情，只有在爱情里才能获得生命的支持力。这话不能说没有道理。尽管我在外面受到打击，但我有爱情，爱情给了我安慰和幸福。可没想到，"四人帮"粉碎之后，他翻了身，从此就不再理我……

我躺倒了，两天两夜不吃不睡。我愤怒，我烦躁，我心里堵塞得像要爆炸一样。人生呵，你真正露出了丑恶、狰狞的面目，你向我展示的奥秘难道就是这样!?

为了寻求人生意义的答案，我观察着人们，我请教了白发苍苍的老人，初出茅庐的青年，兢兢业业的师傅，起早摸黑的社员……可没有一个答案使我满意。如说为了革命，显得太空不着边际，况且我对那些说教再也不想听了；如说为名吧，未免离一般人太远，"流芳百世""遗臭万年"者并不多；如说为人类吧，却又和现实联系不起来，为了几个工分打破了头，为了一点小事骂碎了街，何能侈谈为人类？如说为吃喝玩乐，可生出来光着身子，死去带着一副皮囊，不过到世上来走了一遭，也没什么意思。有许多人劝我何必苦思冥想，说，活着就是为了活着，许多人不明白它，不照样活得挺好吗？可我不行，人生、意义，这些字眼，不时在我脑海翻腾，仿佛脖子上套着绞索，逼我立即选择。

我求助人类智慧的宝库——拼命看书，希望从那里得到安慰和解答。我读了黑格尔、达尔文、欧文的有关社会科学方面的著述；读了巴尔扎克、雨果、屠格涅夫、托尔斯泰、鲁迅、曹禺、巴金等人的作品。可是，看书并没有使我从苦恼中得到解脱。大师们像刀子一样犀利的笔把人的本性一层层地揭开，让我更深刻地洞见了人世间的一切丑恶。我惊叹现实中的人与事竟和大师们所写的如此相像，不管我沉陷在书本里还是回到现实中来，看到的都是一个个葛朗台、涅赫留道夫式的人物。我躺在床上辗转反侧，想呀，使劲地想，苦苦地想。慢慢地，我平静了，冷漠了。社会达尔文主义给了我深刻的启示。人毕竟都是人哪！谁也逃不脱它本身的规律。在利害攸关的时刻，谁都是按照人的本能进行选择，没有一个真正虔诚地服从那平日挂在嘴头上的崇高的道德和信念。人都是自私的，不可能有什么忘我高尚的人。过去那些宣传，要么就是虚伪，要么就是大大夸大了事实本身。如若不然，请问所有堂皇的圣人、博识的学者、尊贵的教师、可敬的宣传家们，要是他们敢于正视自己，我敢说又有几个能逃脱为私欲而斗争这个规律呢?！过去，我曾那么狂热地相信过“人活着是为了使别人生活得更美好”，“为了人民献出生命也在所不惜”。现在想起来又是多么可笑！

对人生的看透，使我成了双重性格的人。一方面我谴责这个庸俗的现实；另一方面，我又随波逐流。黑格尔说过：“凡是现实的都是合理的，凡是合理的都是现实的。”这几乎成了我安抚自己、平复创伤的名言。我也是人。我不是一个高尚的人，但我是一个合理的人，就像所有的人都是合理的一样。我也挣工资，我也计较奖金，我也学会了奉承，学会了说假话……做着这些时，我内心很痛苦，但一想起黑格尔的话，内心又平静了。

当然，我不甘心浑浑噩噩、吃喝玩乐了此一生。我有我的事业。我从小喜欢文学，尤其在历尽人生艰辛之后，我更想用文学的笔把这一切都写出来。可以说，我活着，我现在所做的一切，都是为了它——文学。

然而，似乎没有人能理解我。我在的那个厂的工人大部分是家庭妇女，年轻姑娘除了谈论烫发就是穿戴。我和他们很难有共同语言。他们说我清高，怪癖，问我是不是想独身。我不睬，我嫌他们俗气。与周围的人格格不入，常使我有一种悲凉、孤独的感觉。当我感到孤独得可怕时，我就想马上加入到人们的谈笑中去；可一接近那些粗俗的谈笑，又觉得还不如躲进自己的孤独中。

我自己知道，我想写东西不是为了什么给人民做贡献，什么为了四化。我是为了自我，为了自我个性的需要。我不甘心社会把我看成一个无足轻重的人，我要用我的作品来表明我的存在。我拼命地抓住这唯一的精神支柱，就像在要把我吞没的大海里死死抓住一叶小舟。

我体会到这样一个道理：任何人，不管是生存还是创造，都是主观为自我，客观为别人。就像太阳发光，首先是自己生存运动的必然现象，照耀万物，不过是它派生的一种客观意义而已。所以我想，只要每一个人都尽量去提高自我存在的价值，那么整个人类社会的向前发展也就成为必然的了。这大概是人的规律，也是生物进化的某种规律——是任何专横的说教都不能淹没、不能哄骗的规律！

按说，一个人有了事业，就会感到充实、快乐、有力量。可我却不是这样，好像我在受苦，在挣扎，在自己折磨自己。我处处想表现出自己是强者，可自知内里是脆弱的；我工资很低，还要买大量的书和稿纸，这使我不得不几角钱几分钱地去算计……我有时会突然想到，我干嘛非要搞什么事业，苦熬自己呢？我也是一个人，我也应该有一个温暖幸福的小家庭，去做一个贤惠的妻子、慈爱的母亲。再说，我真能写出什么来吗？就算是写出来了，几张纸片就能搅动生活，影响社会？我根本不相信。

有人说，时代在前进，可我触不到它有力的臂膀；也有人说，世上有一种宽广的、伟大的事业，可我不知道它在哪里。人生的路呵，怎么越走越窄，可我一个人已经很累了呀，仿佛只要松出一口气，就意味着彻底灭亡。真的，我偷偷地去看过天主教堂的礼拜，我曾冒出过削发为尼的念头，甚至，我想到过死……心里真是乱极了，矛盾极了。

编辑同志，我在非常苦恼的情况下给你们写了这封信。我把这些都披露出来，并不是打算从你们那里得到什么良方妙药。如果你们敢于发表它，我倒愿意让全国的青年看看。我相信青年们的心是相通的，也许我能从他们那里得到帮助。

潘　晓

1980 年 4 月

参阅作品

《中国青年》编辑部：《献给人生意义的思考者》1981 年第 6 期。

体育报道的强国梦与民族心

20世纪80年代的竞技体育报道(广义上的,包括媒体转播解说的赛况和报告文学等),因其广泛的影响力和激起的巨大情感涟漪,使得这一本属于专业领域的新闻产品,不折不扣地成为某种时代奇观。有学者将这种现象称为“政治泛化”时期的体育报道。为何独独在80年代,竞技体育报道表现出如此强烈的价值指向并应和着同样热烈的社会情绪?它与此前以及此后的体育报道有何不同?对这种独特性的思考恐怕正是理解80年代体育新闻奇观的一把钥匙。

80年代之前的体育报道是逐渐被纳入到既定的政治逻辑之中的,意识形态色彩渐进式增加。50年代体育赛事报道没有表现出很强的意识形态倾向,最主要的原因还是客观条件不允许。当时中国参与的国际赛事多为与苏联或东欧社会主义国家举行的友谊赛,参加竞技性的世界级别的重大比赛很少,更不要说取得好成绩了。例如,50年代中期,新华社较为关注的几名运动员,如第一次打破世界纪录的举重运动员陈镜开、第一次打破世界跳高纪录的女运动员郑凤荣都是在国内参加的比赛,或者是与友好国家的友谊赛,或者是国内的运动会。他们虽然打破了世界纪录,但并未和世界各国的运动员同场竞技。所以,在硬件不足的情况下,50年代的绝大部分时间里,新闻媒体对体育赛事的报道只是点到为止,没有做过多的阐发。

在世界体坛上,中国运动员获得的第一个有分量的世界冠军是1959年容国团在第25届世界乒乓球锦标赛男单比赛中的夺魁。也正是从这时开始,把体育比赛赋予高度的政治性,并将之与新社会的光明伟大相联系的界定模式逐渐成形了。如《文汇报》长篇通讯《成就来自集体 光荣归于祖国》提到:容国团之所以在决赛中战胜了美国选手迈耳斯,是集体战术意图的胜利。在集体中,容国团不仅学到了全面的技战术,从原来只有"两个半套"本领的年轻人变成了驰骋世界乒乓球坛的"多面手",更重要的是,在集体的教育和帮助下,他转变了思想,从一个"被香港腐朽的社会制度戕害过的青年人"到逐渐明确认识到"打球也是社会主义事业的一部分"。[①] 这篇报道最引人注目的地方就是用不容置疑的语气把容国团在比赛中的胜利视为无产阶级集体主义观念引导下体育战线必然取得的成果。"文革"期间报道跳高运动员倪志钦打破世界纪录的《跃向新高度》更是体现了用体育成绩来印证凸显无产阶级革命伟大胜利的极端模式。如报道中提到倪志钦此前比赛的失利,就是个人名利思想作怪,"怕自己出不了名,结果腿软眼花,稀里糊涂地败下阵来"。而解决的办法则是学习毛主席著作,从世界观上找原因,因此,当倪志钦真正认识到了"个人跳高的好坏,原来是与祖国荣誉紧紧相连的""跳高,这里面包含着政治",他才获得了一种崇高的精神动力。拥有了这种精神动力,使得他最终必然能获得成功。把每一次比赛的胜利都视为是政治思想的胜利,甚至把体育比赛过程中出现的运动员思想波动、成绩起伏,都看成是政治斗争的战场,这就完全把体育赛事看成了政治活动本身,既无视体育本身的专业性,也无视体育竞技的人文性。在这种界定方式下,这一时期的体育报道因为只能在少数几场获得了胜利的比赛上做文章,因而在很长一段时间内都没有成为一个重要的报道领域。

而进入 80 年代,体育报道却突然大放异彩。其原因一方面是客观上改革开放推促了体育领域的"走出去""引进来",中国开始深度参加世界体育竞争。重大赛事多了,给体育报道的兴盛创造了外部条件。另一方面,也是更重要的原因则是体育新闻建构方式的内在改变和调整。80 年代的体育报道虽然承接了 50 年代以来体育新闻"政治化"的巨大惯性,

---

① 《成就来自集体光荣归于祖国——记乒乓球世界男子单打冠军容国团》,《文汇报》1959 年 6 月 14 日。

但在“政治性”的内涵上则从此前的“政治思想路线的必然胜利”转变为“民族尊严和荣誉的集中体现”。

这一转变的影响是显而易见的：新的界定方式大大拓展了体育报道的意义空间，将此前的僵化死板而且风险很大的对政治路线的印证，扩展为更具稳定性和持久性的民族自豪感和爱国主义，这必然会大大加强体育报道对社会心理的召唤力量。

最早将80年代体育报道与爱国、民族情结高度挂钩的新闻代表作是《“团结起来，振兴中华！”》。报道不仅淋漓尽致地描绘了在排球世界杯资格赛中中国男子排球队以三比二逆转韩国队（当时称南朝鲜队）后，北大学子欢庆胜利的场景，而且通过对“喊口号”“唱国歌”“挂标语”“游行”等行为的描写，把一场今天看来并不起眼的比赛（男排的亚洲出线战）与爱国情结和民族自豪感链接起来。而这种链接，在报道中又通过评论语境的置换被延伸和放大。比如，报道在对学生们唱国歌的情节进行描写后点评道：“中华正在振兴，祖国正在崛起。”再比如，报道的最后，把北大学子的声音暗示引申为十亿中国人民的共同心声等。笔者一次曾无意中听经历过此次活动的老北大人复述当时的情节，虽大致内容一样，但似乎“狂欢节”的氛围更浓重，而爱国情绪和民族自豪感其实不像报道中表达得这样清晰。这位老北大人提到的一个细节是，当时兴奋的学生在校内游行，后来感到在校内走不过瘾，因此想到清华去。所以当时喊出了“挺进清华”的口号。该叙述人称后来不知道怎么回事，新闻中就变成了“振兴中华”的口号了。无独有偶，另一位老北大人，哲学系1979级学生彭兴业也回忆了那个难忘的夜晚，他也提到口号的前身是“团结起来，振兴清华”，后来才改成“振兴中华”。①

这两个亲历者的私人叙述与成为经典的新闻报道相比，更显得兴味盎然。比如，他们都提到了“振兴中华”口号的前身这个有趣的插曲（虽然两者在细节上也不太一样，但考虑到学生自发欢庆场面的热烈程度，在

---

① 彭兴业：《3·20不眠夜：“团结起来振兴中华”口号诞生记》，收录于红网改革开放30年频道，http://news.rednet.cn/c/2008/03/14/1461129.htm。

这样的活动中口号传来传去字眼不同了,或后队不了解前队发生的事,并不是没有可能的)。很显然,北大学子的这种自发的欢庆,除新闻报道中着力张扬的爱国热潮外,也有很多单纯的“狂欢”因素(这恰是体育竞技赛事带给大众的魅力之一),却不在新闻报道的建构范畴之内。

如果以此为个案来讨论80年代体育赛事报道的建构范式,不难看出,体育赛事与国家民族的高度联系至少出于以下三个原因:(1) 80年代中国体育项目突破很多。仅1981年1—3月,就有体操运动员童非在巴黎大奖赛上为祖国争得三金、两银、一铜,世界冰球锦标赛C组比赛,中国队六胜一负,获得亚军,进军B组,射击选手迟宁文平了男子小口径自选步枪卧射的世界纪录以及中国男足在世界杯外围赛上4:2逆转朝鲜队等。短期内,一系列胜利的体育比赛汇聚起来,无疑使人感到一种强大、自信的力量。

而这种力量又与(2)中国人被压抑已久而亟待释放的民族情绪,结合在一起。从晚清至民国,内忧外患,几无宁日。战火纷扰、政治糜烂、老大中国暮气沉沉,故此,梁启超才要以“少年中国说”来警醒世人。及至新中国成立,百废待兴,然而这样的努力实行未久,便有多次政治运动的干扰乃至十年“文革”的浩劫。直到改革开放,可以说中华民族才算是走上了建设与发展的快车道。而与此同时的国门开放,又让闭塞已久的国人看到了世界真景。可以说,内怀百年强国梦的中国人,强烈需要在世界舞台上被认可和尊重,强烈需要重新树立中华民族的自尊与自信。这种复杂而深广的民族情绪与80年代初体育项目的多项突破结合在一起,很自然地就成为引人关注的焦点。正如陈家琪回忆的,“体育比赛在我们心目中从来就不只是单纯的体育比赛。1981年体育比赛的一系列胜利,在我们心中激起的反应是压抑中的情感爆发,是发泄中的心理快感,是表现中的自我满足。”①

① 陈家琪:《1981年:“团结起来,振兴中华”》,《新京报》2008年4月12日。

(3)新闻媒体的放大效应。就像上文所分析的,体育赛事在80年代成为焦点既有客观的原因,又有深刻的民族心理,而新闻媒体在80年代对体育赛事报道的建构则用明确、不容怀疑的语言确定了体育赛事与民族国家荣誉的联系。从对男排出线赛观后感的互文分析可知,新闻媒体的界定方式不仅更为强烈直接,而且排除了私人叙述中的“狂欢”成分,也就是说,新闻媒体的建构使得体育赛事的意义归属唯一化了,摒弃了其与其他意义所指的连接可能。

此外,80年代开创的体育报道界定方式与50年代开始的体育报道界定方式的不同之处还在于:在后者看来,胜利是必然的,失败的赛事报道很难纳入到这一报道逻辑中来;而在前者看来,胜利却来之不易(象征着中华民族必须经历风雨才能最终崛起的历程),它需要个人和集体的顽强拼搏与奋斗。胜利,不仅可以大大鼓舞民族自豪感,而且在获取胜利之路上的所有奋斗与努力都被视为是顽强拼搏的民族精神的代表。

80年代影响最大的体育新闻还要数对中国女排的报道(男排在成绩上无法与女排相提并论,因此很快将体育精神的诠释者“让位”给女排)。其感人之处,不仅在于女排获得的五连冠的骄人战绩(尽管成绩是引人关注的前提),更在于媒体对成绩背后的顽强拼搏的“女排精神”的着力刻画与渲染。鲁光在女排第一次夺冠前写的报告文学《中国姑娘》,因女排后来果然夺冠,一时间洛阳纸贵起来。而《中国姑娘》中对女排运动员平时刻苦甚至残酷的训练状况的描写,反过来又给获取的冠军奖杯赋予了更加振奋人心的精神内涵:正是超负荷的付出、汗水、伤病、挫折,构成了中国女排通往冠军宝座的荆棘之路。而这种精神恰恰是作者所着力把握的“灵魂”:“这是一曲振奋人心的搏斗之歌。它的主旋律,就是祖国的荣誉高于一切!人们把体育比喻为一个民族精神的橱窗。那么,就让我们打开中国女排这个小的窗口,看一看我们中华民族应有的精神风貌吧!”

这种媒介建构的正面意义在于提倡了一种团结、拼搏、昂扬的时代精神,并且在民族、国家这样的宏大叙事中凝聚起社会的力量。仅此一点,80年代体育报道蕴含的能量就足以让人惊叹、感佩。或者换句话说,是时代、社会的发展在此时已经积蓄起的巨大势能正好在媒体对体育赛事的建构中得到了完美的呈现与释放。但是,这种媒介建构亦存在着风险,尤其是当体育报道的民族国家意义建构模式变得极端化之后(这是很容易出现的),体育比赛在事实层面的不确定性与意义归属上的明确指向的矛盾就凸显了。当比赛失利(尤其是一再失利或重大失利)时,媒体原先自信、热情、饱满的叙述基调势必面临着强烈的冲击。媒体上先是出现了很多愤怒与指责,如一旦比赛失败,很多新闻报道的建构方式就是从运动员的思想品质上总结原因,认为运动员存在"骄娇"二气,不够顽强,不能合格地体现中华民族的精神力量。女排在 1988 年汉城奥运会的落败使得国人和媒体都无法接受这巨大的落差,于是在媒体笔下,昨日"可爱的女排姑娘"成了"历史的罪人","女排的拼搏精神"一夜之间换成了"作风不顽强,娇骄二气"等词眼。面对不少新闻媒体的这种想当然的"归罪",曾是女排老队员、时任女排领队的张蓉芳和队员杨锡兰无奈地发表了一封公开信,指责一位军报记者"没有采访过我们女排任何人——从队员、教练、领队到分管排球的领导,却令人吃惊地捏造出不少细节,编造出不少我们这些当事人从未说过或是篡改了原意的'原话'"。继而,媒体也开始反思。这意味着体育报道建构模式面临着再次调整。

一些颇有远见者意识到了把体育比赛与民族荣誉和爱国主义过分挂钩后带来的危险,赵瑜在他著名的体育报告文学《强国梦》和《兵败汉城》中对"金牌至上""名次第一"等功利追求行为做了犀利的批评。在《强国梦》中,这位作者一上来就提出了这样的问题:"当五星红旗升起的时候,大伙儿都跳、都哭。如果输了呢?大伙就骂、就砸、就闹事。一个在心理上再也输不起的民族。中国女排的姑娘们已经是五连冠了。压在她们肩上的是民族和历史的沉重责任。假如下一次她们输了呢?"①作者认为国人过分地看重体育比赛的胜负,用举国体制、奥运战略办体育,急切地期

① 赵瑜:《强国梦》,《当代》1988 年第 2 期。

望在短期内有较大的突破，是把金牌异化了，体育扭曲了它本来应有的面貌，片面地成为负载着中国人强国梦的一个缩影。这是体育不能承受之重。《强国梦》在《当代》杂志发表后，一时洛阳纸贵，根据香港《大公报》1988 年 12 月 4 日的报道，当时正在天津比赛的八一体工队队员，闻讯排队抢购《当代》杂志；北京体育学院墙报登出《强国梦》摘要，校内大量复印《强国梦》原文。《新华文摘》《光明日报》等 30 多家报刊进行转载或介绍。然而，批评和质疑的声音也不少。当时《中国体育报》就多次发表批评文章，有些直接说《强国梦》的政治倾向不好。然而，1988 年 10 月份，中国体育代表团在汉城奥运会上的惨败，完全印证了赵瑜的观点。很多人又要求“重读《强国梦》”，“把《强国梦》从废纸篓里捡回来”。《强国梦》和此后《兵败汉城》的发表，可视为是人们在 80 年代末对此前延续几年的体育热的一个反思。而事实也证明，把体育赛事与爱国主义和民族意志过分挂钩，不仅在逻辑上无法持久，而且也不利于体育自身的发展。

80 年代体育报道突然迸发出的超强能量，毫无疑问是一个时代的产物，它也再次见证了新闻与时代密不可分的关系。因此，80 年代体育报道在国家民族层面的建构模式，其形成、兴盛与调整反思也只能是一个历史过程，而很难站在规范理论的立场上去预判或褒贬。值得欣慰的是，恰恰是经历过 80 年代体育报道的热潮及反思，人们现在反而能更从容更轻松地品鉴欣赏体育的人文精神，对金牌、胜负也更多了一份平常心。这可说是对 80 年代体育报道模式的一种扬弃——一方面给体育报道“松绑”，另一方面也提醒人们体育活动背后连接着的精神指向和意义归属。尤其是在当下一些媒体出现将体育新闻“暴力化”“江湖化”“庸俗化”倾向的时候，80 年代的体育报道又从另一个侧面提供了参照系：那就是真正鼓舞人、感动人，有影响力的不会是煽色腥的哗众取宠和低级趣味，而只能是对人类精神和人性光华的敏锐捕捉、细致挖掘和深层观照。

代表作

毕靖、徐光耀:《"团结起来,振兴中华!"》,新华社,1981 年 3 月 22 日。

"团结起来,振兴中华!"

1981 年 3 月 20 日深夜,广播里传出了好消息:中国男子排球队在争夺世界杯排球赛亚洲区预赛的关键一战中,先输两局,奋起直追,扳回 3 局,终以 3 比 2 战胜南朝鲜队,取得参加世界杯排球赛的资格。

守候在收音机旁的北京大学的学生们欢跃雀跳,11 座宿舍楼的 4000 多名学生不约而同拥出房门。顿时,在楼群间的空地上,欢呼声、口号声此起彼伏,一浪高过一浪。

"祖国万岁!"

"中国万岁!"

"团结起来,振兴中华!"

"向我国排球健儿致敬!"

人们热情飞扬,心里乐开了花。有的一个劲儿地敲起了手鼓、响铃;有的找来废木棍和别的什么燃起了火炬。

突然间,有幢楼的三层窗口还有人挂出了大幅标语,赫赫然四个大字:"中国万岁"。可爱的青年们,翘首欢呼,热烈鼓掌。

不知是谁提议:"我们游行吧!"

于是,浩浩荡荡的队伍以红旗为先导,从学生宿舍开始向未名湖进发。口号声和鼓声划破了夜空,熊熊火炬映红了湖水……

游行队伍回到宿舍区,有一个同学提议:"我们一起来唱国歌吧!"

这时,38 号楼 3 层窗口传出了嘹亮的铜号声,吹起了中华人民共和国国歌的前奏。

国歌,人们唱了一遍又一遍,唱了好几遍。庄严的歌声在校园回荡,青年们的心中洋溢着对祖国的伟大的爱。

中华正在振兴，祖国正在崛起。

中华体育健儿近日连连为祖国争光，他们在一系列国际比赛中所表现的精神风貌和高超技艺多么激动人心啊！

我们中华民族“有自立于世界民族之林的能力”。

“团结起来，振兴中华！”

这是富有光荣革命传统的北大学生的喊声。

参阅作品

1. 鲁光：《中国姑娘》，《当代》1981 年第 5 期。
2. 赵瑜：《强国梦——当代中国体育的误区》，《当代》1988 年第 2 期。

第三编

改变新闻“语态”

“春天”的故事

“一九七九年那是一个春天/有一位老人在中国的南海边/画了一个圈……一九九二年又是一个春天/有一位老人在中国的南海边/写下诗篇……”这首在20世纪90年代中期创作的歌曲《春天的故事》经董文华在1997年央视春晚舞台上的演唱,迅速传遍大江南北。这首歌用通俗的语言表达了人们对改革开放二十年以来历史发展的认知——十一届三中全会召开之后迎来了一个“春天”,邓小平南方讲话又迎来一个“春天”。这两个“春天”的直观感受,也正如歌曲所传唱的那样,都与“一位老人”邓小平息息相关。原中宣部副部长龚育之在党史框架内这样论述这两个时间节点:“如果说,1978年邓小平《解放思想,实事求是,团结一致向前看》那篇讲话,实际上成为十一届三中全会的主题报告,是标志着新时期开端的一篇解放思想的宣言书,那么1992年邓小平南方谈话,则是标志着新时期的历史发展进入新阶段的、解放思想的宣言书。”①当然,这一过程在有些学者看来是更为曲折、复杂的“改革—中断—二次改革”的历程。但有意思的是,无论在类似于《春天的故事》这样的大众文化作品还是在新闻报道中,这一历史进程常常被表述为“一个春天”和“又是一个春天”——简单自然,面向未来而非回溯过去,并且充满希望。

事实上,无论是第一个“春天”还是第二个“春天”,都正处在改革开放进程中关键性的历史时刻。本书在第二编的部分章节里提到了第一个“春天”来临时,新闻界在拨乱反正、解放思想等问题上与政治力量的复

---

① 魏和平、何敬中:《百年新闻聚焦》,中国经济出版社2001年版,第307页。

杂关系。同样，在第二个“春天”来临时，时局亦处在“破冰待出”的关口——国际，苏联解体东欧剧变；国内，北京政治风波。内政外交的压力巨大。新闻界也从80年代总体上激荡改革的状态转入一个为期不短的整顿时期：1989年10月14日，国务院办公厅、中共中央办公厅发出《关于压缩整顿报刊和出版社的通知》，要求“在思想整顿的基础上，要对报刊和出版社进行以整顿领导班子为重点的组织整顿”。据统计，这一年共压缩报纸190种、社科期刊503种，“力度之大，前所未有。”[①]1990年5月16日，两办发出《关于压缩整顿报刊和出版社的通知》，5月25日，中宣部和新闻出版署联合下发《关于对报（刊）记者站进行清理整顿和重新登记的通知》，12月24日，新闻出版署公布《报纸管理暂行规定》，这也是新中国成立后全国首部报纸管理法规。在厉行整治下，新闻界逐步步入严格管理的轨道，与此同时，在改革开放进行了十年后，面对突变的形势，舆论又一次陷入是否要继续坚持改革开放的焦虑。1990年12月，党的十一届七中全会召开，根据邓小平在七中全会前夕的谈话精神，时任中共中央总书记的江泽民在开幕式上重申，深化改革和扩大开放是必须长期坚持的根本政策，“即使冒点风险，也值得干”。从1990年底到1992年春邓小平南方谈话，在一年多的时间里，是继续反和平演变、清查资产阶级自由化，还是继续深化改革扩大开放，成为社会普遍关注的议题。在这一过程中，上海和广州这两个经济最发达地区的媒体站到了力促新一轮改革浪潮的排头。

首先是《解放日报》的“皇甫平”系列评论。1991年1月28日到2月18日，邓小平按惯例到上海过春节，但与以往不同，这一次他到上海后视察工厂、参观企业，听取有关浦东开发的汇报，发表了一系列深化改革的讲话。《解放日报》副总编辑周瑞金意识到邓小平讲话的分量，在与报社评论部和上海市委政策研究室的同志商量后，决定在春节期间写几篇结合上海改革实践、宣传邓小平改革开放新思想的评论，这就是后来引发巨

① 宋守山编著：《传媒三十年》，南方日报出版社2009年版，第109页。

大反响的署名“皇甫平”的系列评论。第一篇评论发表在1991年2月15日，羊年春节的大年初一，题目“先声夺人”——《做改革开放的“带头羊”》。这篇评论开篇就提醒读者：“当我们称颂‘三羊开泰’之际，当我们互祝吉祥如意之时，您是否想到，我们正处在一个意味深长的历史交替点上？”评论还直接引用当时上海市委书记兼市长朱镕基传达七中全会精神和邓小平同志视察上海谈话时的原话，称：“历史和现实已经反复证明，‘何以解忧，惟有改革’。”3月2日，皇甫平的第二篇评论《改革开放要有新思路》则更具体更有针对性，如提到了“机制转换”的改革新思路、“三个先行”的扩大开放新思路，并明确表示探索新思路的关键在于进一步解放思想。这篇评论最受人关注之处是指明了计划与市场的关系：“计划和市场只是资源配置的两种手段和形式，而不是划分社会主义与资本主义的标志。”评论主要作者周瑞金的回忆文章称，虽然未明示，但这正是对邓小平视察上海时谈话精神的传达。[①] 这篇评论虽然后来获得第二届中国新闻奖一等奖，但在当时却引起了一些对改革要不要讲“姓资还是姓社”问题的担忧乃至批评。3月22日和4月12日，《解放日报》又分别刊登署名“皇甫平”的评论《扩大开放的意识要更强些》和《改革开放需要大批德才兼备的干部》，笔锋更健，直言“如果我们仍然囿于‘姓资还是姓社’的诘难，那就只能错失良机”，这也立刻招致了更大的争议和更猛烈的批评。如《当代思潮》杂志发表《改革可以不问姓“社”姓“资”吗？》的文章，严厉批评道：“在自由化思潮严重泛滥的日子里，曾有过一种时髦口号，叫作不问姓‘社’姓‘资’，结果呢？在不问姓‘社’姓‘资’的掩护下，有人确实把改革开放引向了资本主义的邪路。”

如果说1991年这个辛未羊年的“春天”还伴随着对要不要继续深化改革的较大争议，还只是一个“先声”，那么到了1992年的壬申猴年新春，才算真正进入了这个具有明显政治意义的“春天”。这一次奏响这曲“春天”大合唱的主力是广东的新闻媒体。

---

① 周瑞金：《“皇甫平”文章引发的一场思想交锋》，《新闻战线》2008年第9期。

1992年1月18日至2月21日，邓小平视察武昌、深圳、珠海、上海等地并发表重要谈话，史称“南方谈话”。作为已经正式退休的国家领导人，邓小平在出京前就让工作人员给接待方定下了“不要专门汇报、不要陪餐、不题词、不见记者、不摄影、不报道”等几不原则，但途经的各个地区都做好了充分的记录准备。如邓小平乘坐的专列在武昌火车站只停了短短20分钟，但邓小平在月台上一边散步一边向省委书记关广富、省长郭树言讲话的内容却有详细的记录，并留下了拍摄专业的照片。广东省委对邓小平视察南方高度重视，时任省委秘书长的陈开枝回忆说：“这样一位德高望重的老人出行，是历史不能缺少的一页，它应该被保留下来，也算我们对后人的一个交代。”①为此，广东省委调配了广东电视台、南方日报、新华社广东分社等媒体的部分记者，组成一个临时的小班子，以便把邓小平的活动和言谈尽量地记录下来。深圳市委宣传部也通知《深圳特区报》和深圳电视台，告知他们有重要的接待和报道任务，并指定由深圳市委宣传部副部长吴松营负责对邓小平在深期间的活动做详细的记录。可见，虽然视察南方在一开始并不具备公开报道的条件，但各地的高度重视和详细记录为后来的广泛传播做了必要的准备。

在内地媒体限于组织纪律无法公开报道邓小平视察南方活动与谈话之际，临近的港澳媒体却得地利之便，抢先报道了这一重大新闻。到深圳后的次日（1月20日），邓小平就来到国贸大厦视察，当时在国贸中心商场购物的人纷纷涌到楼梯上，向一楼大厅的邓小平鼓掌致意。1月21日，邓小平和家人游览了深圳“锦绣中华”民俗文化村，1月22日又参观了深圳仙湖植物园，都是游人如织的地方。因此，对岸的香港媒体很快得到消息。1月21日，香港《明报》率先对邓小平视察南方做出报道，标题是《邓小平巡视深圳行程紧凑精神好》，第二天又发出新闻《深圳当局证实邓小平来了》。此后，港澳媒体都用大量篇幅做追踪报道，并被国际媒体广泛转载。这种“墙内开花墙外香”的状况多少有点出乎习惯按组

---

① 陈开枝：《起点：邓小平南方之行》，中国文史出版社2008年版，第28页。

织路线行事的有关部门的预计，如广东省委书记谢非对新华社广东分社副社长牛正武说，小平同志已到深圳，原来上面说不让报道，所以事先没有通知你来，然而，海内外对小平同志这次来广东极为重视，昨天刚到，今天外面就做出猜测报道，看来我们也要做好报道的准备。[①] 在港澳和海外媒体的连番“动作”下，公开报道邓小平视察南方行程和精神的时机逐渐成熟了。

邓小平离开深圳后，有关他视察的消息仍被有关部门告知“暂不作公开报道”，但深圳市委已决定先将邓小平南方谈话的重要内容和精神传达出去。这年春节过后，深圳市委成立学习宣传邓小平重要谈话精神写作组，市委宣传部长杨广慧任组长、副部长吴松营和市委政策研究室主任刘文绍任副组长，并通知《深圳特区报》社长区汇文，要求报社抽调三至五位写作骨干，其中包括曾全程参与邓小平在深圳访问文字记录工作的副总编辑陈锡添。写作组拿出的成果是从 1992 年 2 月 20 日至 3 月 6 日《深圳特区报》头版连续刊发的 8 篇重要评论，称为“猴年新春八评”。具体负责的吴松营称在发稿时曾考虑到要吸取上一年《解放日报》发表“皇甫平”文章的经验教训，提前与香港媒体打好招呼，请他们来“扩大声势”。“猴年新春八评”每定稿一篇即在发排时同步给香港《文汇报》发传真，而香港《文汇报》《大公报》等媒体也大力转载，如香港《文汇报》在转载时加按语称：《深圳特区报》的编辑部文章原汁原味地传递了邓公南方谈话精神。[②] 借助港媒，一下子就在海外舆论引起了轰动，其中有 4 篇还被《人民日报》转载。2 月 20 日，深圳市委书记李灏主持召开深圳市委常委扩大会，强调对邓小平重要讲话精神的学习“不要等”。在市委的这一指导方向下，《深圳商报》也组织了自己的写作班子，紧随《深圳特区报》发表了“八论敢闯”的评论文章。此后，中国报纸掀起了一股评论热潮，媒体与经济理论界联手，平均一两天就有一篇论改革的评

① 牛正武：《92 邓小平南巡纪实》，花城出版社 1992 年版，第 171 页。

② 吴松营：《1992 年邓小平视察深圳的宣传内情：不公开视察的公开报道（下）》，《纵横》2010 年第 6 期。

论见报。

这场早春二月的南方视察评论潮与此后四五月间各大媒体轰轰烈烈开展的对邓小平南方谈话精神的全面学习活动并不一样。作为自选动作的前者,它是媒体在“不违规”前提下主动奏响的第二轮思想解放的“前奏曲”,评论中尽管引了很多邓小平的话,但几乎不直接提“邓小平”的名字。从事后的宏观逻辑看,这种做法虽然有点在宣传纪律下打“擦边球”的意思,但在“讲政治”的层面上,却可说是媒体高度敏感,且也顺理成章的选择。不过在这种情势下,南方新闻界更进一步的举措——对邓小平视察南方做一个完整的、明确无误的“叙述”,已经呼之欲出了。

对时任《深圳特区报》副总编的陈锡添来说,最大的机遇莫过于在邓小平来深圳视察时他被深圳市委指定为负责记录的唯一文字记者(摄影记者是《深圳特区报》摄影部主任江式高),这得以让他在日后成为著名通讯《东方风来满眼春》的作者,并因此名满天下。作为在这个政治意义的“春天”里影响力最大的新闻作品,通讯《东方风来满眼春》的首要价值——尽管很多新闻学教材和论文侧重分析其报道角度和文辞上的优点,当然这些优点是有目共睹的——正如前文所描绘的传播链条,是政治层面或者说政治与新闻互动层面上的。

11000 多字的通讯《东方风来满眼春》成为 1992 年乃至当代新闻史上不可跳过的代表作,首先得益于发表时机的精准。正如前文所叙,邓小平视察南方活动和谈话虽还未正式报道,却已通过海外新闻、媒体评论和对邓小平视察南方活动片段的报道(如《珠海特区报》1992 年 2 月 21 日报道《邓伯伯,您好》、3 月 23 日报道《鼓角催征——邓小平访问过的亚洲仿真公司》,《南方日报》3 月 21 日报道《小平同志在“先科”人中间》、3 月 23 日报道《邓小平说,我要握握年轻人的手》等)得到了一定程度的公开传播,所欠的是一个公开的、正式的、完备的“大新闻”。深圳市委宣传部和《深圳特区报》把握了推出这个“大新闻”的时机。3 月 21 日《南方日报》刊发的千把字的小通讯《小平同志在“先科”人中间》让深圳市委宣传部和《深圳特区报》看到了发表长篇报道的“时机”。宣传部副部长吴松营说:“在我们看来,省委机关报实际上已经带头‘破例’,我们的长篇通讯必须抓紧,否则将落后于形势。”[1]陈锡天看到此报道后的反应是:“‘怎么,可以发表了?’我脑子这样转了一下。立刻告知当时的社长区汇文,他致电《南方日报》总编,得到的答复是:经请示省委领导同志,同意发表。区汇文将此事报告了市委宣传部。……我想,如果我们的老大哥报纸《南方日报》《羊城晚报》派出记者将小平同志参观过的地方一篇篇地写出来,我再发表通讯,不就成了‘马后炮’?”[2]除了从《南方日报》看到发表时机外,深圳市委宣传部还得到内部消息,中央正在转发邓小平同志南方谈话要点的中央 2 号文件,并辗转获得一份复印件,以此为《深圳特区报》写长篇通讯的“尺度”。3 月 26 日,《深圳特区报》头版发表陈锡添的长篇通讯《东方风来满眼春——邓小平同志在深圳纪实》。当天下午,《羊城晚报》全文转载;28 日,上海《文汇报》、北京《工商时报》全文转载;3 月 30 日,《光明日报》《北京日报》全文转载;当晚,中央电视台破例在《新闻联播》后用45 分钟全文播发、新华社以 A 级稿向全世界全文播发,并配发 500 多字消息;31 日,《人民日报》及全国几乎所有报纸都在头版转载了该文。当时还名不见经传的《深圳特区报》因这篇报道“名动天下”,此后 9 个月平均每月订数增长一万多份。而这篇报道的发表与轰动似也佐证了政治场域下重大时政新闻报道的传播特色:把握时机、抢占先机。在有把握的前提下“抢”一“抢”,甚至“冒点风险”都是必要的。1992 年 4 月 1 日,时任中共中央总书记的江泽民在回答日本记者提问谈到这篇通讯时说:“邓小平同志视察南方时的重要讲话,早已在全国和全党传达。现在发表邓小平同志视察深圳的报道,可以使全国人民更好地了解他的谈话精神,以便全面地贯彻落实。”肯定的也正是这种微妙而准确的对报道时机的把握。

---

① 吴松营:《1992 年邓小平视察深圳的宣传内情:不公开视察的公开报道(下)》,《纵横》2010 年第 6 期。

② 陈锡添:《春风浩荡十年间——采写小平南巡报道追忆》,《报告文学》2002 年第 3 期。

其次,《东方风来满眼春》的成功有赖于记录的翔实。虽然地利之便是报道出台的一大前提,但深圳市委宣传部和《深圳特区报》从一开始就具备的现场记录意识是成功的关键。就像陈锡添后来想到的,其他媒体可以把邓小平走访过的地方一个个地事后追访,但拥有邓小平在深圳视察全部完备记录资料的《深圳特区报》却在现场性和完整性上具有独家优势。所以这篇报道一出来,就以其翔实、完备,成为邓小平视察南方活动的最主要、最权威的“叙事”。陈锡添回忆当时记录邓小平活动和讲话的情境时说:“小平同志在深圳 5 天,没有作任何报告,在国贸大厦作了较长时间的谈话。其余只是在参观的过程中,在车上同陪同的省市负责人随便聊天、谈笑风生,谈话的形式随便轻松,但内容却非常重要……我几乎是屏住呼吸,调动自己的记忆力并快笔疾书,将他的谈话记录下来。……我简直是有闻必录。他的一言一行、一举手一投足,都详细记录。”①深圳市委宣传部副部长吴松营负责指挥此次记录,两人白天分头记,晚上一起整理,核对笔记,每每忙到深夜。这篇一万多字的大稿,涉及的问题虽极其重大,但读来意兴盎然,颇多生活细节,这与其说是写得好,不如说是记者有大量的独家“现场”记录。这也说明了新闻传播的一个特点:能否发表,什么时候能发表,或许会受制于各种因素而一时并不明朗,但对于一个有机会接近历史现场的记者来说,不遗余力地观察与记录却是这个职业的第一要求。如果因当时的“不能发表”而稍有懈怠,不仅在新闻报道上会错失良机,就是在历史书写上也难免留下巨大的遗憾。

最后,当然,这篇报道的成功还要归功于落实的精彩。标题借用李贺诗《三月》中的首句“东方风来满眼春”,意境却与原诗大有不同。它承接的其实是中国文化一直以来习惯于对重大历史关头做自然化“隐喻”的传统。以“春天”这个意象为例,无论是 1956 年“双百方针”提出之时,还是改革开放之初,新闻报道都曾大量使用“春天”做新闻标题。这篇通讯

---

① 陈锡添:《春风浩荡十年间——采写小平南巡报道追忆》,《报告文学》2002 年第 3 期。

也立意在此，但却更高明地通过化用诗词来实现，既传意明白，又显文采斐然，不落俗套，一经使用，好评如潮。此外，通讯的一大突破是对领导人活动的报道加入了很多生活化、有人情味的细节。事实上从 80 年代媒体报道“小平您好”开始，新闻界就一直在努力打破领导人报道的某种“框框”，但收效仍微。《东方风来满眼春》在写作开始就有“把小平同志写成人，不要写成‘神’”的自觉意识，有情有趣，白描朴质，这也是这篇长文不仅重要权威，而且能传播广泛的重要原因。

总之，《东方风来满眼春》可谓是 1991—1992 年间最重要的新闻作品，是中国历史上又一个重要关头的“扛鼎之作”。从对这一具有过渡性质和政治意义的“春天”所进行的新闻传播分析来看，《东方风来满眼春》的成功其实延续了 80 年代重大政治新闻经典的生成方式——一方面，要在“讲政治”的特色氛围中准确地审时度势，另一方面又要以“快半拍”的方式夺人先声，推促改革。符合这一“新闻政治学”范式的、对社会产生了重大影响的，同时在新闻作品层面也不乏亮点的，往往就能成为一时之选。不过，有意思的是，媒体以这种“政治—新闻”互动方式书写的“春天”，却也是出乎很多人预料的、中国社会层面真正结构转型的开始。在这一过程中，新闻界自身也得以从“政治新闻学”的范式转型，并逐渐远离激荡变幻的 80 年代，另辟蹊径地走入新的“春天”里。

代表作

陈锡添：《东方风来满眼春——邓小平同志在深圳纪实》，《深圳特区报》1992 年 3 月 26 日。

原文链接：http://sztqb.sznews.com/html/2012-01/31/content_1912281.htm。

扫描二维码可直接阅读：

参阅作品

皇甫平：《做改革开放的“带头羊”》等系列评论，《解放日报》1991 年 2 月 15 日—4 月 12 日。

“猴年新春八评”，《深圳特区报》，1992 年 2 月 20 日—3 月 6 日。

发现“生活”的新闻

尽管横亘在20世纪80年代和90年代之间的社会外在标识极为醒目，但正如有学者指出的，80年代开始的新启蒙无可避免地会走向精神和思想的自我反思，“即使没有突发事件迟早也会发生”。[①] 变化的结果就是：无论从直观的感受上，还是从深层的思想脉络梳理上，都无可争辩地指向这样一个事实：思想文化意义上的“八十年代”与“九十年代”具有迥乎不同的精神气质。就像上节所说的，给“九十年代”开篇的，媒体浓墨重彩的“春天”叙事，引领社会走进的是一个不同于“八十年代”之“春天”的新时代。

于是乎，在时代变奏下的新闻也必然开始了自己的变奏。很多新闻学研究者把这一时期的变化称为“受众本位”或是“平民视角”“信息观念”等等，这些表述实质上都可归结为某种新闻话语方式的深刻转型：如果说80年代的新闻从原先的阶级爱憎话语中建构起一套“改革”“启蒙”的新话语，但总体上尚在“新闻政治”的叙事范畴之下，那么90年代的新闻则迅速抓住了社会结构全面转型的时机，在“新闻—政治”范式下开辟出新的话语空间。正是在这种从“总体性社会”向“多元化社会”转变的时代背景下，随着各种社会实践的丰富与发展，新闻与其他社会领域的关系从简单走向复杂，一些可称为“专业”的新闻意识遂逐渐明确起来。这一过程也不乏新闻人自己的反思，如《中国青年报》记者、报告文学《大国

---

① 许纪霖、罗岗等：《启蒙的自我瓦解：1990年代以来中国思想文化界重大论争研究》，吉林出版集团2007年版，第12页。

寡民》的作者卢跃刚说:“什么是中国改革?它的内在价值是什么?是不是一种运动式的东西?从方式、价值到行为,从一系列政策、改革家到中央领导人,都进行了反思。实际上,从现在看,80 年代都很幼稚,即使这样,我们也要根据要素出发,而非概念出发,从专业出发,而非从内心的社会愿景出发,来考虑新闻具体的事实性。”[①]80 年代是否“幼稚”,可能见仁见智,但新闻专业话语的萌发与建构确实伴随着一系列类似这样的思考,而首先引起新闻界集体性关注的,是一种新的新闻选择意识,简单地说,或可称其为新闻界的“重新发现‘生活’”。

理论上讲,观察“生活”、记录“生活”,本就是新闻的基本社会职能,如何能谈到“重新发现‘生活’”呢?但实际上,在以政治性为主要特色的新闻话语中,复杂而多义的“生活”本身却常常是被新闻选择忽略或自动屏蔽的。就像《东方时空・生活空间》(后改名《百姓故事》)的前制片人陈虻所说,新闻报道长期以来存在着“盲区”,所谓“盲区”就是值得报道,但还尚未被关注的社会领域,“比如,老百姓是生活的主体,可我们每天播出的电视节目当中,专门报道老百姓的,到目前为止,还不多见”[②]。这种盲区有点类似于西谚所云的“房间里的大象”(The Elephant in the Room),也即那些人们明明知道,却被回避或否认的事实。《十年:从改变电视的语态开始》的作者,中央电视台副台长孙玉胜在回忆 90 年代以前的新闻时说:“很长时间以来,‘拽大词’‘高八度’‘排比句’串缀起来的新闻稿,成为事件‘重大’的一个典型标志,人们从不同的传播工具中听到看到读到的东西,会有惊人相似的语态。”[③]这其实是新闻的某种“框架”叙述,只有符合“重大”“权威”、有“教育意义”等价值标准的事件才有资格纳入新闻讲述的范围,生活本身的多义、复杂、含混则因无法符合这样的叙述规则,被大幅度地删减甚或改写。因此,人们在报道中看到的

① 张志安:《有悲悯之心,但以专业为标准——〈中国青年报〉“冰点”原副主编卢跃刚访谈》,《新闻大学》2007 年第 4 期。

② 沈欣:《生命的追寻——记〈东方时空・生活空间〉制片人陈虻》,《新闻界》1996 年第 1 期。

③ 孙玉胜:《十年:从改变电视的语态开始》,三联书店 2003 年版,第 46 页。

往往和日常生活中的真实体验相距甚远。日常生活的多面性、多义性在新闻报道的规则里成了"房间里的大象",长久地排除在新闻业者的视野之外。而从90年代初开始,这头"大象"才终于开始被一些从业者以发现新大陆似的眼光重新打量,"发现"并"正视"日常生活本身,成为一个时代的新闻潮流。引领这一潮流的是1993年央视开播的《东方时空》(尤其是以"讲述老百姓自己的故事"为栏目定位的《生活空间》栏目)和1995年《中国青年报》创办的《冰点》专栏。

1993年5月1日7点20分,中央电视台《东方时空》栏目开播,尽管当时中国观众还没有养成早晨看电视的习惯,但这档全新的早间新闻杂志节目很快就被视为是中国电视新一轮改革的发端性事件。事后看来,这类"象征性"事件多具有某种历史潮流的必然意味。《东方时空》的创办者之一孙玉胜曾说:"之所以在1993年会出现这个带有新闻改革标志色彩的新栏目不是偶然的。马克斯·韦伯的理论说:透过任何一项事业的表象,其背后都有一种时代精神的力量在支撑着,这种精神力量与社会的文化背景有着内在的渊源。……1992年小平南方讲话之后,改革开放的潮流再次席卷中国,尽管这些改革主要发生在经济领域,但是改革的气氛和精神不能不影响到其他领域,其中当然包括新闻领域。新一轮电视新闻改革正式提到议事日程上来,正是党的十四大以后。"①《东方时空》开播时下分四个子栏目:《东方之子》《东方时空金曲榜》《焦点时刻》和《生活空间》。这些子栏目在此后历次的改版中或被取消或改变名称成为独立的栏目,如《金曲榜》在流行音乐不再稀缺后很快退出;《焦点时刻》后来在形式上相继改为《时空报道》《直通现场》和《时空连线》,但其内容和精神的继承者更是《焦点访谈》《新闻调查》;后来作为《东方时空》周日特别节目的《实话实说》自立门户,开电视谈话节目风气先河……而《东方时空》自身也早已移师晚间,成为央视新闻频道的一个播出板块。从这种意义上,与其把《东方时空》看做一个独立电视栏目,评价其得失,

① 孙玉胜:《十年:从改变电视的语态开始》,三联书店2003年版,第12页。

不如将其视为一个开放的电视试验场和新的电视新闻观念的孵化器，这样更容易理解其在90年代后电视改革中的价值。

《东方时空》开播一段时间后，《金曲榜》《东方之子》和《焦点时刻》好评如潮，但《生活空间》却迟迟找不到自己的定位。这个栏目最初的定位是做一个早间版的《为您服务》，打算教观众“居家过日子”的知识。但自从1979年央视开办了第一个生活服务节目《为您服务》后，整个80年代此类节目方兴未艾，已出现100多个相似的栏目，《生活空间》再走老路，显然已是意兴阑珊。在几经摸索后，《生活空间》的第三任制片人陈虻发现，《生活空间》下设的一个小栏目《老百姓》(下设的其他栏目还有：介绍名胜古迹的《走天下》、介绍文体动态的《红地毯》和介绍健康知识的《健康城》等)最能引起观众的兴趣。这个小栏目常采用纪实手法讲述老百姓的生活故事，如1993年8月24日播出的《老两口蹬车走天下》等。最终，这个纪实风格的子栏目的定位被放大到整个《生活空间》，节目也开始使用王刚配音的那句后来广为人知的定位语：讲述老百姓自己的故事。就“平民视角”而言，《东方时空》的其他栏目也不乏这种意识。如《焦点时刻》关注的是社会性新闻，《东方之子》在采访精英人物时也注意从个性、内心等更容易与老百姓沟通的领域入手，采访女部长吴仪时间及她个人的独身选择即为一例。但是，真正在题材和表达手法上另辟出一个新闻场的，还是《生活空间》，因为它不仅采用“平民视角”，而且干脆就是让“平民”“老百姓”“小人物”成为传播的主角，这不能不说是新闻观念上的一大突破。

将《东方时空·生活空间》这种新闻意识的突破更进一步发扬光大，并在理念上更明确、更自觉的，是主流大报《中国青年报》1995年改版后推出的《冰点》特刊。1995年1月6日，《中国青年报》每周二、五刊发的特稿专版《冰点》与读者见面了，首任主编李大同在“创刊词”中解释了这个与当时“热点”“焦点”背道而驰的版面名称，“起这个名儿，并非想哗众取宠，而是想以此来鞭策我们自己，在不放弃社会‘焦点’‘热点’的同时，更多地去关注尚不那么显著的人群和事物；更多地关注普通人的生存状态和想法;更多地发表一些人所未言的真知灼见。”①创刊号推出的特稿《北京最后的粪桶》正是对“冰点”这个理念的最初诠释——一群曾经的北京知青,而今是这个大都市里最后一批背粪工的故事,他们的北大荒情结、他们为什么要回来、怎么会愿意从事这样的工作、怎么生活、住哪里、吃什么、孩子怎么样,不折不扣的“普通人的生存状态和想法”。这篇报道获得的热烈反响是始料未及的:负责终审的副总编连称“我真被感动了”、见报当天上午主编就接了60多个叫好的读者电话,有的读者在电话里泣不成声、《人民日报》罕见地为《冰点》发了篇评论,题目就叫《“冰点”新闻的启示》。新闻界开始关注并讨论“冰点”现象:为什么一个一开始在《冰点》编辑部内部都得不到认同的、与人们习惯的“重大”新闻标准相去甚远的题材能一炮打响?而此后《冰点》陆续推出的类似报道《哪儿是我家》《当年落户在留村》《五叔五婶》等都获得了很好的反响。“普通人”“老百姓”的生活,也能成为新闻关注的对象了?从《生活空间》到《冰点》的实践无疑是对以往新闻学观念的一次重大挑战,人们需要解读、理解,并且在变化的时代中持续观察和分析这一现象。

这到底是一种什么样的变化?学界与业界对此的称呼是“平民化”,用“讲述老百姓自己的故事”一语来定位的话,实际上就是两方面的改变:内容上将普通百姓的生活原态纳入新闻题材;形式上采用纪实、白描等主观干涉较少的叙述手法。这两点变化新意何在?从题材上讲,老百姓、普通人并非第一次走进新闻的视野。40年代从延安兴起的典型报道以及五六十年代的劳动者报道都曾把大量的篇幅给予普通劳动者、社会主义建设者。但变化是:90年代的“平民化”新闻不再强调报道对象的阶级身份和政治属性,而着眼于心理与社会意义上的“个人”“家庭”与“群体”以及由此展开的各种社会关系。换句话说,这时的人物已经不再作为“榜样”或批评的“对象”,不再承载传播者的教化意图,他/她不过是我们生活中的一员。从这个意义上讲,90年代那些关注老百姓、小人物的新

① 《新年致读者》,载《中国青年报·冰点》第1期,1995年1月6日。

闻理念确实是新鲜的，以至于在采访中常有被采访对象不解地问：你们拍我们干什么？陈虻认为：“中国的老百姓总觉得自己太平凡了，平凡得不值得上电视，而我们恰恰要让他们成为《生活空间》的主人公。”①这种新闻选择的变化又必然地产生新闻表现方式的变化——不再“主题先行”、不再试图“俯视众生”进行道德教化、不再归纳或总结明确的意义，一切让复杂的、多面的生活本身去告诉受众。因此，这类新闻中必然地出现了大量自然主义的新闻手法：长镜头、跟拍、同期声、平视、摄像机位在报道对象的身后而非面前、白描、细节的刻画、深入的前期采访以求能让被访者更少地掩饰，更多地呈现生活的本来面貌……

那么，这种变化又意味着什么呢？首先，它的价值在于打破固有的新闻标准，通过新闻“语态”的变化，不断逼近真实。李大同对《冰点》报道的总结是：“所有这些《冰点》报道如果与新闻界的一般运作相比较，就在于它突出的价值不一样。一般运作是要突出一个新闻界自认为重要的新闻主题或见解，而《冰点》报道，我从一开始就在直觉的驱动下，走了一条‘不断逼近真实’的道路。”②正如前文提到的“房间里的大象”，这类发现“生活”的新闻正是通过关注对象和叙述视角的变化，让人们看到了早就存在于房间之内，却一直被熟视无睹排斥在新闻话语之外的“大象”。也正因此，这类新闻最初总是能“感动”受众，因为从某种意义上，它们“解放”了受众，那种摆脱束缚的力量总是巨大的。当然，在最初的新鲜感过去之后，这类新闻的受欢迎程度势必要从“狂喜”回落到一个正常值，但对于新闻观念来说，其重要性并不仅仅由即时的评价或反馈决定——一种全新的新闻理念出现，并且落地开花、逐渐成为指导新闻实践的常规品种，恐怕比一两个新闻栏目或报道的轰动要重要得多。随着都市类媒体的涌现，“民生新闻”“百姓新闻”“故事性新闻”已经成为人们司空见惯的报道品种，理念层面的源头即可追溯到90年代初新闻界的重新发现“生活”。更何况，对于新闻理念来说，“打破”似乎与“建构”是同等重要的。

① 罗弘道、鹿敏：《〈东方时空〉，你在追求什么？》，《中国广播电视学刊》1994年第3期。
② 李大同：《冰点故事》，广西师范大学出版社2005年版，第107页。

如果新闻不能与生活保持同步，不能及时更新更替旧观念，不能自我反省新闻的“框架”，那么任何一种新闻观念都有可能走向禁锢、僵化，从而限制新闻对社会真实的发掘，而发掘社会真实正是新闻之所以能成为职业的、具有“原教旨”性质的信念。因此，《生活空间》《冰点》之类的新闻栏目与其说是开创出了一个成功的“模板”，不如说它们（至少在创办之初）代表了一种勇敢的精神。从这两个栏目以及更多的类似栏目后来起伏不定的表现来看，精神比模板具有更深远的意义，因为哪怕是曾经的开拓者也有可能在不断的复制中变得乏味。

其次，这种变化的价值在于它触及了中国新闻中的一个老问题——“意义”问题，并启发新闻界进行全面思考。《生活空间》和《冰点》最初的成功正彰显了把新闻报道从原有的“意义”模式下“解放”出来的巨大力量，因为这种事实层面上的“真实”，在原有的叙述模式下是罕见的、稀缺的，也正因此，生活“真实”本身构成了一种有中国特色的“新闻价值”，并在一定程度上形成了对原有的宏大叙述价值的叛逆。但是“意义”的痕迹总是无处不在，所谓的“有闻必录”“纯自然主义”其实是一个并不存在的伪问题——任何一种叙事，自觉或不自觉地总会涉及“意义”，哪怕致力于“还原”生活真相的、以纪实形式出现的新的报道样式也不例外。《生活空间》对这类节目最初的“意义”诉求在于给观众提供一种人文的东西，在普通老百姓身上，在生活的坎坎坷坷中发现“人”的价值。考虑到《人民日报》的说法，在《生活空间》出现之前，只有在电视红娘节目中老百姓才是主角，《生活空间》的这个定位具有突破性。但很快的，陈虻也发现如果过度地沉浸在“生活”之中，少了与时代的联系，那些雷同的生活道理可能会让李大妈的故事和王大爷的故事看起来差不多。因此从1996年开始，《生活空间》提出了一个新的目标——“在飞速变化的社会背景下，实现人文关怀，为未来留下一部由小人物构成的历史”①，尽量地打通“个人”“生活”层面与“社会”“时代”层面的关联。例如1996年《生

① 《〈生活空间〉陈虻：做生活的目击者学者》，《南方周末》1999年12月15日。

活空间》的代表作之一《许姐的夏天》即讲述了一个在改革大潮中下岗女工求职再就业的人生故事——既是生活的,又是时代的。

给“小人物”们留下历史的记录,这理想显然本身就具有很浓郁的人文色彩,它应该成为新闻职业信念中的“底色”,但对于需要批量进行新闻生产的栏目来说,还不够具体,有时候“个人”与“社会”的打通也颇难操作。因此很快就有批评的声音出现,如认为“东方之子”和“生活空间”的一些节目无论在选题还是报道手法上“因缺乏挖掘、提升人物及新闻价值的意识,从而大大稀释了这两个板块的新闻含量,与通常的社教性栏目或文化性专题界线模糊不清”①。而《冰点》对此的认识显然要更明确一些。尽管让《冰点》家喻户晓的是“背粪工人”“电车售票员”“留村知青”“五叔五婶”这样的平头老百姓,但主编李大同还是说:“我从不认为我本人具有平民的视角。在实际运作中,我关注的还是‘不普通’这三个字,任何普通都不能引起我的兴趣。而原本普通的人,做出了不普通的事情,或者在不普通的命运中展示出一种普世价值,这才是能够打动我的地方,也是新闻的基础之一。”②这段话是他写作的《冰点故事》的题记,可见具有特别重要的意义。此外,对这位把关人来说,报道的“好看”也是至关重要的,因为无论传播者自认的报道意义有多么重大,只要读者不买账,一切都等于零。这实际上就是新闻从业者的专业期许:贴近生活、贴近百姓,但又要有专业的理念(不普通)和传播的技巧(好看)。

90 年代早期新闻界的“发现生活”,可谓影响深远,它的意义绝不仅仅在于几个代表性的栏目或作品的成功与轰动。第一,它拓宽了新闻报道的范畴,丰富了“新闻”的内涵。从 90 年代中期以后,媒体上大量的新闻都属这类内容。第二,它将普通人变成新闻的主角,对传统的新闻选择观念产生了某种“纠偏”的力量。在当时,“纠”的主要是由于政治话语的惯性而对新闻选择标准的理解偏差。时至今日,这种“纠偏”的意义还在于要时时反思经济因素对新闻选择标准的结构性影响。距此二十多年

① 丁未:《〈东方时空〉再思考》,《新闻大学》1997 年春季号。
② 李大同:《冰点故事》,广西师范大学出版社 2005 年版,扉页题记。

后，新闻界重又开始提倡“走基层”，其积极意义与90年代新闻界的这次“发现生活”可谓不谋而合。第三，它在叙述方式上的变化体现出新闻职业对公众的尊重与真诚。媒体开始学着不再以挥斥方遒的评判者自居，也不再动辄代言真理，不试图去“教育”公众，当然也不故意地伏低做小。例如《生活空间》所强调的“尊重”，就是既不俯视也不仰视，是一种相互的平等。这可说是新闻媒体在处理与公众关系上的一大进步。

无论是《生活空间》还是《冰点》，以及稍后出现的各种类似的新闻栏目，在反响和效果上经历了起起落落，有些栏目的定位也在始终求变。但是，从总体上看，“发现生活”的新闻实践确确实实推动了新闻界话语形态的改变，也带给人们长久的思考。尽管当年的轰动效应已很难重现，但应该看到，这种实践具有的结构性力量，它不可逆转地拓宽了新闻的话语空间，并在重新书写的新闻与社会之关系中做出了寻找新闻职业自身定位的努力。

代表作

王伟群：《北京最后的粪桶》，《中国青年报·冰点》1995年1月6日。

原文链接：http://news.cyol.com/content/2011-06/03/content_4496068.htm。

扫描二维码可直接阅读：

参阅作品

蔡平:《五叔五婶》,《中国青年报 · 冰点》1995 年 6 月 29 日。

《许姐的夏天》,《东方时空 · 生活空间》1996 年。

当新闻遇到市场

1994年底，一份名为《华西都市报》的《四川日报》下属子报在成都悄然试刊的时候（1995年1月1日《华西都市报》正式创刊），后来被称为"都市报现象"的新一轮报业改革也正式登上了历史舞台。由于《华西都市报》的"试验"成功——1995年发行量10万份，1996年26万份，到1997年8月已突破40万份①——一批效仿者以惊人的速度复制了这一模式：1995年3月，《南方日报》在广州创办了《南方都市报》；1995年6月，《湖南日报》在长沙创办了《三湘都市报》；1995年8月，《河南日报》在郑州创办了《大河报》（原名《大河文化报》）；1995年9月，《广西日报》在南宁创办了《南国早报》；1996年1月，《河北日报》在石家庄创办了《燕赵都市报》，等等。这种独特的现象——主要由省级党委机关报创办的都市类新闻报——短短数年内在全国遍地开花，时至今日已形成我国报业格局中既隶属于党报又大不同于党报的一种新的新闻体系。

有人将这种现象，尤其是都市报浪潮中涌现的"佼佼者"称为中国报业的"黑马"。但如果还原到历史语境中，便不难发现这一切并非那么的"横空出世"。变化其实早已开始，变化的主动因是：市场。

20世纪50年代，新闻界曾大张旗鼓地集中批判过复旦新闻系主任王中先生的《新闻学原理大纲》，因为他重提了三四十年代民国报业实践已经证明了的问题：报纸也是一种商品。在很长一段时间，中国新闻媒体的确完全不具备"商品性"，只具备"工具性"。改革开放初，全国只有报

① 中国记协国内部、华西都市报编：《都市报现象研究》，新华出版社1998年版，第31页。

纸 186 家,完全依靠财政拨款。1978 年,经费紧张的《人民日报》等首都数家新闻单位联合给财政部打报告,要求试行“事业单位,企业化管理”。无力拨款的财政部批准报纸可以从事一定的经营活动,用经营所得改善报社办公条件和职工生活。此后这个规定逐渐演变成新闻媒体兼具事业单位和企业双重性质的特有模式。1979 年 1 月 28 日,上海市委机关报《解放日报》刊登了“文革”后的第一则报纸广告,社会反响极大。3 个月后,中宣部发文肯定了这种做法,报纸获得自主刊登广告的权力。80 年代中期到 90 年代早期,是我国报业的高速扩张阶段。1993 年 9 月,我国共有报纸 1952 份,其中党委机关报 595 种,占了 30.6%,晚报 71 种,占 3.6%,文摘报 26 中,占 1.3%。[①] 但从读者自费订阅的情况看,却是文摘报、晚报和周末报高举前三甲,远超过机关报。[②] 所以,至 90 年代初期,经过改革开放十多年的酝酿,中国报业已经初步具备了一些进入市场的条件:体制上的企业化管理带来的一定程度上的经营自主权、允许刊登广告意味着报纸可以从市场上获得收入、逐渐壮大的自费阅报群体成为报纸的消费对象。

但从内容上看,最早进入市场的还主要是新闻业的一些“边缘”产品——八小时之外“茶余饭后”的文化、生活与娱乐类信息。因此,晚报的走红虽然是报业市场化改革的重要一步,却没有在实质上改写新闻生产的范式,它只是作为机关报的补充,占领了人们八小时之外的“精神生活”。社会对于可选择的“新闻”的需求并没有被满足。如 1994 年中国人民大学舆论研究所的调查发现,有 60.5% 的读者认为还应增加“以报道社会和时政热点为主的报纸”,在所有选项中位列第一。[③] 1992 年以“周末版”《青年周末》初战告捷的《北京青年报》比较早地意识到社会对“新闻”的需求。当他们希望从“金钱、性爱、暴力”三大题材充斥的周末

① 梁衡:《新闻原理的思考》,人民出版社 1996 年版,第 117 页。

② 《中国报业:面对结构性调整——1994 年全国报纸读者调查分析报告》,《新闻与传播研究》1995 年第 3 期。

③ 同上。

版大战中突围时,所提出的“超越周末版”的做法是“把新闻推向市场”。1993 年 1 月 1 日,《北京青年报》正式推出《新闻周刊》。2 个月后,《北京青年报 · 新闻周刊》的每期零售已超过 10 万份。[①] 这充分证明了新闻报道走向市场完全可能,突破了延续多年的“严肃时政新闻是官员的,轻松娱乐是百姓的”传统模式。

基本条件的具备和社会需求的客观存在,构成了都市报在 90 年代中期全面勃兴的重要前提。但除此之外,理解都市报现象还应注意到两个不可忽视的因素:一是快速进行的城市化。随着 1992 年之后市场经济的搞活,社会结构也在市场的调动下发展变化。据统计,1994 年城市人口和在城市从事工业、第三产业的人口第一次超过了真正从事农业的人口(6.3 亿比 5 亿),表明我国人口结构已开始城市化。[②] 二是党委机关报的生存压力。1992 年 9 月,中国报协在江西举行全国报社经营管理交流会,首次提出“报业经济”概念。此后,管理者不断强调,国家对报纸的经济政策是“让报纸自己养活自己”。[③] 但其时党委机关报的处境却颇为严峻。据新闻出版总署的统计,到 1996 年初,《人民日报》的期发数比它的极盛期 1979 年下跌了 66.3%。30 家省级党报,发行下跌幅度在 30% 以上的达到 23 家。[④]

当机遇与压力摆在一起的时候,变革必势不可挡。从这个意义上说,《华西都市报》的成功并不是偶然的,它所带动起的“都市报模式”意味着新闻生产方式的结构性调整。因为它既不同于以机关报为主的主流“大报”在新闻业务层面的体制内改革(比如改革初,新闻界就提出的“真短快新活”的改革新闻文风的口号),也不同于文摘报、晚报、周末报、生活服务类报纸的边缘突破。用新闻学研究者的话说,它是党报进入市场的“替身”,用来填补“主要不是立足于政治宣传而是立足于读者需要,以新

① 浦树柔:《“北京青年报现象”——中国报业启示录》,《国际新闻界》1993 年第 3 期。
② 陈力丹:《舆论学——舆论导向研究》,中国广播电视出版社 1999 年版,第 257 页。
③ 参见中国报纸行业经营管理协会编:《报纸经营管理》,1999 年第 86、87 期。
④ 梁衡:《新闻原理的思考》,人民出版社 1996 年版,第 185 页。

闻报道为主体,面向大多数民众的日报”的空缺。[1] 因此,都市报的新闻报道可称之为是直接面对“市场”的新闻。在此基础上,都市报发展出一些不同于以往的新闻操作上的特点,并长久地影响着此后的新闻实践。

首先,是对社会新闻和新闻社会化的极端看重。《华西都市报》最早对报纸的定位就是“市民生活报”,这意味着要报道的必须是生活在城市(由于都市报最早一批的创办上级单位都是省委机关报,因此这里的城市主要指以省会为中心的城市区域带)里的居民所感兴趣的新闻。《华西都市报》自创的一个名牌栏目“新闻追踪”就强烈地体现了这种诉求。从1994年11月试刊起就报道了在成都展览馆举办的94上海轻纺产品博览会假冒伪劣产品多的新闻,并且在不到一个月的时间里,接连报道了20次。对于这样一个读者投诉来的新闻选题,如果在以往的新闻操作观念下,最多是发一条消息了事,因为它既无什么“重大性”,也没有多少“教育意义”,但是在面向市民的新闻纸上却有可能因为它的接近性、实用性成为报纸的重点报道。事实也证明,这种新的新闻选择标准确实捏准了市民读者的需求。《华西都市报》在创办后的一年时间里还先后做过“四川打工妹在山西受虐待”“陈道荣之死”“孩子回家行动”等38个追踪报道。此类与市井生活和普通市民情感取向密切相关的报道,每搞一次,“报纸的发行量就跃上一个新台阶”[2]。《华西都市报》发现了此类社会新闻的市场价值后,后起的都市报也都复制了这种“市民生活报”的模式,都市报市场很快陷入同质化竞争的局面。以成都为例,最多时曾出现过“七报一面”的情况。毕竟对于同一块地域来说,能吸引读者眼球的社会新闻总是有限的,过度报道很容易形成新闻炒作。于是,竞争又迫使《华西都市报》这样的报纸提出从“市民生活报”向“新市民生活报”转型的二次创业口号,试图“主流化”。这也成为其他市场上一些已经“圈地”成功的都市报不约而同的选择,如《北京青年报》《南方都市报》等。实践的效果因报而异,但有一点是共同的,即都市报的选题逐渐突破了市井生活的

---

① 魏永征:《论党报和“都市报”的依存关系》,《新闻与传播研究》1999年第4期。
② 张立伟:《从〈华西都市报〉看报纸定位创优效应》,《当代传播》1998年第3期。

局限,也开始涉足时政、政经等传统大报的领域,不过采用的报道手法却依然是“社会化”的。一些批评者可能将之视为“硬新闻软化”甚至“娱乐化”,的确在这一过程中都市报的新闻操作存在很多值得商榷的地方,甚至有不少格调庸俗、导向错误的做法。但不得不承认,都市报所牢牢秉持的“市场取向”和“大众立场”真正体现了新闻改革以来从“传者本位”到“受众本位”的变化。

其次,都市报的新闻操作体现出对“策划”的高度看重。尽管“新闻策划”这个名词从诞生之初就存在争议,而且基本是业界热情呼应,视为“法宝”,学界却充满疑惧,视为“假事件”。几经辩论后,现在对这个有争议术语的使用虽大大减少了,但“策划”意图仍顽强而鲜明地存在于都市报的新闻操作中。只是不同于早期的想怎么策划就怎么策划,现在需要在“创造性”中更多地进行伦理考量(到目前为止做得还很不够,但变化的趋势可以看得出来)。《华西都市报》成立初期打开市场的几次大型新闻报道上都可看出“策划”的影子,并且很值得细加分析。以其中影响最大的“孩子回家行动”为例:1995 年 11 月 18 日《华西都市报》得到 8 名被拐到河南的四川儿童无人认领的新闻线索,连夜突击采访,第二天用半个版登出《8 名四川被拐儿童在河南望眼欲穿》,当天报纸被抢购一空。紧接着报纸对被拐儿童的情况和四川丢失儿童家长的情况做了更详细的报道,并使用了《他们的父母在哪里?》《儿啊,你流落在何方》等具有强烈情感色彩的标题,一时间这 8 名被拐儿童成为成都街头热议话题。11 月 21 日,在得知解救这 8 名被拐儿童的河南获嘉县城关派出所表示如再无人领养,将把这 8 名儿童送回原买主家庭寄养的消息后,《华西都市报》于 11 月 23 日正式启动“孩子回家行动”,派记者赴河南接这 8 名儿童回家。同时,《郑州晚报》、中央电视台、四川电视台、河南电视台都开始关注报道此事。11 月 28 日,由于河南警方发现被拐儿童中可能存在不是四川籍的情况,表示不能将孩子送回四川。《华西都市报》一方面报道了这一突发情况,另一方面又请求四川公安厅出面协助,并打电话给河南省公安厅说明诚意,甚至给河南警方出了一笔费用。几经周折后,1995 年 12 月

21日，被拐儿童乘飞机抵达成都双流机场，受到四川省政府和各界人士的欢迎。被拐儿童进入成都儿童福利院生活后，《华西都市报》还追踪了他们的生活情况和寻亲情况。12月26日下午，一对四川夫妇在这些被拐儿童中成功寻找到了自己的亲骨肉。这组报道的前半段还可以说是《华西都市报》出于对市民心态和新闻热点的敏感，进行的卓有成效的“报道策划”，但后半段已经明显地主导事实进展，是不折不扣的“策划新闻”了。《华西都市报》自认的这个得意之作，在学术界引发了较多的批评和对“新闻策划”概念的学理研究。最后得出的结论是：报道活动可以而且应该“策划”，但必须针对非干预的事实，媒体不能主动导演事实、“策划”新闻。但是业界的实践却频频超出这个限度，原因还是“市场”——此类新闻策划多以公益为名，通过对读者的动员，解决了原先解决不了的问题，帮助了需要帮助的人，让市民多了一个（有时甚至是唯一一个）求助渠道，因而容易受到欢迎。同时，媒体也可给自己的形象加分，用《华西都市报》第一任总编席文举的话说，这是媒体“全心全意为人民服务”精神的体现。但是学界对此的解释是：之所以读者市场会在短期内欢迎此类报道，是转型社会我国公益事业的不健全所致，这在“很大程度上促成了媒介的这种非常规性的‘职权代理’”，但真正实现新闻媒体社会效益的“长久之策”还是要回到新闻职业边界之内，要“维护新闻信息的纯净性”。①

再次，都市报对“两头满意”新闻理念的强调和运用。都市报作为党委机关报进入市场的“替身”，要直接面对读者（普通市民），并要参与激烈的竞争，如何进行媒介定位，摆好立场，成了一切新闻实践中最具方向性的问题。而都市报给出的答案，不约而同的是“两头满意”，即既要让上级党委满意，又要让读者满意。这几乎可说是既要做党的喉舌，又要做群众喉舌的中国新闻界长久以来“平衡”标准的翻版，理论上无甚新意。但重要的是，由于机制的作用——隶属于上级党委机关报和必须面对市

① 丁未：《“新闻策划”现象析》，《新闻界》1996年第6期。

场，这种新闻理念必然地要从口头观念上走向实处，形成富有特色的都市报操作模式。《北京青年报》社长张延平介绍该报理念时用最直接的话表明了对“两头满意”模式的理解：“先把党报的任务完成了，你再去做市场的事，才是名正言顺的。”[①]也就是说先要完成“规定动作”，再进行“自选动作”。在“规定动作”上尽可能地贴近市民取向，不是高高在上的教育和指导，体现出“主旋律”+“平民化”的操作创新。比如建党八十周年时，《北京青年报》推出的“主旋律”报道是“八十位共产党人的故事”系列，因为选择的眼光现代、语言现代、侧重描写人物性格魅力，也深受市民读者的喜爱。同时，在“自选动作”上又要有所突破，尤其是在关乎民生的问题上能进行大胆的批评监督。在这方面，都市报的勃兴起到了与新世纪之后城市电视台民生节目热相似的作用——让新闻监督普遍化、基层化，尽管还有很多值得完善的地方，如监督手段的伦理尺度、监督议题的局限、本地监督容易受阻等等各种问题，但毕竟是新闻业这一社会守望职能日常化的重要进步。这一步突破其实也与都市报与上级党委机关报的密切关系分不开，因为母报党报自身的行政级别，给了子报都市报在区域市场上进行批评监督的空间，同样的一些批评报道，地县级的报纸可能就登不出来。

《大河报》（当时仍名为《大河文化报》）在 1997 年做的郑州民警张金柱撞人案系列报道，因其及时的报道、尖锐的批评、义愤的表达，迎合了民心民意，报纸发行量猛涨，成为都市报批评报道的一个典型代表。张金柱醉酒驾车将一对骑自行车的父子撞倒，造成儿子死亡、其父在车轮下被拖行 1500 米重伤的恶性事件，极大地激起了在场市民的义愤，尤其是当人们发现驾车者竟然是一位警察的时候。然而这个案例在多年后仍被人提起，却时常是作为对“新闻审判”的警告，认为在媒体搅动起的巨大舆论压力下，对张金柱存在量刑过重的问题，媒体干预了司法。如何看待这个由都市报引发的影响力极大争议也很大的新闻个案？《大河报》对发生

① 张延平：《北京青年报的 10 个理念》，《中国报业》2002 年第 6 期。

在1997年8月24日晚的这起恶性交通肇事案做出快速反应，本身是都市报与市民生活息息相通、同气相求的表现。事故发生后，现场目击者第一时间给报社打来热线电话，报社记者在二十多分钟后就赶到现场，并马上采访了路人、医院和事故处理方。次日《大河报》在重要位置刊登的新闻《昨晚郑州发生一起恶性交通事故/白色皇冠拖着被撞者狂逃/众出租车怀着满腔义愤猛追》对“8·24”恶性交通事故的事实做了较为清晰的还原，体现了快速机动的都市新闻生产模式的生命力。作为首篇披露张金柱交通肇事案的消息，这一报道获得了当年中国新闻奖二等奖。同时，也正是由于都市报在第一时间对此事的曝光，从一开始就把张金柱交通肇事案置于舆论的监督之下，此后媒体的追踪报道展现了此事的全过程。这在无形中也突破了当时的一个“禁区”，公检法干警的违法犯罪行为在结案前一律不许报道，只在结案后报结果，是都市报在舆论监督方面的一个突破。

但是也有众多论者认为新闻媒体对此事的报道形成了一个“不杀不足以平民愤”的舆论场，导致对张金柱出现量刑过重的结局。在对张案进行仔细了解后其实不难判断，如果说这个案子确实存在量刑不当（张金柱因故意杀人罪被判处死刑），主要也是出在“审判”上，而不是“新闻”上。《大河报》虽激烈地表达了义愤，但并未主张“不杀不足以平民愤”，相反，在张金柱被判死刑后还发紧急内参认为判决不当，张金柱“罪不当诛”，新华社河南分社也发了类似内参。不过，这个案例也确实有值得新闻人深思的地方：张金柱交通肇事案实属性质恶劣，激起市民强烈义愤是必然的，但媒体除了在第一时间表达“将此车此人的‘来头’公之于众，让他在太阳底下亮亮相！”（《大河报》1997年8月25日在头版与消息配发的评论《愤怒之余的欣慰》）的义愤外，在此后的关注中也都将注意力放在肇事者“身份”上，这就可能在“愤怒”之余对具体事实的复杂性关注不足，比如张金柱是否出于面子隐瞒了当时醉酒的事实、皇冠车（实为佳美）是否就是特殊身份标签（实为张金柱借的车）等。此外，民意往往会将累积的社会情绪如对公检法队伍中某些执法人员的不满在某些事件上集中爆发,本身就可能存在非理性的成分。媒体如何在正当表达舆论的同时用自身对具体事实的专业化报道引导舆论而非激化舆论,一家媒体报道后,全国媒体跟进形成的一边倒的舆论合力,媒体对此有没有冷静的平衡意识,现实中司法对舆论的实际承受力,媒体有没有考虑,新闻界自身的法治精神和法律素养是否足够等等,都是需要媒体(不仅仅是都市报)反思的。

都市报模式下的新闻作品与以往新闻生产模式下的新闻作品有很大的区别:在不考虑成本、市场的情况下,新闻生产往往倾向于大制作、出精品、精雕细琢,或者通过敏锐的政治判断力,巧妙选择新闻点和发表时机,造成报道的影响力。但在市场环境下,都市报模式的新闻代表作却追求短平快,抓新闻"卖点",对一时一地市民的情感把握敏锐,语言力求平民化、地方化,喜爱简洁明快、感染力强、善恶分明的"故事",因此看上去往往不那么"高级"和深刻。更何况有的报道还触犯伦理界限,有的报道在煽情炒作,更容易让人将这一模式下的新闻生产归于"小报"范畴。但如果不太清高的话,学术界与评论界也必须得承认这一模式存在的合理与必然,肯定面对市场的新闻生产必然走向多元化的价值。都市报此后的发展证明了这一趋势:不仅省级党委机关报办都市报,原先已经尝试着走市场化路线的晚报、青年报和其他一些"边缘"报纸也纷纷汇入都市报大军,一些原有报纸向都市报模式转型,一些新创报纸加入都市报的"合唱",这一切都表明了遇到市场的新闻的生命力。当然,市场在带来甜头的同时也带来压力:同质化竞争、与电视民生节目的竞争、与新崛起的网络的竞争。在竞争中都市报自身也在分化:有的试图主流化,在全国舆论界占据一席之地,有的则固守本色,服务一方;有的在站稳脚跟后还能扩大地盘,有的则市场日益萎缩默默无闻;有的试图"雅"一点,有的还想更"俗"。都市报模式不断进行的自我调整,实际上也给新闻研究者提了醒:当新闻"语态"在社会结构转型的大局下不断变化的时候,其实变化的不仅是新闻实践,也理应包括对新闻学理的重新审视。

代表作

江华:《昨晚郑州发生一起恶性交通事故/白色皇冠拖着被撞者狂逃/众出租车怀着满腔义愤猛追》,《大河报》1997 年 8 月 25 日。

昨晚郑州发生一起恶性交通事故
白色皇冠拖着被撞者狂逃
众出租车怀着满腔义愤猛追

(本报今日凌晨1时讯)昨天晚上,郑州市街头发生了一起令人发指的恶性交通肇事案。至凌晨1时,受害者一死一伤。

昨晚9时40分许,在经一路与金水路交叉口,一辆牌号为豫A54010的皇冠2.0白色轿车,撞着了各自骑车行走的苏东海、苏磊父子。11岁的苏磊被当场撞翻在地,被撞飞的小苏磊将皇冠车的挡风玻璃撞了一个破碎的大窝;他的父亲苏东海以及两辆自行车则被卡在汽车左侧的前后轮之间,逃跑的汽车拖着苏东海狂驰几百米远。目击人谭杰说,在夜幕之下,汽车不停地飞跑,自行车在马路上磨擦出一路火花。

9时45分,准备在10时接班上岗的特巡一分队两位警察驾驶警车正在东明路电院加油站加油,看到了狂奔而来的皇冠车,立即追赶;此时,发现此情的行人、3辆出租车、1辆工具车在义愤之下,几乎一起加速对皇冠车围追堵截,终于在距商城路不远处将其逼停。

在警察的帮助下,苏东海被立即送上赶到的120急救车。小苏磊也被人送往省人民医院急救中心进行急救。司机立即被警察控制。

22时37分,120值班调度田志梅在电话中告诉记者:苏东海伤势严重,医护人员正在抢救。

11时,记者在急救中心看到,苏东海被皇冠车拖拉得几乎体无完肤,从头到脚,伤痕深深。头发被鲜血浸透,右臂皮肤被磨擦殆尽。

12时,在省人民医院急救中心抢救现场,记者看到,被用上呼吸器的小苏磊心跳次数在一点点地下降,他的呼吸已经完全停止。医生说,他的内脏已经破碎,颅内严重受创,这两种伤都是致命的。事实上,小苏磊已经死亡。孩子的亲属在抢救现场悲痛欲绝!近凌晨1时,记者在事故处理部门被告知,肇事车司机已经接受讯问。

参阅作品

《8名四川被拐儿童在河南望眼欲穿》,《华西都市报》1995年11月19日。

迈向职业化的新闻舆论监督

中央电视台《焦点访谈》在开播一周年之际曾制作过一个周年特别节目，名叫《在路上》。栏目组别出心裁地通过行车采访的方式，从北京到深圳，边走边拍，策划了一个开放的纪念节目脚本。节目播出后反响强烈。对于《焦点访谈》这个享有盛名的电视新闻舆论监督“旗舰”栏目来说，“在路上”表明了一种不停步的自我期许；而对于20世纪90年代的中国新闻舆论监督来说，“在路上”也可以说是一种恰如其分的表达：在经历了多年探索后，新闻舆论监督终于走上了可持续发展的职业化道路，当然，路正长……

本书之前的章节曾多次提到“新闻批评”，这是中国共产党新闻业在发展早期即十分看重和强调的新闻功能之一。如中国工农红军机关报《红星报》的创刊“见面语”（1931年12月11日）中就首次提出：“《红星报》是一个裁判员，红军里的消极怠工、官僚腐化和一切反革命分子，都会受到它的处罚。”[1]战争时期，党对党报的新闻批评功能从未放松，一直致力于将党报变成“有战斗性的党报”，并在实践中逐渐总结和提出了进行新闻批评的若干原则，如“报纸对于批评应该有认真负责的态度，必须根据当地的环境和条件，掌握确实可靠的材料和根据，郑重其事，合乎分寸，以‘惩前毖后，治病救人’为宗旨。”[2]新中国成立以后，仍继续发扬战争时

---

① 复旦大学新闻系新闻史教研室：《中国新闻史文集》，上海人民出版社1987年版，第177页。

② 《提高一步》，《解放日报》社论，1945年5月16日。

代就确立下来的利用报纸开展“批评与自我批评”的优良传统。如 1950 年 4 月 19 日,中共中央做出《关于在报纸刊物上展开批评和自我批评的决定》,一方面在思想意识上强调这么做的必要性:“要教育党员特别是干部认识:在报纸刊物上进行批评和自我批评,是为了巩固党与人民群众的联系、保障党和国家的民主化、加速社会进步的必要方法”;另一方面则提出了一些具体执行办法:由报刊编辑记者和通讯员对批评稿件独立负责、报刊对读者来信提出的批评有核实义务,但可对读者身份进行保密。批评如属实,被批评者应在同一报刊上声明接受并改正;批评如有不实,被批评者可在同一报刊上做出更正等等。[①] 但是,必须看到,在 1949 年之后中央做出的有关“新闻批评”的多项新闻政策中存在着较大的波动与反复。如在 1953 年的“宜山农民报”事件(确立了党报不得批评同级党委的原则)后,1954 年的《中共中央关于报纸工作的决议》就收回了 1950 年给予新闻单位对批评报道独立负责的权力。总之,改革开放之前的“新闻批评”是与当时的新闻政策和政治运动高度挂钩的。政策环境宽松一点,或有配合某项政治运动的要求,新闻媒体上的批评就多,反之则少。而且总体趋势是:“一方面弱化对党政机关和社会公仆的舆论监督,甚至用党的组织纪律明令禁止对党的某级机关的公开批评,另一方面则是把批评的重点逐渐移向人民群众……所谓批评的主要目的是:‘反对资产阶级对党和劳动人民的侵蚀’。”[②]由此,“新闻批评”在总体上蜕变成“新闻批判”,造成很大的问题。

80 年代的“新闻批评”也正是从对这个问题的反思上开始的,当时主要的做法是:(1) 要重新找回过去的正确传统,把走弯的路再“正”过来,谓之“恢复”;(2) 随着新闻实践的丰富,出现了一些新的操作理念和实践方式,如早期的“调查性报道”“深度报道”等,谓之“发展”。这些内容

---

① 《中共中央关于在报纸刊物上展开批评和自我批评的决定》,1950 年 4 月 19 日,收录于中国社会科学院新闻研究所编:《中国共产党新闻工作文件汇编(中)》,新华出版社 年版,第 5—8 页。

② 童兵:《新闻批评和政治民主——对“党报不得批评同级党委”规定的历史考察》,《中国人民大学学报》1988 年第 4 期。

在本书第二编都有所涉猎,不再赘述。尽管80年代关于开展新闻批评的一些规定和政策也时常出现波动,但总的来说是一种波浪式上升的状态,开拓了原有的新闻批评空间,也对当时的新闻改革起到了保驾护航的作用。比如,1985年影响较大的《蛇口通讯报》发表读者文章点名批评蛇口区党委第一书记袁庚一事,即被认为是对原来的同级党报不能批评同级党委的突破,“开了更高层次上的新闻批评之先河”。而被批评的袁庚则表示:“在蛇口办报,除不能反对共产党不能搞人身攻击之外,凡批评工业区领导人的文章,都可以不要审稿。”[①]1985年的全国好新闻评选中,获一等奖的四篇作品中就有三篇是批评报道,可见一时之盛。1987年党的十三大报告明确提出:“要通过各种现代化的新闻和宣传工具,增加对政务和党务活动的报道,发挥舆论监督的作用,支持群众批评工作中的缺点错误,反对官僚主义,同各种不正之风作斗争。”此后,“舆论监督”成为全国新闻界的一个热议话题。但由于1989年北京政治风波的影响,新闻界在“舆论监督”方面的探索中断了,原先已纳入日程的新闻立法也中止了。90年代正是在这样的情况下开篇的。

回顾这段历史主要想说明:在90年代之前,第一,新闻批评一直是为党和政府所看重的社会主义新闻事业的重要功能,也积累了丰富的实践经验。第二,新闻批评被视为是党进行自我净化的有力武器,是手段而非目的。长期以来对新闻批评的主要视点是从党建角度而非从新闻媒体自身角度出发的。第三,新闻批评的开展情况与领导人态度、新闻政策、政治运动等政治因素高度挂钩。在较为单纯的党报党刊系统中,新闻批评一般是自上而下发动和开展的。第四,80年代后期随着新闻媒体数量的飞速增加、新闻实践日趋多样、经济建设带来的社会结构调整的开始,新闻批评已逐渐出现向职业化方向转变的苗头。虽然这种转变曾一度被中断,但90年代又重新开启了这一进程。

中央电视台的《焦点访谈》栏目的开播可说是这一进程中的标志性

---

① 时统宇:《敞开人民报纸的民主之门——新时期十年新闻批评的纵向考察》,《新闻知识》1988年第1期。

事件。首先是央视在这一轮新闻改革中起步较早。1992 年邓小平南方谈话后,改革潮流再次席卷中国,虽然主要指向经济领域,但改革的气氛和精神必然会辐射到其他领域,包括新闻领域,被敏感的新闻人捕捉到。在这一情势下,中央电视台启动了过去曾经两次动议但未能实现的早间节目计划。1993 年 5 月 1 日,《东方时空》开播;1993 年 12 月 2 日,带有媒体内部体制突破性质的央视新闻评论部正式成立;1994 年 4 月 1 日,新生的新闻评论部专门打造的《焦点访谈》开播。央视的这一连串动作从人员配置、节目安排和经验传承上可谓前后相续,并在很短的时间内快速成长,开拓了一个新闻改革的新局面。其次,《焦点访谈》播出后很快就具有了"示范"效应,开播第二天《人民日报》即发表相关评论,各地方台很快也出现了类似栏目,被称为"小焦点访谈",报纸、广播也都出现了一批冠以"焦点""热点"之名的舆论监督栏目,可以说是名副其实的"焦点"效应。

而《焦点访谈》也确实在新闻实践上具备不同于以往的特色,并摸索总结出了一套模式,引起新闻业界和学界长期的关注。

首先,在选题上提出了"三结合"理念。《焦点访谈》第三任制片人梁建增认为选题是一个新闻栏目自身发展需要解决的第一大问题,对于《焦点访谈》这样的以舆论监督见长的栏目来说,甚至可说是"生命线"。他在《焦点访谈》开播几年后对这一栏目选题的原则总结为:"政府重视、群众关心、普遍存在",这三个原则一个都不能少,是《焦点访谈》把握舆论监督导向的坐标。① 很显然,这个"三结合"的选题原则一方面承接了长期以来将新闻批评作为搞好国家和政府工作有力武器的观念,不能走极端,不能为批评而批评,要有政治意识、大局意识、责任意识,不能出现导向错误等。另一方面则强调选题的社会关注度,与新闻受众的密切关联。把握这两者的正是《焦点访谈》十分看重的"度"的问题,而这一点也是诸多论述新闻舆论监督的学者所强调的,如"我们要着眼大局,从大量的具

① 梁建增:《〈焦点访谈〉红皮书》,文化艺术出版社 2002 年版,第 188—189 页。

体事件中,选择那些有时代感的典型……所选择的虽然具有了典型性,也要仔细分析党和政府有没有条件解决,能不能在短时间内解决”等等。[①] 实际上,新闻批评的“度”是一个长期以来困扰新闻界的问题,在不同的政治大环境下对“度”的理解和把握其实很不一样。如 90 年代初期对新闻批评的“度”的提法就相当严厉:“新闻批评既然要为社会主义经济制度服务,就要千方百计地使它有利于社会主义经济制度的完善和发展,而不能挖社会主义的墙角、拆社会主义的台。我国新闻工作者吃的是社会主义的饭,不能砸社会主义的锅……有的记者采写批评报道时,打出‘为民请命’的旗号,损害社会主义事业,其结果也就从根本上违背了人民的最大利益。”[②]《焦点访谈》在选题上强调“度”,不仅表现出一种相对谨慎稳重的态度,而且其目的是要致力于节目的长期生存,不能“过把瘾就死”,这也成为经历过 80 年代风云激荡的新闻界在 90 年代重新开始进行新闻舆论监督时的普遍选择。同时,更应看重的是,《焦点访谈》和这一类新闻栏目正是通过在 90 年代持续性地实践,在实际上拓宽了人们观念中的“度”。梁建增回忆过《焦点访谈》开播后的第一个“敏感话题”,是有关流浪儿童的,这个选题长久以来都是新闻的禁区。但是《焦点访谈》在 1994 年 4 月 23、24 日连续播出的《回家的路有多长——对流浪儿童的追踪采访》却让主管部门的领导看到,节目虽然揭示了流浪儿童的问题,但并不是给社会“抹黑”,给政府工作添乱,同时也让记者感受到了类似这样的题材应如何把握角度和分寸上的“度”,如何“有所作为”。[③] 这些较为谨慎的尝试表明《焦点访谈》追求的是与 80 年代宏大激情的新闻批评不同的效果——渐进地扩大新闻监督的话语空间。

其次,在操作上,《焦点访谈》提出了一个对社会影响深远的口号:“用事实说话”。其实早在 1925 年毛泽东办《政治周报》时,就提出“反攻

---

① 江道衍:《新闻批评的适度性》,《新闻界》2001 年第 2 期。

② 姚文华:《新闻批评的四项原则》,《新闻知识》1990 年第 11 期。

③ 梁建增:《〈焦点访谈〉创办初期的三个第一》,《新闻记者》2004 年 7 月。

敌人的方法，并不多用辩论，只是忠实地报告我们革命工作的事实”①。从40年代到80年代，新闻领域的主管领导、新闻学界和业界也不断地阐释“用事实说话”的道理，但总的来说，落脚点是放在“说话”上的。正如胡乔木在《人人要学会写新闻》中开宗明义所说的那样：“因为新闻是今天最主要最有效的宣传形式。”②也正因此，当“用事实说话”的口号再次随着《焦点访谈》的影响而走红的时候，也引起了学界的关注，一些学者坚持认为这不过是沿袭已久的宣传规律，不能说是没有道理的。但是，对于《焦点访谈》来说，从开播时的四句话“时事追踪报道、新闻背景分析、社会热点透视、大众话题评说”到六年后浓缩成一句“用事实说话”的片头语，却体现着栏目在报道理念上的总结，尽管这在中国的语境下，多少有些容易被“误读”。据《焦点访谈》的创办者之一、首任新闻评论部主任孙玉胜回忆，当初叫“访谈”和“评论”其实都非编辑部本意。但在既定之名下，他们只好把名称做了最宽泛的理解，如并不认为“访谈”是一种特定的采访形式，而是认为“访即采访，谈即大家谈”③，《焦点访谈》虽是名义上的“评论”性节目，但一直坚持“多报道少评论”，强调的是事实自身的逻辑性和清晰度。所以梁建增认为《焦点访谈》的定位语变成“用事实说话”，实际上就是在强调“《焦点访谈》不是用概念说话，不说空话、套话，不说大话，更不说假话，《焦点访谈》提供给观众的唯一的东西就是事实”④。在这一理解基础上，《焦点访谈》在如何挖掘和呈现事实方面进行了大量探索，如如何避免以“弱势群体”的代表自居，成为“另外一种‘主题先行’或是‘观点前置’”，如何以“第三者”的身份调查事实等。⑤ 此类探索在盛行宣传话语和价值判断前置的新闻界具有重大意义，这也是后

① 毛泽东：《〈政治周报〉发刊理由》，载《中国新闻史文集》，上海人民出版社1987年版，第145页。

② 胡乔木：《人人要学会写新闻》，载《中国新闻史文集》，上海人民出版社1987年版，第319页。

③ 孙玉胜：《〈按电视规律办栏目〉——中央电视台新闻评论部主任，“焦点访谈”“东方时空”总制片人孙玉胜在南京电视深度报道会议上的发言》，《视听界》1995年第5期。

④ 梁建增：《〈焦点访谈〉红皮书》，文化艺术出版社2002年版，第255页。

⑤ 同上书，第259页。

来被越来越多的新闻从业者尤其是调查性、批评性新闻的报道者所看重的报道事实的职业规则。

所以从这两个层面上讲,90 年代出现的《焦点访谈》对中国新闻舆论监督进程都是具有承上启下的意义的。它既试图衔接原有的新闻批评逻辑,又试图开创出某种可持续发展的新格局。这是一种“调和”的努力,而《焦点访谈》在迄今近二十年的发展轨迹也表现出“调和”的色彩。从最初凭借电视媒介和央视平台获得的巨大社会影响力,到前后三任总理亲临、座谈和题词(尤其是朱镕基总理的题词“舆论监督、群众喉舌、政府镜鉴、改革尖兵”让《焦点访谈》的声望达到顶峰),再到进入新世纪后的“锋芒不在”,这本身就是一个有意思的话题。《焦点访谈》总主持人敬一丹在 2003 年 8 月 26 日温家宝总理来视察时,先说了一组数据:“《焦点访谈》1998 年舆论监督的内容在全年节目中所占比例是 47%,到了 2002 年,降为 17%。”[①]此后《焦点访谈》虽屡次调整,但往昔辉煌毕竟无法重现了。分析其原因,有传媒环境变化,新闻舆论监督多元化、常规化,《焦点访谈》无法再享受“一枝独秀”殊荣的外因,也有栏目组人员老化的内因,但更重要的恐怕还是这档“旗舰”栏目遭遇到的压力在现有制度下终究无法化解所致——“我们不仅要面对黑暗的现象,还要背对着被触及的利益集团”[②]。

本节代表作选择了《焦点访谈》“辉煌”时期的一期经典节目《粮食“满仓”的真相》。这个在 1998 年 11 月 12 日播出的节目报道了一个惊人的消息:在朱镕基总理视察安徽芜湖南陵县鹅岭粮站时,当地居然敢调粮补仓,欺骗国家总理。这个舆论监督报道的“分量”不可谓不重,但它同时也是一个非常符合上述《焦点访谈》理念特色的具有典型性的报道。选题上,它是国家粮食体制流通体制改革意图,与广大农民卖粮难等利益问题相结合的产物。而且在 1998 年六七月间,《焦点访谈》就多次报道了

---

① 敬一丹:《三任总理与〈焦点访谈〉》,http://www.people.com.cn/GB/14677/22114/32760/32766/2421283.html

② 敬一丹:《央视〈焦点访谈〉缘何锋芒不再》,《采写编》2011 年第 5 期。

这一领域的问题，如《挪款建宾馆 低价售国粮》《私售国储粮 亏空挂国账》《账上竟能长庄稼》《扣粮没商量》《保护价保护了谁》等，可见也具有相当的代表性。由于问题太大也太敏感，《焦点访谈》对这一选题线索一直采取“活养”的方式，即虽暂不报道，但专门有记者与举报人保持联系，直到几个月后时机成熟才进入正式的采访程序。操作上，极为强调事实的逻辑链条：从鹅岭粮库原有存量多少、调入粮食多少、何时调入、入库存放多长时间、为何调粮补仓、为何会出现空仓、当地粮食部门对农民余粮收购情况如何、给国家造成什么样的损失等等，环环相扣，并在每个环节上力求采访到关键人物，给出确凿答案，最终通过缜密而细致的事实调查及展示，完成了“论证”。节目播出次日，全国粮食流通体制改革工作座谈会在京召开，会议开始前，与会者首先共同观看了这一期节目的录像。

为什么说以《焦点访谈》为代表的90年代的新闻实践开启了中国新闻舆论监督的职业化道路？在与80年代及其之前的新闻批评的比较中，我们可以试图分析出所谓“职业化”的内涵。其一，“职业化”意味着新闻实践的相对独立的空间。在长期受党报“不能闹一字一句的独立性”的观念影响下，新闻批评在很长一段时间里是“内嵌”于或密切配合政治运动的。80年代的新闻批评追求事件的重大，并着眼于总体变革，期望直接推动制度建设，这种努力催生了新闻批评从政治话语向法治话语的转变，启动了新闻立法进程，但这种宏观层面的推进因力的对抗性过巨而以“断裂”告终。90年代随着媒介市场的开拓、受众力量的增强、媒介竞争的加剧，新闻舆论监督出现了常态化、栏目化、可持续的特征。以央视为例，1980年播出的《观察思考》是第一个真正意义上的新闻舆论监督类电视节目，但只是一个每次15—20分钟的周播节目，而《焦点访谈》则是每日播出的晚间节目，节目自身的影响力和话语空间自然大大增强。在90年代总体社会结构转型的环境下，新闻舆论监督虽尚未获得完全的法律保障，但已经在党和国家的最高代表大会报告中被屡次提及，在一些具体的法规和行政规定中获得了一定的保障。如，1992年十四大报告称：要“重视传播媒介的舆论监督，逐步完善监督机制，使各级国家机关及其工作人员置于有效的监督之下”;1993 年八届人大常委会四次会议通过的《中华人民共和国消费者权益保护法》明确规定:大众传播媒介要对危害消费者权益的行为进行监督;1997 年十五大报告称,要“把党内监督、法律监督、群众监督结合起来,发挥舆论监督的作用”等。事实上,从“新闻批评”到“新闻舆论监督”——用语的变化也体现了新闻媒体的揭露、批评和社会守望的责任已经被社会公认为媒体常规性的基本职能,而不再单纯是政治动员的工具与武器。

其二,“职业化”意味着“规则意识”的觉醒。例如,对“事实”规则的看重已经明显有别于 80 年代。80 年代一度盛行的“深度报道”,对“深度”的理解往往是从认识论的角度着眼的。在当时新闻对社会真相的逼近程度尚很小的情况下,报道思路和认识观点上的突破,是很有影响力的。但随着新闻实践的发展,90 年代的新闻从业者已经越来越意识到报道的“深度”其实来源于对“事实”的发掘程度(真实性)和在报道中的表现程度(真实感)。而在这两个方面都有大量的可资总结的经验。比如,80 年代及其之前的不少新闻批评其实就是读者来信照登,这固然在直观上体现了新闻媒体作为群众“喉舌”的功能,但在一个社会矛盾逐渐复杂的转型社会,这种方式显然已经不再适合作为新闻批评的主体。《焦点访谈》批评性报道的线索有 90% 其实都来源于群众举报,但同时却需要展开严密的记者调查,并且在事实的采访调查过程中要时刻注意挖掘呈现事实的职业性,不能感情用事。这既表明社会主义新闻舆论监督的主体是人民,也体现出作为执行者的新闻媒体的专业价值。再比如,80 年代及其之前的新闻批评也有不少是以不点名的方式做的,如记者在街头巷尾的所见所闻等,是一种社会现象式的泛泛而评。但 90 年代以后则开始强调事实的“确凿性”。《焦点访谈》颇为自得的“实名批评”即是一例,舆论监督对象有名有姓,反映的事件有时间、地点、过程,关键人物、关键环节必须具备,也正因此《焦点访谈》的舆论监督报道才具有特别的尖锐性、权威性,让一些被监督对象“不怕上告,就怕上报”。当然,《焦点访谈》毕竟只是一个 13 分钟长的节目,对复杂事实的表现空间就有一定的限制。央视新闻评论部后来又打造了以“探寻事实真相”为宗旨的《新闻调查》栏目,将这方面的探索继续深化下去。

更重要的是,随着新闻实践与其他社会实践互动的密切,新闻职业中非常重要的“界限”意识也开始为新闻从业者所认识。《焦点访谈》早期曾非常看重“偷拍偷录”,认为这能最大限度地还原真相,而且确实也让习惯了歌舞升平的电视新闻观众感受到了巨大的震撼。例如早期节目《“罚”要依法》《咸宁工商生财有道》等都是靠“偷拍偷录”成就其“精彩”的,因此有记者认为隐性采访、秘拍应该推而广之、“大行其道”。但是随着实践的深入,公众和记者自己的反思都开始出现。《焦点访谈》在实践中逐渐明确了不能逾越法律底线、尽量隐藏而不伪装、不得诱导设套、不能干涉事件、区分公私领域等界限。新闻界对隐性采访的态度已不再是早期“快意恩仇”式的一味赞美了,而是有了较多的自律意识,同时对这个问题在法理上的探讨也在逐渐深入。《焦点访谈》1997 年 10 月 13 日的节目《逃不掉的罪责》,关注了当时引起极大民愤的郑州民警张金柱驾车将一对父子撞倒并拖行 1500 米才在拦截下停车的恶性事件,在引发社会强烈反响的同时也引起了一些法律界人士对媒体进行“舆论审判”的批评。央视新闻评论部编的《用事实说话——中国电视焦点节目透视》中曾对该报道有专章介绍,提到当时检察院的办案人员在《焦点访谈》关于张金柱的节目引起全国义愤后,确有“将张金柱往‘从重’里判”的表示。媒体从业者可能一时还沉浸在主持公道、伸张正义的兴奋中,但不同职业间的伦理准则、行为边界却会在这类实践中由碰撞而对话而协商,并产生某种规则意识。从“张金柱案”开始,新闻媒体与司法的关系成为新闻职业伦理中的一个重要议题。

总之,90 年代以《焦点访谈》打“头炮”的新闻舆论监督开始了向职业化方向转变的探索,这种探索有重大价值,而且远未结束。其意义至少在三个层面上可以说明:第一,如何将新闻职业的监督守望职能与中国既有的新闻批评传统衔接?第二,如何将具有实践智慧的新闻舆论监督对“度”的把握,落实为更有操作性、稳定性和透明度的制度规范?第三,新闻职业伦理在实践中刚启其端,离新闻界共识的形成还有很大的距离。而进入新世纪后,中国新闻界面临的变化更多也更快,如何跟上变化,并在变化中成熟完善自身——这是一个巨大的考验。从90年代开始的探索,可以说仍是——路漫漫其修远……

代表作

喻圣宏、凌泉龙:《粮食“满仓”的真相》,《焦点访谈》1998年11月12日。

粮食“满仓”的真相(文稿)

主持人(演播室主持):各位观众,大家好,欢迎收看今天的《焦点访谈》节目。粮食流通领域的改革,是目前经济发展中的重要环节,党中央、国务院对此重视,中央领导也经常到各地进行调查研究,关注这项改革的进行。目前,全国粮食流通领域的改革已经取得了成果,但是,也有一些地方违反国家的规定,弄虚作假。最近,我们的记者在安徽省的南陵县就采访到这么一件事。

安徽省芜湖市南陵县素有江南四大粮仓的美誉。全县50万亩耕地中可以种植水稻的面积就有48万亩,每年生产的稻谷也在28万吨以上。由于南岭县在粮食生产中具有如此得天独厚的优势,今年新粮入库之前的5月22日,国务院总理朱镕基来到这里就粮食购销体制改革问题进行了调查研究,在南陵县峨岭粮站,朱总理看到了粮食满仓的情景。

安徽省南陵县峨岭粮站站长刘鸿(采访同期声):朱总理来的时候,我们仓库里粮食装满了,全部是包装的,一直装到齐窗口。

然而,当地群众最近向记者反映,南陵县在上级领导来调查研究时在粮食问题上弄虚作假。10月底,记者专程前往南陵,对此事进行了调查。

记者(采访同期声):那个粮食是从哪里来的呢?

安徽省南陵县峨岭粮站站长刘鸿(采访同期声):是从各个站调运过

来的,调运的,集中保管。

据介绍,峨岭粮站拥有两千吨粮食的库容,那么在没有从其他粮站调粮之前,这家粮站到底存有多少粮食呢?

记者(采访同期声):在上级领导来之前,你们的粮站粮库里面装了多少粮食?

安徽省南陵县峨岭粮站站长刘鸿(采访同期声):这个库存粮食,我们只有六号仓有散装粮食,有852吨。

那么他们从其他粮站调了多少粮食到峨岭粮站呢?

安徽省南陵县峨岭粮站站长刘鸿(采访同期声):一共调了是1031吨,合计我们总仓容量整个数字,那么包括我们(原有的)数字,库存数字有1883吨。

记者(采访同期声):就是说上级领导来看的时候,你们粮库的粮食就是变成1883吨了?

刘鸿:1883吨。

记者:那么你们从各地调来的粮食,就是每个地方调的分别有多少?

刘鸿:分别从烟墩调来447吨,从三里调入463吨,三里加工厂调入58吨,澄桥调入7吨,这个绿岭调入56吨,合计是1031吨。

随后,记者前往曾给峨岭粮站调过粮食的部分粮站核实了有关情况。

南陵县三里中心粮站门市部会计谢年宝(采访同期声):调峨岭是籼稻是328230公斤,粳稻是135170公斤。

记者(采访同期声):这是什么时候调的?

谢年宝:这个就是当时是5月份调的,6月份……

安徽省南陵县峨岭粮站保管员李林保

李林保(采访同期声):放了二十来天。

记者(采访同期声):二十来天?

李林保:嗯。

南陵县为什么要劳神费力调粮充库呢?

安徽省南陵县粮食局副局长杨赤峰(采访同期声):既然来看粮食

嘛，就应该嘛，那个仓里粮食应该是满的，南陵嘛因为是个产粮大县，我说没有粮食嘛，总觉得有点丢人，有点难看。

难道真的仅仅是为了顾全脸面吗？其中是否另有奥秘呢？作为一个产粮大县，南陵县按照上级下达的粮食收购计划本来每年应该收粮10万吨以上，如果该收的粮食都收上来了，一般是不会出现粮库空仓的情况。那么，南陵县的粮食收购工作做得怎么样呢？

安徽省南陵县粮食局局长张厚发（采访同期声）：定购粮数量比较少，这个我们整个的呢，去年定购粮呢完成了50%。

这位局长说南陵县去年入库粮食只有7万3千吨，其中国家规定必须完成的定购粮任务仅完成了50%，连定购粮任务都只完成了50%，那么农民余粮的收购情况又怎么样呢？

记者（采访同期声）：现在余粮多不多呀？

农民A（采访同期声）：余粮也多。

记者：大概会有多少？

农民A：大概有六七千斤。

记者：六七千斤呀？

农民A：哎，对。

记者：现在你们这些余粮粮站里面收不收呀？

农民A：现在粮站就不收。

记者：一概不收吗？

农民A：一概不收。

记者：去年收不收呀？

农民A：去年一亩地只收40斤。

记者：一亩地只准卖40斤？

农民A：只准卖40斤，对。

记者：卖40斤够不够呢？

农民A：40斤那不够。

据了解，在去年的粮食收购工作中，南陵县部分粮食收购单位以库容不足、粮食水分过重为借口，对农民交售余粮实行了限量收购。而农民反映，虽然今年没有限量收购，但当地粮站规定的保护价格偏低，而且还要压级压价，代扣代缴，服务质量也不如人意。

农民B(采访同期声)：粮站里的不按照国家的规定来收购，说给我们100块钱100公斤。结果呢，那个含杂率每百公斤除3公斤，除了那个以后的话呢，给我们的价格100公斤粮食是100块钱嘛，相当于50块钱一担。另外还扣除每百公斤3块钱，我说那3块钱是怎么出来的？是不是？那3块钱一除呢，我们只相当于48块5(一担)，另外还除了含杂除了三四斤一担，我们只得到45(一担)。

农民C(采访同期声)：他发那个通知单上面你要卖多少他有规定的，他给你算好了，你没有钱结，发标给大队(村)，(扣)交工余粮，(扣)交四费，统一一把交了。

记者(采访同期声)：你们家有这么多余粮呀？

农民D(采访同期声)：卖不掉。

记者：粮站不收吗？

农民D：(粮站)结钱结不到，粮站没人，找不到人，要找这个，又要找那个，要找过秤的，要找出纳结钱，找很多人。

记者：不方便是吗？

农民D：不方便。

由于在国有粮站卖粮存在诸多问题，南陵不少农民只好把余粮卖给了散布在全县各地的个体大米加工厂。

记者(采访同期声)：像你们村里面，卖给这种个体大米加工厂的多不多呀？

农民E(采访同期声)：一般的稻都往大米厂卖。

记者：一般都往大米厂卖？

农民E：都往私人大米厂卖，不过不是光卖这个厂子，大米厂多，到处都是大米厂。

记者(采访同期声)：家里的余粮基本上都卖给大米厂了？

农民F(采访同期声):对,我的余粮是全部都卖给大米厂,粮站没有卖。

在南陵县,个体大米加工厂已经存在了多年。10月29日,记者进入几家外面铁锁保护、里面忙碌异常的个体大米加工厂看了个究竟。

记者(采访同期声):像你们这个每天可以加工多少呀?

个体大米加工厂经营者A(采访同期声):每天加工五六吨米。

记者(采访同期声):群众一般都把余粮都送到你们这里来是吗?

经营者B(采访同期声):可以这样讲。

记者:像你们这镇上,就是像你这样的加工厂多不多呀?

经营者B:多。

记者:有多少?

经营者B:有百把多家。

记者:100家?

经营者B:对。

记者:就你们这个镇,他们都是向农民收粮食吗?

经营者B:都是向农民收粮食。

对于这些未经批准、私自收购农民余粮的个体大米加工厂,当地政府又是怎样管理的呢?

记者(采访同期声):当地政府有没有来检查你们呀?

个体加工厂经营者B(采访同期声):天天来,天天来检查。

记者:天天来检查你还搞得下去呀?

经营者B:所以现在都是在门关着干嘛。

记者:那他们检查也就是做做样子啊。

经营者B:人家都罚款,罚了钱走的嘛。那逮到了,他把你逮到了,那肯定要罚款嘛。

安徽省南陵县粮食局副局长杨赤峰(采访同期声):这些小米厂(大米加工厂),据我们不完全统计(全县)肯定超过500家。这500家呢又分布在全县的各个角落,收购量呢每年几万吨是有的,三四万吨粮食应该说它是能够消耗掉的。

记者(采访同期声):占国家收购的粮食大概占个什么比例?

杨赤峰:嗯,将近三分之一。

记者:将近三分之一,就是说全县有三分之一的粮食被个体户收走了。

个体大米加工厂收购的粮食居然占到了三分之一,国有粮站当然也就无粮可收了。粮站收不到粮食,粮仓又何以装满呢?粮仓装不满,就只有在上级领导面前弄虚作假,临时调粮充库了。

记者(采访同期声):从其他粮站调粮到峨岭,这个决定是谁做出的?

安徽省南陵县粮食局副局长杨赤峰(采访同期声):县粮食局呢肯定也参与了。对这个事情的参与者嘛,我肯定也参与了,也有推卸不了的这个这个,这么一回事吧,县政府也参与了。

但是,这位代表县委县政府出面接受记者采访的副县长,却说了这么一番话。

安徽省南陵县副县长汤春和(采访同期声):这个实际上不是作假。因为是粮食,这个粮食它不叫作假,因为是我本地的粮食呀,我不是在外面搞粮食来,我又不是搞其他东西来,它本身就是粮食调到这边来给他看更方便一点,这个不叫作假。

南陵县粮食局局长张厚发在解释调运粮食的原因时说。

采访安徽省南陵县粮食局局长张厚发(采访同期声):它这个粮食嘛恐怕就欠缺一点,欠缺一点嘛就做了一点小包装嘛。但是呢,它不是峨岭粮站的粮食嘛,那我们也不存在给国家造成什么损失,或者名誉上或者是经济上,或者是欺上瞒下。

南陵县的行为难道真的就没有造成任何损失吗?

安徽省南陵县峨岭粮站站长刘鸿(采访同期声):粮食的搬运、筹措要付出一定的劳动代价。上下车、运费等各项费用开支集中起来是有十几万块钱,十几万元。作为我们粮食部门来讲,是一个……从国家总的来讲,我们这个企业不是一个好的企业,不景气的企业,而是亏损。这十几万元钱如果说按照实事求是地搞,(这笔开支)可以节约下来。第二个在群众中造成影响不好,导致了群众已经对政策的怀疑。

在当地群众中,这件事更是造成了恶劣的影响。

当地群众A(采访同期声):你现在这样做,把其他粮站的粮食集中到这一个粮站给国家的领导人一看,我们国家的粮食不得了,库存这么多,实际上是假的。

当地群众B(采访同期声):这个不但欺骗了国家领导,这个也影响市场宏观调控。为什么(这么)说呢?你没有这么多粮食,你现在讲有这么多粮食。

当地群众C(采访同期声):这个呢下面老百姓非常气愤,中央的政策是好的,那么下面呢不是按照这么做。

主持人(演播室主持):我们的记者采访结束后,朱镕基总理了解了这件事情的过程,他支持对这种弄虚作假、破坏党风的行为予以公开曝光。无数事实已经说明,不按照中央的有关规定去做,弄虚作假,不仅会损害国家的利益,最终也会害了弄虚作假人自己。现在要想真正搞好粮食流通领域的改革,就必须严格贯彻中央的有关规定,不能从个别地方的局部利益出发,也不能按照个别人的意愿随意行使,只有认认真真、踏踏实实地将党中央的有关规定变成一种实在的行动,才能真正搞好这项工作。

参阅作品

《透视运城渗灌工程》,《新闻调查》1998年10月16日。

媒体发声:时评的勃兴

1931年5月22日,《大公报》出满一万期的时候,胡适写了一篇《后生可畏》的贺词,盛赞《大公报》已然超过了那些历史比它更长的前辈报纸,并且安然当得起“中国最好的报纸”的荣誉。他总结《大公报》成功的原因时说,《大公报》所以能有这样好的荣誉,不过是因为它在这几年之中做到了两项最低限度的报纸职务:第一是登载确实的消息,第二是发表负责任的评论。这两项都是每一家报馆应该尽的职务。只因为国中的报纸都不敢做,或不肯做,或不能做,而《大公报》居然肯努力去做,并且有不小的成功,所以就一跳而享大名了。[①] 正如胡适所说,登载确实的消息和发表负责任的评论是新闻媒体的两项基本职责,从媒体对这两项基本职责的履行水平及其变化中,正可以看出新闻业作为一项社会职业的发展轨迹。

以“发表负责任的评论”而言,媒体对这一项基本职责的认识,本身就经历了一个漫长的过程。近代新闻业自从中国发端以来,由于长期处于外忧内患的动荡社会中,各方办报力量都特重言论。第一张中国人自办的有影响力的日报《循环日报》即由主编王韬开创了“政论”传统,宣传“变法自强”的改良思想。可以说,早在报刊真正重视新闻之前,报刊的言论功能就已经大大地发展起来了。但早期中国报纸的言论形式主要还是“论说”,代表作如王韬的《论今时势》、梁启超的《少年中国说》等。这种言论形式往往从时局大势着眼,立论宏伟,论证铺陈,重在启发民智,思

① 胡适:《后生可畏》,《大公报》1931年5月22日。

想性强但与时事新闻联系很弱。从20世纪初开始，报刊继“论说”之后又出现了一种新的言论品种——“时评”。梁启超在《新民丛报》上首创“国闻短评”专栏，择国内外新近发生的重大事件“略加绪论”。稍后奉康有为梁启超之命回国办报的狄楚青在上海创办的《时报》也开设“时事批评”专栏，梁启超在为《时报》撰写的发刊词中对这一栏目的说明是：“凡每日出现之事实，以简短隽利之笔评论之。”不少新闻学者将“时评”这种新的报刊言论文体的发明权归功于《时报》，这可能是受了《时报》总编辑戈公振的影响，因他在《中国报学史》中称《时报》的“时事批评”专栏是“独创体裁，不遂流俗”，并引胡适的文章说，“《时报》的短评，在当日是一种创体”①。实际上当时比《时报》更早的《新民丛报》和与《时报》同时的《东方杂志》都有了同一性质的“时评”文体，但《时报》的影响力显然更胜一筹。正如胡适所说：“这确是《时报》的一大贡献。我们试看这种短评，在这十七年来，逐渐变成中国报界的公用文体，这就可见他们的用处与他们的魔力了。”②随着新闻报道的发达，近代报刊逐渐出现“‘论说’受更加符合新闻规律的‘时评’的影响，而向后者逐渐靠拢”③的趋势。至20世纪三四十年代，以《大公报》为代表的中国报业出现了以评论时事为主的时评热潮，主持《大公报》笔政十五年之久的张季鸾每每“看完大样写文章”，针对刚刚发生的新闻事件或社会关注的时政话题发言，留下不少脍炙人口的社评名篇。

中国共产党的新闻实践从一开始即注重言论功能，1956年《人民日报》改版时谈到要改进的三个方面工作就包括“开展自由讨论”。报纸要成为“社会的言论机关”，“报纸的编辑部无论凭着什么名义，总不能设想自己是全知全能的，或者故意摆出这样一副神气，活象对于任何问题可以随时作出绝对正确的结论。不是的，事实决不是如此。有许多问题需要

---

① 戈公振：《中国报学史》，中国新闻出版社1985年版，第119页。

② 同上。

③ 马少华：《论早期评论的发展对现代新闻周刊的贡献》，《国际新闻界》2007年第12期。

在群众性的讨论中逐渐得到答案……”[1]但遗憾的是,报纸作为“社会言论机关”的职能在很长一段时间内又是缺席的。尤其在“文革”时期,从表面上看发表在“两报一刊”上的社论,“被认为直接代表着党中央和毛主席的指示和声音,新闻评论‘高于一切’的地位,在党和国家的历史上达到前所未有的程度”,但实际上这恰是新闻评论功能被严重扭曲的表现,新闻评论“从一种常见的新闻类体裁,变为政治运动中最为‘得心应手’‘呼风唤雨’的武器”。[2] 60 年代初期一度短暂繁荣的报刊“杂文”,以“曲笔”借古喻今,给人启发,但终因政治运动很快归于沉寂。“文革”之后,新闻改革首先从文风开始,新闻评论再度借重 20 世纪三四十年代在报章上出现过的“杂文”传统、“小言论”传统。如 1978 年 7 月,上海《解放日报》率先开设“解放论坛”专栏;1980 年 1 月,《人民日报》在要闻版创设“今日谈”小言论专栏;《北京日报》推出“文明小议”专栏;《羊城晚报》推出“街谈巷议”专栏;《新民晚报》恢复“未晚谈”等。这些著名的评论专栏,文笔细腻曲折、篇幅不长、以小见大、说理平和、态度从容,给新闻评论领域吹来一股清新之风,深受读者欢迎。但是这一类新闻评论其实“新闻性”并不强,多杂文随感,针对具体时事热点的“事评”较少。除此之外,还出现了一类可被称为针对“重大思想理论问题”的评论,代表作如范敬宜的《莫把开头当过头——关于农村形势的述评》(原载于 1979 年 5 月 13 日《辽宁日报》、1979 年 5 月 16 日《人民日报》,全文转载时将标题改为《分清主流与支流 莫把开头当过头》),以及本书已经介绍过的关于真理标准问题讨论的系列评论、围绕邓小平南方谈话的系列评论等等。这类评论着眼重大、立论宏伟,往往有一力千钧之效,但多少在形式上衔接的是近代早期新闻实践中的“论说”传统,同样“新闻性”不强,是“势论”而非“事论”。更何况,大部分的报纸言论其实如《中国青年报·冰点》前主编李大同所说,只有“二传手”的功能。他尖锐地指出:

---

① 《人民日报》社论:《致读者》,《人民日报》1956 年 7 月 1 日。

② 涂光晋:《时代之“声”——新时期中国新闻评论研究》,中国人民大学出版社 2011 年版,第 45、47 页。

“它的使命只是诠释党和政府的方针政策,功能是‘推动工作’。严格地说,中国的媒介根本就不存在编辑部的声音。”①因此,如何重建“媒体发声”的言论功能成为中国新闻界在进入90年代之后的一个集体课题。从90年代末开始,中国的媒体上终于又出现了“时评”大行其道的热潮。

对于这一次时评热的时间追溯,不同的研究者看法不一。有的认为起点是1996年《南方周末》改版后创办的“纵横谈”栏目(原名“阅报札记”),有的认为是1998年《中国青年报》改版后出现的“冰点时评”栏目,还有的认为是从2002年《南方都市报》推出时事评论版开始。如果不执拗于给新时期的时评热找一个象征意义的“起点”,而侧重于新闻界对媒体言论功能认识与践行的过程,可能更容易看出媒体言论功能的变化轨迹——上述三个代表性事件恰好说明了这一发展过程:在“纵横谈”主持笔政的鄢烈山以独立思考的“公民写作”、对重大问题敏感问题不回避的姿态和直抒胸臆的辛辣文风,对原有新闻评论的空间进行了大胆的突破,也受到了空前的欢迎,甚至形成了“鄢烈山现象”②;《中国青年报》则在主流大报上一改过去四平八稳的评论老路,设立时评专栏,以冷静又尖锐、理性又活跃的风格,聚焦公共利益和民主法治建设,形成一个多种观点的表达空间。这种方式一经推出就受到社会和新闻界的广泛好评,《冰点时评》也在2001年荣获中国新闻名专栏称号;进入新世纪后,以《南方都市报》为代表的一大批都市类报纸更是将媒体的言论空间做了进一步的拓展,时评篇幅由“栏”到“版”,评论时效几乎与新闻事件同步,一个日渐庞大的时评作者团队出现。与此同时,广播、电视也在加强言论功能,创新出多种评论形式,如有专门的时评节目,也有内嵌在新闻报道中的广播和电视时评。而随着网络的发展,传统媒体与网络平台的互动更是让中国媒体上的话语空间出现一派蓬勃热闹的景象。据统计,鼎盛之时,国内创

① 李大同:《冰点故事》,广西师范大学出版社2005年版,第260页。

② 陈栋:《解码新时评:中国新闻时评的新发展(1996—2006)》,中国社会科学出版社2010年版,第66页。

办时评版的报纸有300家之多。[①] 当然,进入高速发展状态的时评一时间也出现了鱼龙混杂、良莠不齐的状况,引来学界和业界的批评与思考。但不管怎么说,时评已经成为新闻媒体言论功能的承担主体了。

从上个世纪初时评的出现到上个世纪末时评的再度勃兴,历史的轨迹彰显了新闻传播的自身规律:以新闻性和公共性为特色的时评必然要在新闻业走向成熟的过程中承担起主要的言论功能。那么何为“时评”?有意思的是,引领上个世纪末“时评”勃兴大潮的代表性人物的观点就并不一致。如鄢烈山认为,时评是“时事评论”与“时政评论”的略称,是一个比“新闻评论”更大的概念。时评可以取材于新闻,“被动”地对新闻事件和人物发表议论,也可以不依傍眼前的新闻,就“身边”事、“心头”事发表意见,只要是关于当下的(现在进行时)意见,就是“时评”。[②] 而《冰点时评》的主持者之一马少华则认为,“时评”就是狭义的“新闻评论”,是一种直接评论和判断当下发生的新闻事实的文体。之所以人们更愿意用“时评”这个概念是因为在长期的新闻评论实践中,新闻评论的品种体裁多样化、复杂化,以及传统社论、评论员文章的空泛化、官样化,已经使“新闻评论”这个概念的外延过度膨胀。[③] 此外,学术界可能更认可的是甘惜分主编的《新闻学大辞典》里的定义:“时评是以议论时事为主的评论,最初专指时事短评。新闻评论学术语,按评论内容划分的一种。”[④]实际上,这三种观点都认为时评是“因事而评”的,分歧不在于对“时评”而在于对“新闻评论”的理解不一样。而这种不一样恐怕正是长期以来新闻评论实践以及对这种实践的认知并未进入成熟的职业状态所致——第一种观点从字面理解认为新闻评论只能“被动”地评新闻事件,第三种观点道出新闻评论发展的实际表现,第二种观点看到的是一种发展规律,是马少华

---

① 薛建国:《时评之病与应对之法》,《新闻战线》2011年第8期。

② 鄢烈山:《二十一世纪的“新乐府”——我的“时评”观》,《青年记者》2004年第9期。

③ 马少华:《时评的历史与规范》,《新闻大学》2002年秋季号。

④ 甘惜分主编:《新闻学大辞典》,河南人民出版社1993年版,第211页。

所认为的“新闻评论意识的自觉和成熟的标志”①。

随着新闻实践的深入，时评必将成为新闻言论功能的主要承载者，是因为时评具有的两大特性——新闻性和公共性，符合了新闻职业的内生规律。

新闻性，指时评是对新近发生的事实的评论。而且随着新闻业的渐趋发达，这类事实越来越多要靠在“媒介环境”而非街谈巷议的“人际传播”环境中取得，已经是一个不争的现实。当然，从什么角度评价如何评价这些新近发生的事实则完全看时评作者的判断，大可不必跟着新闻报道的框架亦步亦趋。有研究者认为，时评的“时”既是时事，也是时代。不错，好的时评往往能够由“事”论“势”，比如前文所说的范敬宜的述评《莫把开头当过头》就是从记者采访所得的“事”入手论述改革开放是“开头”还是“过头”的“势”，两者兼备，也可说是一篇上佳的时评。但是那些宏观立论、体现方向、传达精神、论述“大势”的大型政论则不是时评，它们非常重要，却不是媒体言论功能的主要载体（正因其重大，所以不可能大批量、不间断地出现）。此外，媒体上曾一度繁荣的杂文、小言论也不能成为媒体言论功能的主要承载者。杂文随感代替时评其实是一种不成熟的现象——或是因为新闻报道本身尚不够发达，或是由于各种原因媒体的言论空间受限，不得已写“曲笔”文章。随着传媒自身的发展，杂文随笔类文章可以而且应当和其他多种形式的文化产品一样昌盛于媒体平台，但应当回归它们的文学本质。当然这类文体的说理艺术、文笔格局其实颇值得时评学习借鉴。现在对时评的批评意见中就有这方面的：千评一面、文笔粗糙、写作容易陷入程式化。固然时评作为媒体言论的“急就章”确实难以精雕细琢，但适当考虑时评写作的“杂文化”（主持《河北日报》“杨柳青”专栏二十年的储瑞耕语）也不失为一条有益的建议。

如果说“新闻性”体现了时评在言论对象上的特点，那么，“公共性”则体现时评在言说立场上的特点。

---

① 马少华：《早期的“时评”——论我国近代新闻评论发生发展的形式规律》，《国际新闻界》2003 年第 5 期。

时评要体现新闻媒体职业属性中应具备的公共品格。20世纪20年代,中国近代报业向职业化转型过程中,新闻学者就提出,“公共性”是报业的第一特质,是报业与其他事业的根本区别。但新闻实践长期以来在观念上认为作为党的喉舌和人民的喉舌是完全一致的,因而也就不需要有相对独立的空间,做好推动工作的工具即可。可现实的复杂与实践的丰富,又迫使新闻从业者不得不在实际工作中不断寻找自己的定位。90年代末勃兴的时评之不同于以往的新闻评论,很大程度上即体现为评论立场的转换。根据鄢烈山主持“纵横谈”前三年发表评论编辑而成的《鄢烈山时事评论》统计,131篇评论中有97篇是批评性的;《冰点时评》的评论也大多是“针砭式”的。为何如此?这其实表明一个复杂社会,尤其是处于转型期的复杂社会的公共利益诉求,所谓“不平则鸣”,而不回避这些敏感社会问题、利益问题,能代表公众而“鸣”的时评自然会受到人们的欢迎。比如鄢烈山在“纵横谈”上的首篇评论就是较早关注国有资产流失的《一言难尽于志安》。

但“公共性”却不等同于迎合大多数人的观点,它实际上是一个比“平民化”更具现代意义的观念。鄢烈山评论的一大特点是具有独立思考的意识与“我手写我心”的勇气,这意味着他的文章往往是见人所未见、言人所未言,具有鲜明的个性。比如他曾写过对广受流行文化追捧的歌曲《小芳》和《纤夫的爱》的批评——《从〈小芳〉想到美国大兵》《哪朝哪代〈纤夫的爱〉》。鄢烈山将自己的写作定位为“公民写作”,这个名称虽非他首创,但却经由他以及《中国青年报·青年话题》(《中国青年报》1999年改版后出现的评论专版,《冰点时评》专栏转入到这个版)的编辑李方等人的倡议而成为时评界、杂文界中一个响亮的口号。用鄢烈山的话说,“公民写作”就是自我定位为“公民”,清醒地意识到自己是作为共和国的一个公民在写作,就必须有自觉的权利意识、平等意识和社会责任感。“‘我’不比谁高尚,没有布道者的道德优越感,并不想居高临下地教诲任何人;也不比谁高明,既不想做‘王者师’,也不想当启蒙塾师。‘我’只是一个公民,是我所是,非我所非。‘我’不比谁卑贱,一不稀罕待诏金马门；二不想要'文死谏'留名青史的虚荣……'我'不是当权派，也不是反对派……'我'只是一个公民，自认为依法享有个人权利的自由人，眼里容不得沙子，心里憋不住疑问。"[①]这段带有自我宣言式的说法不仅表明一种区别于"臣民"心态的现代社会公民的立场，而且表明要追求并践行公民的自由表达权利。这也使得新时评甫一出世就带着一股峻烈之风，被称为一种带有突破性的"极限言说"[②]。如鄢烈山在1997年10月24日发表的《"波尔大哥"，永别了？》即率先针对柬埔寨红色高棉最高领导人波尔布特去世之事，公开评论波尔布特的"极左"错误路线，打破了国内媒体的沉默。

除了体现公共品格外，时评的发展也表现出致力于打造公共话语空间的现代媒体的职业特点。如果说新时期时评最初兴盛时还带有依赖于少数作者的个人化特征，那么随着它的发展，时评领域出现了明显的多元化趋势。首先，它是"群言式"的。据研究者对2002年《冰点时评》的抽样统计显示，样本中作者的重复率为零。[③] 相比于更讲求笔法与文学功底的杂文写作，时评写作的门槛要低一些，更容易对公众开放。事实也正是如此，网络的兴起更加促成了这种"公民广场"式言论的发展。当然，时评的"群言"并非指没有个人时评栏目了，恰恰相反，正是随着时评的繁荣，个人时评栏目越来越多，所以时评从整体上才有可能是体现多种声音的多元话语空间。而"群言式"也并非时评的首创，1980年《人民日报》开设的小言论栏目"今日谈"就是"群言式"的"来论"。因此时评打造公共话语空间的第二个特点在于它的"对话"性。鄢烈山主持的"纵横谈"虽体现了他强烈的个性色彩，但并非他个人的"一言堂"。他的评论往往能引发出一个辩论性的话题。比如在"纵横谈"创办之前，他在《南方周末》上写了一篇批评金庸武侠文化大行其道的文化评论《拒绝金庸》，结果引出多位文学评论家、文化学者参与的辩论，成为一个有意思的文化话

---

① 鄢烈山：《21世纪的"新乐府"——我的"时评"观》，《青年记者》2004年第9期。

② 朱子庆：《写重大主题：一种极限言说策略》，《唯实》2002年第11期。

③ 林嘉、梁伟：《从〈冰点时评〉看时评写作特色》，《新闻记者》2003年第11期。

题。鄢烈山在主持"纵横谈"之初引起最大轰动的评论是《粗制滥造的标本》,批评了1995年的一本畅销书《中国可以说"不"》及其代表的思潮,鄢氏自己也称这篇文章引来的读者反馈是叫好与叫骂的各占一半。这正说明,"公共话语空间"中的"公共"不仅是代表公众,更重要的是要表现出构成"公共性"的不同声音,并能让这些声音在一个弹性空间内互相倾听、对话、妥协,这样才有达成共识的可能。时评的声音应该是多元的、鼓励对话的,而不是排他的、唯我独尊的。正如马少华所认识到的:"我们从一开始就觉得,'冰点时评'的观点,不大可能是完全正确的,更不大可能是权威的。自从1999年末,《中国青年报》创办'青年话题'版,'冰点时评'转入'青年话题'后,我们就自觉地以同一块版上的'不同观点'栏目,发表对'冰点时评'文章观点的质疑。从一方面说,这是在一个思想活跃、价值观念多元化的时代里社会舆论的正当表达;从另一个方面来说,这是尖锐的观点、活跃的思想所应当面对的环境。"①

只有从90年代后期时评勃兴的背景与内在轨迹去理解时评,恐怕才不会觉得某一篇作品入选的"突兀"。本节代表作选择的是1998年12月2日《冰点时评》发表的《国旗为谁而降》。这篇署名上海华东政法学院研究生郭光东(后进入《南方周末》工作,曾为《南方周末》新闻部总监、评论部总监,现为《博客天下》《财经天下周刊》《人物》杂志出版人,博雅天下传播机构副总裁)的评论,是《冰点时评》创办不久后一篇颇有影响力的时评。它源于1998年大洪水造成3656人死亡的新闻事实,却独辟蹊径地通过对《国旗法》第十四条规定的解读,提出了"国旗为谁而降"的问题——这正是时评应有的魅力:源于事实,却能跳出原有报道框架,提出新问题、新观点,见人所未见、言人所未言,形成不同于"事实性信息"的"意见性信息",但互为支撑地共同履行着新闻业对社会的双重职能——提供确凿的事实和负责的言论。作者是研究法律的专业人士,所以能提出一般人可能想不到的问题,但这篇评论却不是掉书袋的专业文章,它是

① 马少华:《冷静、尖锐、活跃的"冰点时评"》,《新闻与写作》2001年第10期。

以专业角度观察公共生活的典型。评论解释了《国旗法》规定可以对严重自然灾害造成重大伤亡时下半旗的意义，但“遗憾的是，我国还从未有过为一般民众下半旗的先例”。在表达公共意见时，这篇评论是尖锐的——它直接批评最高级别的政府行为，将几件发生时间相近的事实放在一起对比，形成令人深思的效果：“洪灾刚过的9月21日，我国依法为不幸因病逝世的杨尚昆同志下半旗致哀；而3656名普通民众在洪灾中死难则几乎与此同时。”“就在我国洪灾前的1998年6月3日，德国一列高速列车出轨，酿成德国近50年中最惨重的铁路交通事故，100人死亡。事故次日，德全国降半旗志哀。”作者对这一现象的分析更是一针见血：这是一种“礼不下庶人”的传统礼教观念，与现代民主社会“礼”理所当然下及“庶人”的观念是格格不入的。这篇评论的原题是《被遗忘的法条》，编辑李大同给改成了更尖锐的现题，以至于编辑发表后一直忐忑不安时刻准备着被叫去“问话”。而发表后“没听到什么动静”也表明了公共言论空间的扩大，这种扩大与此类尖锐时评的推促是分不开的。同时，这篇评论又是建设性的，作者期望有关部门不要因为一时疏忽，就遗忘了《国旗法》的相关规定。如果再有此类不幸事件发生，应该“体现国家对普通公民生命的尊重”。尖锐却不挖苦讽刺、深刻却平和理性，这也正是《冰点时评》编辑团队一直倡导的理念。这篇评论发表后半年，美国轰炸我国驻南联盟大使馆事件，三名中国记者殉职。我国政府很快宣布，为这三名记者降半旗致哀，这是共和国的旗帜第一次为普通人而降。此后在一次次严重灾难和事故过后，也都有媒体重提“国旗为谁而降”的问题，足可见这篇评论的深入人心。

2008年汶川大地震后，国旗再次为普通公民而降。

代表作

郭光东：《国旗为谁而降》，《中国青年报·冰点时评》1998年12月2日。

国旗为谁而降

东北的灾民早已在雪前住进了温暖的地窨子;九江大堤决口封堵处也于近日开始拆除重筑。洪灾过后,诸多善后事宜有条不紊地进行,但现在回想起来,有件事被忽略了:按照《国旗法》第十四条的规定,为九八特大洪灾的死难者下半旗致哀。

1990年颁布的《中华人民共和国国旗法》第十四条第二款规定:“发生特别重大伤亡的不幸事件或者严重自然灾害造成重大伤亡时,可以下半旗致哀。”今年我国发生洪水的河湖之多,时间之长,水位之高,损失之大,为历史罕见,更为《国旗法》颁布以来所仅有,当属“严重自然灾害”;洪灾中,人员死亡达3656人,当属“造成重大伤亡”。尽管《国旗法》对严重自然灾害造成重大伤亡时下半旗规定的只是“可以”,不是“应当”“必须”,但如果一次灾害死亡3656人还不能适用这一法条的话,不知这一规定几时才能派上一回用场。

事实上,国旗不仅是国家主权和民族尊严的象征,也是民族精神和民族凝聚力的体现。而下半旗正是一种由中央政府以全体国民的名义举行的哀悼仪式。它不但能给予死难者的亲人以莫大的精神慰藉,再次体现抗洪斗争中全民族的强大凝聚力,而且更有助于增强每个公民的国家观念和爱国情感,使人真切地感受到自己是祖国大家庭的一员,从而激发为国奋斗的热情。

遗憾的是,我国还从未有过为一般民众下半旗的先例。古代的礼制,其实质是正名分,巩固等级制度。《礼记·曲礼》曰:“礼不下庶人”,一直是西周以来的一条重要原则。及至现代民主政体确立,“礼”理所应当下及“庶人”,因此我国现行《国旗法》规定,除了国家重要领导人逝世应下半旗外,对国家作出杰出贡献的人、对世界和平或者人类进步事业作出杰出贡献的人逝世,以及因不幸事件、严重自然灾害造成重大伤亡时,也应或也可下半旗致哀。这项立法反映了社会进步,无疑使我国的降半旗制度走上了民主化、规范化的轨道。

但从目前实践和人们的观念看,下半旗的对象还仅限于逝世的国家重要领导人,其他几类对象尚未予以充分重视。比如,在洪灾刚过的9月21日,我国依法为不幸因病逝世的杨尚昆同志下半旗致哀;而3656名普通民众在洪灾中死难则几乎与此同时。

值得一提的是,就在我国洪灾前的1998年6月3日,德国一列高速列车出轨,酿成德国近50年中最惨重的铁路交通事故,100人死亡。事故次日,德全国降半旗致哀。

两相对照,没能为36倍于德铁路事故死亡人数的我国洪灾死难者降半旗,我宁愿看成是有关部门的一时疏忽。倘若今后再有我们不愿其发生的重大伤亡,请切记关注《国旗法》的相关法条,以下半旗的仪式寄托全国人民的哀思,体现国家对普通公民生命的珍重。

参阅作品

鄢烈山:《人权:人的权利》,《南方周末·纵横谈》1998年10月16日。

新闻直播时代来临

一位资深电视新闻人曾说:“由于一种常年养成的职业习惯,我一听到直播就会兴奋不已——习惯深入自己之后会变成一种本能。”①为何直播会让新闻人有“本能的兴奋”? 这是一个有趣的话题。它似乎隐隐意味着,直播对于新闻业来说,并不仅仅是一种同步播出形式这么简单。

广播和电视在发明之初,本就是作为同步传输的工具。由于技术上还无法实现在编辑后录制播出,所以早期的广电节目都是“直播”:从延安新华广播开始,到曾经介绍过的北京新华广播电台(中央人民广播电台前身)对开国大典的“实况广播”,直至 1966 年之前,各广播新闻节目都是“直播”。1958 年 5 月 1 日成立的北京电视台(1978 年改名为中央电视台),所有节目也都是直播。包括 1958 年 6 月 15 日中国的第一部电视剧《一口菜饼子》,也是在摄影棚里一边演出一边直接播出的。6 月 19 日,北京电视台直播了北京队对八一队的男女篮比赛,这是中国电视的第一次体育直播和户外直播。1958 年 10 月 1 日,通过我国自己研制的第一台黑白电视转播车,电视台直播了天安门广场庆祝新中国成立九周年的阅兵典礼和群众游行,晚上又直播了焰火晚会,这是电视台第一次重大事件直播,此后还直播过庆祝共产党成立 40 周年大会等等。可见,从时间先后上讲,作为播出方式的直播在前,录播在后。有了录播这种当时更先进的技术手段后,广电媒体为追求节目的质量,几乎都不再采用直播了。而当时人们对直播的理解完全停留在播出形式上,与新闻职业关系不大。

---

① 孙玉胜:《十年:从改变电视的语态开始》,三联书店 2003 年版,第 513 页。

所以除了录音摄影棚里直接播出的节目外，其他直播如对体育比赛、重大活动的直播，一般都叫“实况转播”，媒体基本上就是一个记录员，只起一个被动传播和记录的作用。

这种情况在80年代直至90年代中期才逐渐有了改变。首先是广播媒体对“直播”形式有了新的认识。1986年底，广东人民电播电台率先改革，开播了珠江经济广播电台，将全天节目分成八大板块，一律直播，这就是广播史上赫赫有名的“珠江模式”。因为直播，广播节目的主持人改变了播音腔，以直接和听众交流的方式来主持，大大拉近了传播距离。开播四个月后，广东台在珠三角地区的收听率就从过去的46.7%上升到78%。[①] 其次是广电媒体开始在重大政务活动中恢复直播。十三大期间，中共中央政治局常委会会见中外记者的电视现场直播以及七届人大一次会议期间的广播、电视现场直播，都在国内外产生了广泛、深远的影响，被视为是“开放政策的产物，是提高政治透明度的有效途径”。[②] 再次，广播媒体在90年代初期掀起了一轮热线电话直播节目的高潮。最早大量采用听众热线电话参与直播的是南京经济广播电台，后被上海东方广播电台将这种模式推向高潮，并在各广播电台遍地开花。一开始听众打来的热线电话主要是投诉，后来出现多元化趋势，如心理问题倾诉等。广播在90年代初盛行的热线直播节目中体现出的“直播”意义是：不加修饰地面对生活真实和激发起听众强烈的参与意识。但此时，面对“直播”，媒体自身的把握能力还有较大不足。热线直播“热”了一段时间之后，非议之声也随之而来，主要的问题是认为有些直播节目的“格调不高”“调子低了点”。[③] 虽然热线电话直播作为一种节目形式“热”了一段时间后又“冷”下去了，但这种直播的理念其实广泛渗透进其后的广电媒体实践中，比如广播的受众参与式谈话节目、城市电视台的民生新闻直播

---

① 朱光烈：《从直播到电话参与：中国新闻改革的传播学道路》，《北京广播学院学报》1993年第3期。

② 丁图：《贵在原原本本——小议现场直播》，《新闻与写作》1988年第6期。

③ 吴郁：《广播节目直播、热线“热”中的冷思考》，《北京广播学院学报》1993年第6期。

节目等。最后,电视媒体在80年代末90年代初采取的新闻栏目直播和零星的事件直播报道尝试为90年代后期逐渐进入新闻直播时代做了准备。1989年底,在地域上受香港媒体影响较大的广东电视台在全国率先对新闻节目开始直播。1993年央视早、中、晚的新闻栏目除《新闻联播》外都实现了演播室直播。1996年,《新闻联播》也实现了演播室直播。这一时期,电视媒体也在尝试着对新闻事件进行直播,1994年7月21日,央视曾三次将西昌发射卫星的实况和北京科工委监看卫星发射的情况切入正在播出的《新闻联播》,做了直播报道。①

20世纪80年代到90年代初期,可说是新闻媒体真正开始进入直播时代的酝酿期或前奏:新闻界对"直播"的认识虽已不同于广电媒体发展早期受制于技术条件不得不"直播"的阶段,但仍不十分清晰。演播室直播已经较为普遍地被采用,但只有播音员的口播新闻是直播,其他时段则切入事先录制好的新闻片;重大新闻事件直播做得还很少,且基本停留在"实况转播"的阶段;常态化的直播虽出现了一点苗头,如广播的热线直播节目似乎可看做21世纪之后城市电视台民生新闻直播节目的雏形,但媒体还没有发育出与常态"直播"相匹配的能力,也没有什么明确的"报道"意识。真正的变革,要到1997年这个标志性的"中国电视直播年"才开始。

1997年之所以被公认为"中国电视直播年",是因为在这一年,中央电视台几乎以重大事件直播报道贯穿了始终。从年初对"两会"召开的例行直播,3月9日央视联合黑龙江电视台、江苏电视台和云南电视台进行的漠河日全食直播报道,4月南昆铁路全线铺通直播报道,中俄哈吉塔五国签订边境裁军协定直播报道,到下半年的7月1日香港回归直播报道,9月十五大召开直播报道,10月28日,对黄河小浪底水利枢纽工程截流合龙现场直播以及11月8日对长江三峡工程大江截流的现场直播……频繁出现的重大事件直播创下了中国电视史上的多项"第一":如

---

① 杨伟光主编:《中央电视台发展史》,北京出版社1998年版,第422页。

漠河日全食直播首次在全国范围内实现多点直播报道、中俄等五国签订边境裁军协定直播是我国媒体首次直播报道国际重大政治活动、万众瞩目的香港回归直播报道创下了连续直播报道时长和新闻节目收视率的双纪录、大江截流直播是首次成功使用直升机航拍进行的移动直播报道，等等。央视在1997年的一系列重大事件直播报道，开启了中国新闻史上新一轮的直播热潮，并促使中国新闻业逐渐迈入直播时代。

与80年代及90年代初主要用直播进行政务公开和民生诉求不同（尽管这时媒体对“直播”所具有的意义认识并不明确），90年代后期媒体对直播的热情首先是文化方面的。

从漠河的日全食直播、黄河小浪底截流直播、长江三峡截流直播以及1998年元宵节对中国南极科考队工作现场“极昼景观”的直播等报道中，无不可以看出电视人对直播带来的“视觉奇观”的追求。在这些直播报道中，媒体人不遗余力地追求表现手段的突破，增加视觉表现力，其技术上的进步速度是惊人的。1996年央视还没有便携卫星上行设备，1997年初才向国外引进相关设备并提前租下了泛美2号卫星上的转发器和相关时段的传送线路。但到1997年末进行大江截流直播时已经可以实现海陆空三位一体的直播了，设在船上的演播室离合龙口仅仅200多米，可以让观众最近距离地看到合龙进展。

与录播不同，直播带来的“视觉奇观”具有更深层的文化意义，即它能营造出奇妙的“时空共同体”，让观众“共享”眼前正在发生的一切。在越来越重视市场、受众、收视率的90年代媒体话语中，这一层面的价值立即被媒体人捕捉到并大力发扬。例如，漠河日全食直播时的收视率为4.7%，据此推算全国当时有400万人[①]共同观看了这一天象奇观。日全食这样的天象新闻以前媒体不是没有报道过，但如果不是直播，很难想象会引起这么多人的关注。更为神奇的是在七一香港回归的直播中，1997年6月30日23点16分举行中英对香港的政权交接仪式时，形成了收视的

① 周勇、刘凡平：《1997：中国电视直播年》，《中国广播电视学刊》1997年第12期。

最高潮。据中国人民大学视听传播研究中心与中央电视台《电视研究》编辑部的全国抽样问卷调查显示，当时的收看率峰值高达91.6%。[①] 也就是说，有电视的人几乎都在观看直播，用这种方式见证共和国的重大历史时刻，并获得一种其他报道方式达不到的“在场感”和“参与感”。

正是因为90年代末期对“直播”的认识首先是文化层面的，所以从1997年央视一系列的直播中不难看出包裹在“重大事件”标准之内的强烈的“仪式”意味：事件的发生与结果都在预计之中，过程环节也基本在掌握中。这当然是对直播报道的片面理解，也导致了九七直播热之后人们的反思。有学者坦言：“只有直播不再成为一种对重大事件的礼遇，一种凸显政治重要性的眷顾，直播才真正回归了新闻本性”[②]——新世纪之后出现的常态化直播正体现了对这一时期直播片面强调“仪式性”的纠正意图。但从另一个方面说，对“直播”的文化层面意义的认知，确实极大激发了媒体的直播热情，媒体开始以职业身份主动“介入”直播。从过去的“实况转播”，意味着媒体只是一个播出平台，到“现场直播报道”，媒体以报道者的身份进行新闻时空的同步构建。直播从一种播出形式，到一种报道形式，是新闻观念上的一次重大变化。这个变化正是在90年代末期开始的。

在“中国电视直播年”发生的多次直播活动中，最有影响力的毫无疑问是九七香港回归的直播报道。央视为筹备香港回归直播报道耗时近一年，投入了11辆转播车、设置了9个演播室，动用了21个卫星转发器、43套中继微波设备及200套ENG摄像机、250架录像机，连续直播时间达到空前的72小时。这场直播给电视观众留下许多难忘的场面：比如，6月30日下午在港督府举行的英方撤离香港的告别仪式中，最后一任港督彭定康在接过英国国旗时低头的一瞬间；比如6月30日晚8点20分，记者白岩松站在落马洲大桥上报道驻港部队先头部队通过管理线时脱口而出

---

① 雷蔚真、胡百精：《对香港回归直播报道的收视调查与引申思考》，《电视研究》1997年第10期。

② 朱羽君、殷乐：《电视新闻直播的现代品格》，《现代传播》2003年第5期。

的神来之语，“今天驻香港部队，越过管理线的这一小步，却是中华民族的一大步，为了这一步，中华民族等了百年”；再比如，7 月 1 日零点，在香港会展中心举行的香港政权交接仪式。无数电视观众同步见证了米字旗、香港旗降落和五星红旗、香港特别行政区区旗冉冉升起的过程。这短短的几分钟也是整个直播活动的最高潮。

然而九七香港回归直播对中国电视人来说并不仅仅意味着政治上(与 BBC 享有对等的直播权本身就是中英谈判的焦点内容之一)和收视上的巨大成功，它更是一种全新的体验，一种对中国新闻报道既有观念的强烈冲击。当年策划和参与回归直播的人都坦言，九七香港回归直播留下了许多“遗憾”。但可能恰恰是这些遗憾，而不是那些鲜花和掌声，让媒体人真正深切地意识到“直播”作为一种报道形式的含义。

第一，香港回归直播冲击了原来新闻操作中根深蒂固的“按部就班”观念。尽管本质上香港回归也是仪式性的媒介事件，但它同时又是一个重大的新闻事件，并且涉及两国三方，空前复杂。中央电视台报道团队在没有任何经验的情况下，按照以往对此类极为重大的政治活动的报道惯习，精心绘制了“时间表”，设计了前方记者和后方演播室的“台词”。但事实证明，这种把重大新闻事件当成一场严丝合缝的“演出”的观念是行不通的。在香港回归直播中，多场仪式活动的开始和结束时间与原先设想的不同，这导致记者和主持人在说完了准备好的内容后有点不知所措，多次出现只有长时间画面的尴尬情况，报道者也成了“观众”。

第二，它要求在直播报道中对“政治性”和“新闻性”重新定位。直播报道时空同步的特性本身就带有“见证历史”、建构“社会共同体”的文化意味，用来表现重大主题的新闻事件是非常合适的。主题重大意味着“政治性”强，但与此同时，直播新闻事件又意味着不可避免地会出现意料之外的情况，它必然要求新闻从业者具有灵活应变的新闻报道能力。在事后对香港回归直播报道的总结中，一些观众和学者批评了参与直播的一些主持人和记者面对镜头“不知所措”的尴尬，实际上这不仅是经验不足的表现,更是传统观念的束缚。香港回归报道策划者之一的孙玉胜回忆说,在直播完 7 月 1 日零点的政权交接仪式后,要播出的是查尔斯王子和彭定康一行到达添马舰并乘船离开的场景,港方原先告知的是 15 分钟,事实上却持续了一个多小时。主持人水均益和现场记者章伟秋早已说完了准备好的话,留下了大段的“冷场”时间。实际上这不仅是准备不足,更是因为在观念上:“主持人说什么都必须先有稿子,生怕哪句话说不对出了政治问题。”[①]政治性与新闻性的协调,长期困扰着现场直播报道的“选题”问题,虽然直到今天也没有完全解决,但是香港回归报道第一次点出了问题所在,并引发了新闻界长久的思考和探索。

第三,香港回归直播也让媒体人对什么是与“直播”相适应的报道能力有了全面的认识。有技术上的,如因天气原因导致直播信号出问题以及准备数月的航拍直播功亏一篑。有出镜记者应变能力上的,如记者在面对重大历史时刻时出现的“晕镜头”式的不自信。有资料准备上的,如当彭定康乘车离开港督府时出乎记者预料地反复绕圈,记者也只好重复性地说“历史的车轮不会原地转圈”,颇为尴尬。而凤凰卫视的记者则报道:按照惯例,每一届总督离任都要驱车绕府两周,但是彭定康以后没有下一届了。融评论于事实性背景之中,显然要高明得多。还有摄影记者捕捉现场的能力,相比于 BBC 等西方媒体在直播时景别的自如切换和特写镜头的灵活运用(特写镜头往往是细节性、情感饱满的事实,发现并捕捉这类事实是记者新闻敏感的重要体现),我们的画面过于依赖中长景,遇到突发状况,切换也显得慌乱,在直播状态下的视觉叙事能力还很不成熟,等等。

这些或许是九七香港回归直播最大的“收获”:它真正意味着新闻直播时代的起点,尽管还很不成熟,但表现出新闻人对将“时效”“现场”等新闻要素推到极致的职业努力。以此为契机,直播报道走上了持续探索

---

① 孙玉胜:《十年:从改变电视的语态开始》,三联书店 2003 年版,第 242 页。

的轨迹,虽然还有很多不足,进步却是有目共睹的。

1997年之后,重大预发事件和具有“视觉奇观”效应的直播报道一直方兴未艾。前者如对神五、神六的直播报道,后者如对钱塘江大潮的直播报道,都令人印象深刻。但从1997年直播热中已经初露端倪的一些问题也在此后的实践中渐次显现。比如,直播报道的选题。从叙事上讲,直播报道的时间流逝等于事件发生的实际时间,这大大长于一般新闻报道,因此它在客观上要求所选报道对象要有更高的新闻价值。但如果直播一些新闻价值高的事件却可能具有“政治风险”,这在囿于“文化价值”判断的选题标准下是很难处理的。这个隐而未决的难题长期困扰直播报道的发展,被有的研究者直截了当地批评为:“重大事件、突发事件不敢直播,认为上级不会允许,自己将圈子越划越小,从安全角度放弃直播。”[①]典型的例子是对2001年“9·11”事件的疑惧,直接导致在新闻实践上大大落后于其他国家和地区的新闻操作。对于有参与全球新闻竞争雄心的中国媒体来说,这不能不说是一个极大的遗憾。也正因此,众多电视人都把2003年央视新闻频道开播前对伊拉克战争的现场直播报道视为一场“洗雪前耻”的“战役”。实践也证明,仅靠直播带来的文化效应很难长久地吸引观众的注意力。电视人在这方面做了很多尝试,虽然不乏精彩之作,但总的来说“视觉奇观”和“文化事件”类的直播报道对观众的吸引力在下降。一个失败的例子是《东方时空》设立的《直播中国》栏目,非事件性的人文地理选题,让许多观众不明要为此直播的意义。随着直播报道实践的丰富,直播报道对新闻职业的要求也变得具体起来。如曾有一段时间,电视台的直播节目大量地使用“连线”,甚至是“假连线”(前方记者的话已经事先录好,但在演播室直播时营造主播与记者直接对话的假象),被批评为是用“连线”代替“现场”,缺失了直播报道中非常重要的“现场”价值。再比如,对“现场”的理解也在实践中不断深化。有些直播中虽有

---

① 周静:《电视直播新闻存在的问题》,《当代传播》2003年第5期。

记者在“现场”的报道,但“报道”的内容却是程式化的,甚至是与现场无关的。这样的“现场报道”看上去形式先进,却相当缺乏新闻价值,而且依然采用的是表现重于报道的落后观念。

总之,直播为什么会让新闻人“兴奋”,正在于直播报道在新闻选题、新闻时效、新闻报道能力上都有一种“极致化”的职业挑战。从1997年中国媒体人尝试进行重大事件直播报道开始,新闻职业对直播的认识水平和实操能力有了显著的变化。报道对象从完全的预发性事件到开始尝试突发性重大事件,从对伊拉克战争的直播报道到汶川地震直播报道,逐渐形成了有重大事件发生,就有“我在现场”的直播意识——这不仅是媒体能力的体现,更是一种立场和姿态。选题标准从片面注重仪式性、文化性、景观性的事实到开始涉及冲突性、悬念性的社会热点事件,如1999年对重庆綦江虹桥垮塌案的庭审直播报道,让当地居民“万人空巷”看直播。新世纪之后,地方的城市电视台在这一方面取得较大突破。2002年以江苏电视台的《南京零距离》为代表,涌现出了一大批电视民生新闻栏目,这些栏目基本都实现了对地方新闻事件的快速机动的现场直播报道。2003年5月1日,央视新闻频道开播,直播报道有了比栏目直播更方便的播出平台。2008年12月21日,全国50家电视机构负责人在北京签署协议,成立中国电视直播联盟,由中央电视台牵头组织国内最大的电视资源收集和播发平台。直播报道的频道化、经常化已经成为现实,尽管在很多方面还存在不足,但这一趋势显然是更适应突发性、不确定性的新闻事件的直播要求的。

代表作

《97香港回归特别报道》,中央电视台,1997年6月30日—7月3日。

97 香港回归特别报道(文稿节选)
中国人民解放军驻港部队先头部队出关欢送仪式
1997 年 6 月 30 日 19:58(cctv1)

主持人敬一丹(北京演播室):各位观众,晚上好。现在是 19 点 57 分,距离午夜零点还有四个多小时。

主持人罗京(北京演播室):为了保证今夜零点香港政权交接的顺利完成,中国人民解放军驻港部队要赶在零点之前进入香港的预定位置,在政权交接的同时完成防务交接。

敬一丹:现在驻港部队的先头部队已经到达深圳皇岗口岸,他们将从这里启程出深圳关口,在今天晚上 9 点正式进入香港。下面,我们请香港演播室主持人介绍一下先头部队现在的情况。

主持人水均益(香港演播室):各位观众,为了确保中国人民解放军从 7 月 1 日零时起在香港履行防务任务,驻香港部队先头部队现在已经达到了皇岗口岸,准备进驻香港。我们一起来看看现场的画面。

(人民热烈欢送驻港部队,记者白岩松在落马洲桥上作现场报道)

水均益:大家现在看到的就是深圳通往香港的皇岗口岸,在深圳通往香港的口岸当中,皇岗口岸是最西边的一个,也是亚洲最大的一个陆路交通口岸。现在驻香港先头部队已经到达了这里,按照时间来推算的话,应该是 7 点 45 分的时候部队到达皇岗口岸。我们现在看到在部队到达的地方,当地的老百姓搭起了一些彩门,上面写着“热烈欢送驻香港部队进驻香港”。在这个现场有几千名老百姓很早就来到了这个口岸,准备欢送我们的子弟兵。

按照时间上的推算,部队将在 9 点整通过皇岗口岸进驻香港。那么 8 点的时候,也就是说马上,还有一秒钟,8 点的时候部队将过关。我们现在来看一看现场的情况。

现在大家看到的是深圳的夜景,最高的那个楼是深圳的帝王大厦。

现在大家看到的是皇岗口岸进口的地方。

按照我们前方记者告诉我们的最新的安排,驻香港部队先头部队要在8点的时候通过皇岗口岸。过了皇岗口岸以后,就是香港那一侧的“落马洲”口岸,两个口岸之间,有一道“管理线”,驻港先头部队要在“管理线”前面的一个小楼下停一会,然后在9点的时候再过关,进驻香港。

刚才我们已提到了“管理线”,实际上“管理线”是自从鸦片战争英国强租香港、九龙、新界之后,香港与内地接壤处的一种人为造成的界线。1899年3月,港英当局违反约定,将新界的界线扩张到了原来并不属于英租界的深圳河。现在大家在画面上看到,车队已经开过来了,前面有引导车。

目前深圳与香港之间的这道“管理线”东起盐田港,西至南头大青码头,全长大约77公里。

大家现在看到车队已经开过来,前面有摩托车、警车开道。我们现在看到的,应该是我们的先头部队的车队。按照中英双方之间的协议,我们的先头部队一共是509人、39辆车,包括陆海空三军人员,这支部队是由驻香港部队的政委熊自仁带队的。

观众朋友,我们现在看到的欢迎的人群好像不止刚才我们说的几千人,可能还要多,但是我们现在没有准确的数字。大家现在看到的是先头部队的车队,前面有先导车,现在车队要过来了。的确,我们可以看出这是非常威武的一个场面,不愧是“威武之师,文明之师”。

各位观众,我们现在正在跟现场记者白岩松联系,等一会儿他会在现场向我们报道部队过关的情况。

我们现在看到驻港部队的指挥员熊自仁下来了,他在接受儿童的鲜花。我们刚才说到驻港部队是“威武之师、文明之师”,这是毫无疑问的。有一些香港记者曾经用驻港部队两位领导的名字来说明驻港部队。这两位领导,一个就是驻港部队司令员刘镇武,一位就是驻港部队的政委熊自仁,用他们两个人的名字来套这个“威武之师”和“文明之师”。因为他们两个人的名字最后一个字,一个是“武”,一个是“仁”,可以说这非常贴切地反映了我们驻港部队是“威武之师”和“文明之师”“仁义之师”。

我们最近也看到一些香港的报纸在做一些民意调查,这些调查显示了香港老百姓对于驻港部队的认识和评价都是非常之高的。现在我们看到现场的气氛非常热烈。

观众朋友们,中国人民解放军驻香港部队,是按照邓小平"一国两制"的伟大构想,于1996年1月28日组建完成的。它是我军编制序列当中第一支也是唯一的一支由陆海空三军编成的部队,这象征着我们中国政府对于香港特别行政区行使包括陆域、海域、空域在内的领土主权,也标志香港的陆域、海域、空域完整地回到祖国的怀抱。

我们现在看到车队正要准备通过皇岗的口岸,已经起动了。我们的驻港部队官兵们都坐在大轿子车里边,在向欢送的人群招手致意。

现在已经通过皇岗的口岸,在向皇岗与落马洲之间的"管理线"开进。我们的记者在前一段时间采访驻港部队时了解到,他们有一些内部的约定,就是当遇到欢迎群众的时候,一定要非常有礼貌地用右手致意,向周围的群众表示感谢。现在我们可以看到,所有的人全都是在用右手致意。

现在我们的导播正在和我们前方记者白岩松联系。

可以说这是一个非常具有历史意义的时刻。

好,观众朋友们,我们的导播现在已经和我们前方的记者白岩松联系上了,请把信号切到他那里,让他来向大家做进一步的报道。白岩松,请你给我们介绍一下你那里看到的情况。

记者白岩松:好的。各位观众,我现在是在落马洲大桥上。大家可以看一下,这里有一条铁的线,在桥的中央。可以这样说吧,我现在左脚一面就是香港,那么在右脚的这一面就是深圳。刚才水均益也说了,按理说这条线是不应该存在的,因为深圳和香港自古就属于同一个县。150多年前英国侵入之后,便有了这条线,便有了这条深圳和香港之间让很多人感到伤心的线。但是再过三个多小时,这条线就只具有区域线的意义:一面是我国的经济特区,一面是我国的特别行政区。

现在大家可以顺着镜头看一下前面的那栋小楼。

大家看这栋小楼,我们部队的车队马上就要停在小楼的前面,再隔一会儿将从那个豁口开进线来,一直开到这儿,我估计距离可能有120米左右。平常这里是非常繁忙的,可以说是车水马龙,人来人往,但是今天这里却显得有一点宁静。

车队现在已经到了。现在我们看到一辆前导车在向这边开进,前导车停下了,看样子是来探查情况。大家看到的这栋小楼,就是皇岗口岸的一座办公楼。在1992年1月,邓小平同志南方视察第一站就在皇岗这个口岸。

对面就是新界,前面有灯光的那一片就是在香港一面的落马洲口岸。相信当时一代伟人邓小平站在小楼上,一定会注目眺望香港。就香港问题的解决来说,我们应该感谢邓小平同志。我刚才进了贵宾室,看到一巨幅邓小平同志在1992年1月到皇岗口岸的照片。我当时就有一种感触,今天送行的人非常多,我相信虽然伟人已经故去,但是在送行的人群当中会有人记起伟人注视的眼光。

水均益:观众朋友,我们现在借助我们在香港演播室的这个沙盘,来看一看驻港部队的先头部队今天要行进的路线。我们首先来看看现在驻港部队的位置——皇岗口岸。今天晚上9点过了这个口岸以后,行进的路线是这样的,我们一起来看看。

首先是向南,顺着这条二号公路,也就是香港的西线公路继续向南,到这个地方,其中有一小路部队要到石岗,这里有一个军营。其他的部队还是顺着这条路经过新界的元朗继续往西走,再往南走进屯门。到屯门以后沿着海边,这附近是黄金海岸,是非常有名的一个旅游胜地,继续往前走沿着海边……这个地方是青马大桥。观众朋友们注意,那么继续再往前走到荃湾,然后向南到九龙,然后通过海底隧道就到了它的目的地,也就是威尔士亲王军营。

而另外一路我们继续看一看,其余的先头部队呢,还将继续往南,要到我们这次驻港部队在香港的最南端的一个基地,就是在这儿——赤柱。

好,观众朋友们,接下来我们继续请白岩松向您介绍现场的情况。

白岩松:各位观众,我现在是在落马洲大桥上。现在可以通过我们摄像师的镜头看一看，就在前面灯亮的那一块，在那栋小楼的前面，驻香港部队的先头部队的车队正在做准备。预计再过三四分钟将通过我刚才向您介绍的这条“管理线”。借这样一个短暂的时间，我们可以看看对面的深圳。

整个深圳现在非常的漂亮，可以说每栋楼里不知会有多少只眼睛也在注视着这条线。

现在激动人心的时刻越来越近了。先头部队8点从皇岗口岸进来之后，8点20大约要通过这个“管理线”，接着行进到前方香港的落马洲口岸，车队将做短短的停留，然后大约于9点，车队39辆车的最后一辆车要通过落马洲口岸，正式进入香港。

也许还有人关心呢，说这个“管理线”是怎么来的？落马洲大桥下面就是深圳河。当时做这样的一条“管理线”，就是取深圳河河道的中心划线，自然升到这个桥上。

大家可能还会觉得有一点别扭，说这个车队从深圳向香港开，怎么会在道路的这一侧呢？香港的交通规则跟我们已经习惯按右侧通行是不一样的。它是按左侧通行的。

我刚才在这个小楼的下面，见到了几位驻香港部队的新战士。他们有的刚服了半年兵役，有的服了一年的兵役。跟他们聊天的时候，我说你们是不是为你们能成为驻香港部队的一个成员而感到兴奋和自豪？他们说是的，非常是的。

现在我们看到前面这辆前导车一直在闪着灯。大家现在看我们的镜头，车队已经过来了，离“管理线”还有120米左右，车速并不是很快，成一路纵队，前导车让开了。这是神圣的时刻！车速并不是特别的快，大家看到车队已经来了。

越过“管理线”！第二辆也越过了管理线！

现在我们看到的是满载着士兵的中型巴士。据我的观察，士兵在里头是目视前方，非常安静。

各位观众，这条线并不长，大家看到了车速也并不快，但是今天驻香港部队越过“管理线”的这一小步，却是中华民族的一大步。为了这一步，中华民族等了一百多年。

好了，我在这里的报道就到这儿结束了，请继续收看我们的节目。

水均益：好，谢谢前方记者的报道。

各位观众，有关部队行进的情况我们先直播到这里。在8点50分左右，我们还将向您报道部队通过皇岗口岸、进入香港这一历史性的时刻。

观众朋友们，让我们一起来伴随着共和国的脚步走进新的一天。

好，现在请导演把信号切回北京。

参阅作品

《綦江虹桥垮塌案庭审直播》，中央电视台，1999年3月26日、3月27日、4月3日。

第四编

新世纪的新闻使命

假如媒体缺席

改革开放以来新闻业的演进轨迹有着不同的推动模式:80年代主要彰显的是“政治—媒体”的互动,以及在此框架下新闻话语内容的启蒙力量;90年代主要彰显的是“市场—媒体”的互动,以及在此框架下新闻业“语法”革命所释放的力量。当然,这种大而化之的分类远不足以说明改革开放30多年来的新闻与时代、与多种社会力量的复杂关系。但是它提供了一个可以思考的粗线条,在沉溺于新闻文本和历史细节的同时,我们也需要时不时地借助这样的粗线条“跳出来”,俯瞰曾经的轨迹与如今的位置。从本书上两编的内容不难看出,以上所提及的这两个“粗线条”的推动模式,都显示了巨大的力量,又都具有明显的“灵活性”——前一轮新闻改革模式因故中止后,新一轮改革很快以不同的模式重启,并带有浓重的“调和”色彩。这当然或可理解为中国式新闻的实践智慧,事实上它的社会价值也不容小觑,因为新闻叙述作为一种极其重要的社会“修辞”,对当代社会的建构有直接且深远的影响。新闻叙述没有出现结构断裂,这对于维系社会的持续稳定具有积极意义。但从另一个层面看,前两轮新闻改革在产生令人瞩目的变化的同时,也给进入新世纪的新闻业留下了许多悬而未决的问题。这些问题伴随着社会转型速度的加快以及一些新的结构性力量的出现(如网络的普及),使得进入新世纪之后的中国新闻业面对的是一个空前复杂的局面,迎接的是前所未有的挑战与机遇。进入新世纪这十年的中国新闻,如果依然要用上述“粗线条”来简单说明的话,那么变化的推动力应该说主要来自“社会”。由各种力量(包括新闻的力量)开启和推动的中国改革在酝酿多年后逐渐浮现的一个越来越庞大的"社会",在这十年中持续性地增加对新闻的影响力,而新闻业也在这种新的互动关系中学习,适应,变化……这种变化最初的表现就是新闻业的"社会守望"职能成为一种共识。

2001年七八月间,一个获得中国新闻媒体集体关注的公共安全生产事故——"南丹矿难"成为全社会的热议话题。与此后媒体所报道的越来越多的"矿难"相比,"南丹矿难"并非后果最惨重,但它却在中国当代新闻史上留存下一个鲜明的印记,一个不能被忘记的名字。这不仅仅是因为对"南丹矿难"的报道是"新中国成立以来,首先由新闻记者揭露出来的重大安全事故"①;不仅仅是因为如果没有媒体对"南丹矿难"的曝光,一起造成80名矿工遇难、1人失踪的特大事故就有可能被掩盖,用时任总理朱镕基的话说就是"没有记者来揭露这件事,就冤沉水底了";甚至也不仅仅是因为报道的结果对中国的立法进程起到了促进作用,半年后颁布的《中华人民共和国安全生产法》中有很多条款都吸取了"南丹矿难"的教训。"南丹矿难"报道在新闻史上的意义还在于,它以网络媒体、地方媒体和中央媒体集体参与的方式,很好地诠释了为什么媒体要承担社会守望的职责,为什么媒体不能"缺席"。

先简要回顾一下"南丹矿难"和新闻报道的情况:2001年7月17日凌晨3点40分,广西壮族自治区南丹县大厂镇龙泉矿冶总厂下属的拉甲坡矿9号井3号作业面和龙山矿2、5号作业面发生了特大透水事故。事故发生3小时后,矿冶总厂负责人黎东明一方面指使下属尽快找到死难者家属,用一人赔偿5万元(高于原先"生死合同"上所签数额2—3万元)和威吓的方式禁止家属扩散消息;一方面报告给南丹县有关领导,要求瞒报这一特大矿难。但是,纸包不住火,7月19日开始,陆续有死难矿工的消息零星传出,新闻记者也开始了解到这一线索,并向自治区和河池地区有关部门领导求证,得到的答复均是"没有此事"。7月22日开始,南丹可能发生特大事故的消息出现在大洋网等网站上,开始引起一定程

① 郑盛丰、罗昌爱、庞革平、古亦忠:《不忘党报记者的职责和使命——报道南丹"7·17"特大矿难的经过和感受》,《新闻战线》2002年第3期。

度的社会关注,但都未获证实。7 月 24 日,《广西日报》和下属的《南国早报》接到举报电话后迅速派出记者暗访出事的矿区。《广西日报》驻河池记者站记者最先赶到现场,感到情况可能确实很严重,马上以内参形式向自治区相关部门做了汇报。自治区领导在向河池和南丹官员了解此事时,依然得到的是没有发生事故的回话。7 月 25 日,广西电视台接到反映此事的群众来信和举报电话,并于 7 月 27 日赶到出事的拉甲坡矿采访。7 月 27 日中午,新华社广西分社接到匿名举报电话,分社向有关部门打电话求证,得到的仍然是"没有此事"的回答。由于网络和先期到达记者传出的消息,广西分社还是连夜派出由摄影、电视和网络记者组成的报道小分队赶赴南丹大厂镇矿区。尽管矿方百般阻挠,被威胁的矿工也众口一词,但新华社记者还是发现了多处疑点,采访到部分死难者家属,并将初步采访的结果通过内部渠道向中央反映。7 月 30 日,《人民日报》驻桂北记者赶赴南丹采访,当天下午向《人民日报》总社提交了一份"特急"内参——《关于广西南丹矿井事故的紧急报告》。至此,各路记者云集南丹,网络媒体如大洋网和一些地方媒体如《上海青年报》《天府早报》等都开始披露南丹的情况。7 月 31 日,自治区党委书记曹伯纯率领调查组到达南丹,但南丹县和河池地区有关负责人在当面汇报时仍认定"没有发现死人"。此时,人民网刊登了《人民日报》记者采写的《广西南丹矿区事故扑朔迷离》的报道,第一次在国家级媒体上公开报道了南丹发生矿难的事实。报道称记者通过"民间"渠道,确认了南丹一定发生了重大矿难的事实,同时披露了广西数家媒体在矿区采访被跟踪阻挠的情况。尽管 8 月 1 日自治区区委书记曹伯纯主持召开事故调查会时,南丹和河池领导三人先后汇报仍然认定无死亡事故,但此时真相已然隐瞒不住,曹伯纯怒称,现在不是有没有死人的问题,而是死多少人的问题。8 月 3 日,国家经贸委主任李荣融率中央调查组前来调查,同日,《人民日报》记者兵分三路再入南丹,当天发回十多篇报道,并在人民网上公布了"南丹事故 12 个死难者名单"。8 月 4 日,自治区主席李兆焯赶到拉甲坡矿实地调查,表示不管涉及什么人,什么单位,一定要坚决查处,绝不手软。当晚,

《新闻联播》报道了此次事故。8 月 6 日,在抽排了矿井的部分积水后,首次在龙山矿发现了两名遇难者遗体。8 月 7 日,新华社发表长篇报道《金钱炮制的弥天大谎——广西南丹"7·17"透水事故调查日记》,较为完整地披露了南丹特大透水事故以及发生事故后被瞒报的情况。同一天,广西电视台《焦点》栏目第一次以电视新闻专题报道的形式报道了南丹事故,这期名为《南丹"7·17"事故初探》的节目播出后,社会反响极大,被各家媒体频繁引用和转播。8 月 9 日,国务院派出由国家安全生产监督管理局局长和国家公安部、监察部副部长分别担任正、副组长,中央 8 个部委派员参加的国务院调查组抵达南丹,对南丹事故进行彻查。8 月 30 日,南丹特大透水事故遇难者搜寻工作结束,共找到 80 具遗体(另有 1 人失踪)。此后媒体还陆续对南丹事故的内幕和原因进行了深度报道,如《新闻调查》在 2001 年 12 月 8 日播出的《南丹矿难内幕》等。2002 年 3 月起,与南丹"7·17"特大矿难有关的责任人 120 余人先后被依法判决或受纪律处罚。最终,真相大白,沉冤昭雪。

在对南丹事故及相关报道进行简单梳理后,不难看出其中两个最基本的链条就是:矿主和当地部分领导干部不择手段的"瞒"与新闻记者、自治区和中央调查组不遗余力的"查"。南丹矿难最骇人听闻之处正是这"瞒",瞒得如此胆大包天,而这"查",又是如此艰险不易。南丹锡矿闻名全球,尤其是发生事故的 105 号矿体,锡矿石含量更是高达 60%—70%。这样一块富矿长期以来被南丹县政府成立的皮包公司——富源公司发包给大大小小的私营矿主,任他们疯狂开采。而南丹事故的第一责任方龙泉矿冶总厂则是这些私营矿中的龙头企业,2000 年产值 4.6 亿元,利税 7627 万元,其负责人黎东明曾被农业部和国家人事部授予全国农业劳动模范、优秀乡镇企业家称号。[①] 但这样一个企业家却在光鲜外表的背后对内实行严格的家长式控制,包括雇用黑社会打手等,对外向官员行贿寻求当地政府庇护。由此形成了一个畸形而板结的官商勾结的利

① 郑家学:《解密南丹人祸——告诉你一个真实和全面的南丹事故》,《南风窗》2002 年 6 月上。

益链,荣损与共,这也就是为什么南丹县和河池地区的有关领导居然胆大妄为到对自治区和中央调查组还敢当面撒谎的根本原因。新华社记者在采写《金钱炮制的弥天大谎》报道时已经意识到,问题的关键不仅仅在于巨额财富的诱惑,更在于"金钱与权势的纠合"。因此他们在播发此报道时同时播发消息《南丹县县委书记县长被停职》,希望"明眼人也可看出我们的良苦用心"①。随着调查的展开,媒体的后续报道对这一点揭示和分析得愈发透彻了。"金钱与权势的纠合"最害怕的是真相大白,因此有关矿主和官员不惜动用各种手段阻止事实被曝光:7 月 28 日,《南国早报》记者在矿区采访时两次遭遇打手的生命威胁;7 月 30 日,广西电视台记者被驱逐;《人民日报》记者在采访时不得不请来"便衣"护身。甚至当中央工作组到南丹时,《人民日报》的记者仍被地方官员拒于门外,胶卷被强行曝光。广西电视台的《南丹"7·17"事故初探》披露的一段记者与矿区暗探的对话,就是难得的记者在危险环境中工作的影像记录。

一方在不择手段地"瞒",一方在甘冒风险地"查",正是这种尖锐的矛盾,彰显了新闻媒体的不可或缺。《人民日报》在 2001 年 8 月 27 日发表了一篇影响巨大的评论《假如媒体缺席》,对这个问题的回答是:假如媒体缺席,无人监督,无人深究,这正是肇事者和犯罪者所企盼的。假如媒体缺席,上级领导机关处理事故的方针政策就可能走样,人民群众的利益可能得不到足够的保护。南丹矿难报道几乎就是这两点的诠释,假如没有媒体不遗余力地调查,在这起事故中遇难的 81 名矿工也很可能像在大厂矿区以前发生事故时一样被悄无声息地"消解"掉。《南风窗》记者从当地火葬场的记录中了解到,2000 年当地因事故死亡 259 人,只报了 57 人;2001 年 1—7 月,因事故死亡 264 人,只报了 94 人。假如没有媒体不弃不舍的追问,南丹矿区的畸形利益链条不仅无法打破,而且会钻制度的空子,在黑暗的隙缝里如毒瘤般地生存。南丹事故前一个月,国家安全生产监督管理局副局长王德学在当地视察时,已经指示当地政府必须做

① 成飞:《〈金钱炮制的弥天大谎——广西南丹"7·17"透水事故调查日记〉采访记》,《新闻界》2002 年第 2 期。

好矿山治理整顿,但负有直接管理之责的地方政府不仅置若罔闻,而且在不正常的上下级关系中总能"平安无事"。可以说,假如没有新闻媒体,南丹事故的解决完全会出现另一种可能。从一个更深层的角度看,南丹事故更具有某种代表性,它显示了在转型社会市场建设、法治建设、政治民主建设不够完善的情况下,相对独立的监督力量的不可或缺。接受南丹事故的教训而于 2002 年 6 月 29 日颁布的《中华人民共和国安全生产法》第六十七条规定:新闻、出版、广播、电影、电视等单位有进行安全生产宣传教育的义务,有对违反安全生产法律、法规的行为进行舆论监督的权利。

新闻媒体在南丹特大透水事故中的卓越表现凸显了新闻监督对于社会的必要,它也帮助人们从观念上建立了媒体监督不是抹黑捣乱,败坏形象,而是为了维护正常社会秩序的基本共识。事实上,进入新世纪之后新闻业面临着监督对象更多元、利益关系更复杂的局面,媒体监督已经很难"毕其功于一役",而需要持续地、不间断地睁着守望社会的警惕眼睛。与南丹矿难几乎同样的症结——在巨大利益诱惑下的官商勾结、非法生产的案例此后还不断出现,例如 2007 年在山西发生的"黑砖窑"事件就是又一个由媒体揭露出来的对社会影响巨大的个案。2007 年 5 月 19 日,河南电视台都市频道播出了该台记者付振中采访的新闻节目《罪恶的"黑人"之路》(一个月内该频道陆续播出相关节目 21 期),曝光了山西部分"黑砖窑"采用拐卖儿童、限制人身自由、殴打拘禁等手段非法用工的事实,激起舆论震惊。此后,网络媒体、地方媒体和中央媒体集中关注了该事件,在滚雪球式的舆论压力下,山西全省开展了"打击黑窑主、解救拐骗民工"的专项行动,最高检也派专人赴山西调查黑砖窑事件背后的渎职犯罪行为。时任山西省省长的于幼军代表省政府向受到伤害的农民工兄弟及家属道歉,向全省人民检讨。而不少媒体的关注角度已经不再满足于英雄式的"打黑""揭黑"报道,更注重事件背后弥补制度缺陷、进行体制建设的可能。这对于新闻业来说,显然是一种更为长远与宏观的报道视角,也是媒体必须在现代社会中制度性"在场"的理由。

对于不能缺席的媒体来说，不断提高“社会守望”的水平也是必做的功课。以“黑砖窑”事件为例，一些媒体的报道有随意、夸大、误导之嫌。如记者在采访中让一位去山西找儿子的河南父亲估计黑砖窑中共有多少河南童工，这位父亲回答说可能有上千。这一段电视画面成了一些都市报纸渲染的“上千孩子被卖黑砖窑”的事实由头，显然是不确凿的。此外，网友“中原老皮”（真名辛艳华）在大河论坛上所发帖子《罪恶的“黑人”之路！孩子被卖黑砖窑400位父亲泣血呼救》中的“400位父亲”是网友根据几位家长掌握的名单数目以及河南电视台报道推测出来的，“孩子”则是站在父母的角度而言，并不单指童工，却也被不少媒体未加核实地当成了实指，显然也是要引以为鉴的。

守望社会，并且学习用更专业的方式、更理性的态度守望社会，正是新闻媒体在新世纪里的使命。迄今为止，这仍是摆在新闻媒体面前的一道未完成的命题。

代表作

万亿、覃水生、杨永坤:《南丹“7·17”事故初探》，广西电视台，2001年8月7日。

南丹“7·17”事故初探

主持人：各位观众，晚上好。欢迎收看今天的焦点报道节目。这些天来，社会上包括互联网上对南丹矿井透水事故的说法可谓是众说纷纭，经过中央和自治区调查组的艰苦努力，日前已经得出这样的结论，即南丹县大厂矿区的拉甲坡矿和龙山矿在7月17日凌晨确实发生了透水事故，并且的确造成了重大人员伤亡。至此，“南丹‘7·17’透水事故”的真相已逐渐浮出水面。在对这起特大矿难事故真相的披露过程中，本栏目记者的调查采访起到了至关重要的作用，那么我们又是怎么获得南丹“7·17”事故的有关线索的呢？这一切还得从两周前寄到本栏目的一封群众来信说起——

解说词:7月25日,本栏目编辑部收到一封寄自宜州市德胜镇榄树村的群众来信,信中说,7月17日凌晨,南丹县大厂矿区的拉甲坡矿和龙山矿发生特大矿井透水事故,井下有不少人员伤亡。同时,华锡集团的一位同志也以电话的形式向我们反映了这个情况。然而,来自矿上和当地政府的消息却是不知道这件事。那么,真实的情况究竟怎样呢?记者于7月27日下午到达拉甲坡矿调查采访。据了解,拉甲坡矿和龙山矿是南丹县龙泉矿冶总厂所属的两个矿井,这两个矿井只有探矿许可证而没有采矿许可证,然而长期以来,龙泉矿冶总厂却利用这两个矿井对大厂矿区的105号矿体进行疯狂的盗采。这次透水事故,就是拉甲坡矿和龙山矿在7月17日凌晨连夜开工盗采105号矿体时发生的。在拉甲坡矿的办公室,矿长黎家西和事发当晚的管理员韦庆帅对"7·17"事故是这样说的。

同期声:

拉甲坡矿矿长黎家西:7月17日凌晨3点,(窿井里)有水涨,但是没有人员伤亡。

记者:在当天晚上的透水事故中,有人员伤亡吗?

矿上管理员韦庆帅:没有。

记者:一个都没有?

韦庆帅:没有。

解说词:但是,记者在矿上碰到了一位刚刚收工的矿工,他反映的情况却令人震惊。

同期声:

记者:有没有人死呢?

矿工:死了。

记者:那些尸体现在在哪呢?

矿工:尸体在窿井底下。

记者:现在还在窿井里面?

矿工:你不要讲,讲了我挨打,我挨打过。

解说词:

正当记者想继续采访时,矿长和保安立刻将他拉走了。有几位自称死者家属的人要向记者反映情况,也马上被矿上的保安拉开。当天记者离开拉甲坡矿后,又到南丹县委县政府了解情况。然而,县委值班人员却以县领导全都外出开会为由拒绝了记者的采访。

(插片花)

为了探究事实真相,第二天,记者再次来到拉甲坡矿采访。这一回,几乎所有矿工和家属的回答都是一致的。

同期声:

记者:你知道(有人伤亡)吗?

矿工:不知道。

矿工家属:不知道。

记者:说嘛,不要怕。

记者:你们不要怕,你们那些兄弟不能白死啊!

矿工:我们什么都不懂,只懂得喝酒了。

矿工:我才刚来这几天,我是新来的,刚来的,不知道。

解说词:

不说有,也不说没有,而说不知道。矿上人员的态度令人生疑。在采访的过程中,记者还发现,一直有一些冒充矿工的人在进行跟踪监视。

同期声:

记者:为什么,我们发现已经在很多不同的场合你一直跟着我们?

暗探:没有啊。

记者:没有吗?

暗探:没有。

记者:你在看我们,我们也在看你的。

记者:为什么一直跟着我们?

暗探:没有什么,想看一下子。

记者：你一路上都在看？这屋里的两个人又不认识你？

暗探：不认识，我在这里看不行吗？

解说词：

事情似乎越来越扑朔迷离。那么，在7月17日凌晨发生的拉甲坡矿透水事故中，究竟有没有人员伤亡呢？当天晚上，在南丹县城，一位知情者应约接受了记者的电话采访。

同期声：

大厂矿区铜坑矿韦庆山：这件事情他们自己处理了，都没有上报，外围的人也进不去，据说出事以后，他们已经把（矿里的）程控电话全部扯断，外面的人打不进去，里面的人也不能往外面打电话。这个事情我们在这里都是很怕的，上面压得很紧。

记者：是哪个上面压你们？哪个上面压你们？

韦庆山：比如说我们现在哪一个人上报，我们都怕会有很多事情出现，这都说不准的。根据他们昨天说的，有些人为了我们河池地区他们说没有（人员伤亡）这件事。

（插片花）

解说词：

要想确定事故中究竟有没有人员伤亡，关键在于找到事故的遇难者遗体或者是遇难者的亲属。在矿上找不到证据，记者决定从外围入手，到有人写信反映情况的宜州市德胜镇榄树村采访，寻求突破。7月29日上午，在榄树村，村委会主任向记者证实，他们村确实有5个人在拉甲坡矿当矿工。而且，有一名叫韦仁杰的矿工在两天前还回来过。

同期声：

韦仁杰的母亲：他（韦仁杰）说，（事发时）他在上面，听到底下的人在喊，有人跑上来，有几个跑上来，就问他们出什么事故，他们说，水！水！水！下面的人没有办法救了。

解说词：据村委会主任说，他们村在拉甲坡矿当矿工的人都没有在这次事故中遇难。但是，他却提供了一个很重要的消息：在邻近的都街村，有四名矿工在这次事故中死亡。在都街村的岜贺屯,记者找到了死难矿工韦振平的妻子和儿子。这也是新闻媒体在事故发生后首次找到的遇难者遗属。

同期声:

记者:韦振平是在龙山矿还是在拉甲矿遇难的?

韦振平的妻子:在龙山。

记者:龙山的水是从哪里来的?

韦振平的妻子:是拉甲矿先被淹,水满了再淹过来。

记者:最后矿上赔了你们多少钱?

韦振平的妻子:给了5万元。

解说词:为了证实此事,韦振平的妻子还向记者出示了韦振平的有关证件和遗物。韦振平的儿子韦相登以前也在龙山矿工作过,他向记者出示了一份民工合同书,上面明文规定:凡是因为矿上的原因而造成矿工死亡的,矿上除一次性赔偿2万元外,不再承担任何经济和法律上的责任。据说,在南丹,凡是下井挖矿的民工都必须与老板签订这样一份"生死合同"书。7月30日,记者再次来到都街村大屯,在死难矿工韦海生韦灿军父子家里,韦海生的妻子接受了记者的采访。

同期声:

韦海生的妻子:他们(父子)两人得赔了13万元。

记者:是在哪里给你的钱?

韦妻:在饭店。

记者:在金城江?

韦妻:在金城江。

记者:在龙泉矿冶总厂驻金城江办事处?

韦妻:是的。

解说词:在村里,记者还见到了死难矿工韦文体的母亲,她也向记者证实了儿子在"7·17"事故中死亡和收到矿上5万元赔偿金的事实。正当记者准备离开时,韦海生的弟弟又透露了一个重要的情况。

同期声：

韦海生的弟弟：昨天有人来这样讲，如果哪天电视台来采访，你们不要讲出去，讲出去的话，如果我们这个窿被封了的话，尸体就要不上来了。

（插片花）

解说词：当天晚上回到南宁后，记者连夜赶写调查采访报告，剪辑图像资料，向自治区有关方面作了汇报。第二天，即7月31日，在审看了本台记者的录像资料和文字汇报材料以后，自治区领导决定亲自赶赴南丹实地调查。8月1日中午，自治区党委书记曹伯纯，区党委常委、自治区副主席王汉民，区党委常委、秘书长邱石元到达南丹县拉甲坡矿现场指挥调查工作。在当天下午召开的情况汇报会上，南丹县委书记万瑞忠、县长唐毓盛在汇报时仍然坚持：到目前为止，没有任何证据能够证明在“7·17”事故中有人员伤亡。根据自治区党委书记曹伯纯的安排，本栏目记者也在会上将采访了解到的情况作了介绍。在听取了各方面的情况汇报后，自治区党委书记曹伯纯对“7·17”事故的调查工作作出了指示。

同期声：

自治区党委书记曹伯纯：如果真有这个事，就尽快把问题搞清楚，很好地作出处理。如果有这个事而隐瞒了这个问题，隐瞒不报，罪加一等，从严处理。这是不能含糊的。区党委的态度是非常明朗的，不能含糊，一定要把这个问题搞清楚，一定要搞个水落石出。

解说词：会议决定，成立以自治区副主席王汉民为组长，由区经贸委、区公安厅、区监察厅等有关单位人员组成的调查组，负责对事故进行彻底调查。8月3日，“7·17”事故调查取得突破性进展，在大量的事实面前，龙泉矿冶总厂厂长黎东明终于承认：在这起透水事故中，确实有重大人员伤亡，具体数字还在调查核实之中。得知南丹县“7·17”透水事故引起人员伤亡的消息后，党中央、国务院领导同志对此十分关心和重视，指示要尽快查明事故真相，查清事故原因。8月4日，国家经贸委主任李荣融、国家安全生产监督管理局副局长王德学率工作组先后赶到南丹进行实地调查。李荣融在调查中强调，对这次事故，要尽快查清人员伤亡数字，对触犯法律的人要依法进行处理，要采取必要的安全保卫措施，保证调查工作的顺利进行。8 月 4 日，刚刚从外地出差回来的自治区主席李兆焯也立即赶到南丹县拉甲坡矿实地调查。李兆焯指出，对这起事故，一定要在弄清事实、分清责任的基础上，严格按照国家的法律法规予以处理，不管涉及什么人，什么单位，一定要坚决查处，绝不手软。自此，南丹县这起重大的透水事故开始被正式披露出来。今天，国家和自治区有关部门对事故的调查仍在继续，抢险工作也在紧张进行，有关技术人员正在抓紧时间抽排矿井里的积水。记者从调查组获悉，昨天下午，龙山矿已发现遇难矿工尸体 2 具，这是自开展事故调查以来，首次发现的遇难矿工尸体。本栏目记者将继续关注事故调查的最新进展。

主持人：目前，对“南丹 7 · 17 特大透水事故”的调查还只是刚刚开始，这其中还有着许多让人难解的疑问：如在这起事故中到底有多少矿工遇难？造成这起事故的原因是什么？这一事故为什么迟迟不被外界所知晓？是什么人瞒报了这起事故？他们为什么要瞒报？等等。这些都是遇难者家属和广大人民群众迫切需要知道的问题，也是中央和自治区调查组正在调查的主要内容。相信随着调查工作的不断深入，南丹矿难事件的真相不久就可以大白于天下。好了，感谢收看今天的焦点报道，再见。

参阅作品

1. 裴智勇：《假如媒体缺席》，《人民日报》2001 年 8 月 27 日。
2. 付振中：《罪恶的“黑人”之路》，河南电视台都市频道，2007 年 5 月 19 日。

财经新闻：奇峰突起

经济新闻在20世纪80年代的兴盛曾经是新闻改革中一道亮丽的风景，本书第二编专节介绍了当时的盛况。80年代经济新闻受到普遍关注和读者喜爱的原因是因为其契合了社会核心问题从阶级斗争转向以经济建设为中心的历史转变，适应甚至推动了有限度的商品经济的发展。与改革开放之前计划体制下经济领域的新闻相比，80年代经济新闻要"灵活""亲切"得多，它关注的是商品经济下的消费需求、供销信息，尤其是与居民生活和商品生产者息息相关的内容。80年代末90年代初，随着社会主义市场经济的建立，一些反映经济体制改革前沿信息的新办经济类媒体脱颖而出，如1989年创刊的《中华工商时报》，由全国工商联主办，以对中国民营经济的关注而为人瞩目。这份报纸最初由著名报人丁望主持，此后在中国新兴财经媒体叱咤风云的一批领军人物如胡舒立、杨大明等都曾在此效力。1990年，深圳证券交易所和上海证券交易所相继挂牌，金融市场开始发育，以"投资者"为主体的读者群体渐次显现。从1991年到1993年，三大证券报（《上海证券报》《中国证券报》和《证券时报》）相继创刊。1994年，国务院发展研究中心主办的《中国经济时报》创刊，依托强大的研究平台，关注经济改革的前沿政策信息，在90年代中后期的经济体制改革中有很大的影响力。

经过从80年代到90年代近二十年的酝酿，中国的经济新闻已经发生了较大的变化：一是由于经济领域越来越宽泛，经济新闻必然出现多元化和细分化的趋势；二是关注重点从计划经济解冻之初的居民生活、商品信息等较原始的经济活动转向投资、金融、产业、理财等复杂经济活动，经济报道的专业性大为加强，经济新闻与一般社会民生新闻不分的情况逐渐减少；三是受众群体分化，一个不同于普通民众、具有投资能力的、作为中国经济活动主要行动主体的读者群出现，他们往往具有收入高、学历高、经济行为活跃的特点，对经济领域的信息需求也相应的“高端”。以这些历史累积因素为基础，再加上时代的激发因素——90年代末到新世纪初，中国经济体制转轨进程加速、正式加入WTO、市场经济的健康发展与法治化、规范化等问题浮出水面、经济改革的紧迫性加强——理解90年代末到新世纪初财经新闻“奇峰突起”式的发展也就并不困难了。领旗者，毫无争议的是1998年4月创办的《财经》杂志（首期名为《Money杂志》，从第二期起改为现名）。

《财经》杂志的创刊具有某种程度上的“实验”意义，迄今看来也不失其“先锋性”。《财经》的创刊，一言以蔽之，可说是新闻专业主义精神与资本结合的产物。前者的体现是《财经》的主要创办人、首任总编胡舒立。胡舒立出身新闻世家，外祖父辈的胡愈之、胡仲持都是老一代著名新闻工作者。她青年时代曾机缘巧合地受到正蒙冤受难的中国著名记者恽逸群教诲，1982年从中国人民大学新闻系毕业后到《工人日报》做记者，因一系列批评性稿件崭露头角。1985年获得赴美访学的机会，后出版了《美国报海见闻录》一书，是当时唯一介绍美国新闻界职业理念与操作的著作，在中国记者中影响很大。1992年胡舒立任《中华工商时报》国际部主任，受到老报人丁望大力栽培。《中华工商时报》当时已经明确提出要把广告业务和采编业务分开的理念。1994年胡舒立再赴美学习一年，回国后在《中华工商时报》开“金融家采访记”专栏，专访国内外一流金融家。后者的体现则是《财经》的东家——颇有背景的“联办”（原名证券交易所研究设计联合办公室，故简称“联办”，后改称中国证券市场研究设计中心，SEEC）——一家类似政府智库性质的机构，在政经界有广泛人脉，是中国证券市场主要的设计者、推动者之一。发起人王波明，是中国原外交部副部长王炳南之子，也是改革开放后最早一批留学生，曾任纽约交易所经济师。

1998年初,双方“一拍即合”,联手创办了《财经》。胡舒立在谈到这一过程时说:“我喜欢的媒体是什么样的呢?第一,写的文章可以发表,这是记者普遍的想法;第二,这个媒体是比较富裕的,这个富裕主要是指报社要有足够的编辑部预算,支持我去现场采访,使我不需要让被采访对象出钱才能采访;第三,这个媒体从整体来讲,具备新闻专业主义精神和高水平的报道,可以令我感到自豪,愿意为之奉献。我出来创办《财经》,很大程度上是出于这样的想法,和朋友们一起办个我们喜欢的媒体。”[①]这个颇有理想色彩的主张得到了王波明的支持,至少在此后的很长一段时间内,《财经》比较难得地做到了采编与广告发行分离,新闻内容生产可以得到较充足的经济预算,既不必过分“迎合”市场,也不必“讨好”出资方。一个比较能说明问题的例子是:《财经》在创刊以后的两年多里都靠“联办”的另一份刊物《证券市场》周刊(中国证券管理委员会指定的披露上市公司信息的证券专业期刊)在财力上的支持,而且直到2000年第9期一直都作为《证券市场》周刊的月末版出版,但在2000—2001年由《财经》掀起的股市“揭黑”风暴和中国证券市场大讨论中,同属“联办”旗下的《证券市场》周刊和《财经》却观点针锋相对。所以《财经》这个新兴财经媒体“样板”的出现,既具有中国经济改革与新闻发展脉络上的必然性,又具有因缘际会的偶然性。当然,这种一度被看好的资本保证新闻生产但与媒体分离的模式,也因2009年末胡舒立带领大部分采编人员集体离职另办“财新传媒”的方式失去了光环。没有清晰产权的新闻媒体,在资本与权力下能否持续性地“抗压”,并保持独立精神?这是2009年末的“《财经》风波”给新闻界带来的思索之一。但不管怎么说,《财经》的成功实践,尤其是它在2000—2001年间对中国证券金融市场的令人震惊的影响,仍足以在中国当代新闻史上留下一笔。还值得一提的是,《财经》从创刊之初就与北京大学中国经济研究中心联手创办的“《财经》奖学金”项目,这个延续至今的项目每年资助10名记者脱产学习3个月,使得后

① 方仁:《财经报刊的发展逻辑——访〈财经〉杂志主编胡舒立》,《传媒观察》2005年第7期。

来遍地开花的财经新闻领域隐然出现一种既竞争激烈,又有“同人”色彩的现象。

《财经》在2000年末至2001年的一系列揭露“黑幕”和“陷阱”的重量级报道,如《基金黑幕》(2000年10月)、《庄家吕梁》(2001年2月)、《谁在操纵亿安科技?》(2001年6月)、《银广夏陷阱》(2001年8月),引发了中国证券市场巨大的震动。一方面,通过揭露中国股市的“基金黑幕”“庄家操纵”、上市公司造假等爆炸性的案例,引发关于中国股市和金融市场的巨大争议,促使高层下决心整肃证券市场;另一方面,这一系列报道真正确立了《财经》的地位。据慧聪报刊资讯网统计,从2000年1月到2001年10月,《财经》的广告收入从50万元猛增到336.2万元,增幅达572%。收支平衡并开始盈利,是《财经》模式被媒体市场认可的明确标志。同时,这一系列报道也成为新世纪之初财经新闻兴起的代表性作品,显露出“严肃”“独立”“专业”等“高端”品格。

从这几篇代表作的报道对象上看,已经不难解释为什么它们被称为在中国证券市场投下的“重磅炸弹”。《基金黑幕》,报道了中国股市一个原先被广泛看好的金融新产品——基金的违规操作问题,而且涉及面不是一两家基金公司,是几乎整个基金行业;《庄家吕梁》,以为一个“灰色人物”立传的方式,证实了市场上久有传闻却难得一窥真容的庄家操纵股市的内幕;《谁在操纵亿安科技》,揭露曾被作为正面宣传典型的亿安科技百元股神话,“并不是市场对于某只股票或是对于科技股过度憧憬之后的超常定价,完全是庄家有意操纵的产物”;《银广夏陷阱》更是以记者长达一年多的独立调查,揭示出业绩光鲜、风头正健、中国最大上市公司之一的银广夏“奇迹”,其实是一场彻头彻尾的骗局。接触这些题材,首先尚不是怎么报,而是媒体敢不敢报的问题。在这一系列重头报道发表后,曾有人问胡舒立为什么国内其他媒体想碰而不敢碰的重大敏感问题,你们可以拿下?胡的回答很简单:“这没什么秘密。一是发现事实,二是审时度势——某件事情发生了,在一定时期内大家不愿意正视这个问题,但是假如我们判断这个问题会被证明、是不能够回避的,那么这件事情的新闻价值就比较高。”[①]相比于新闻圈里流传的“勇气”+“背景”的解释，胡舒立本人的回答似乎更符合中国当下新闻生产的实际情况和新闻生产的一般规律：发现事实并加以判断是任何媒体在进行新闻选择时的必做功课，如果说《财经》在这一点上显得卓尔不群，恐怕比单纯的“勇气”和猜测中的“背景”更真实的决定因素应该是媒体的自我定位与立场。众所周知，《财经》的编辑原则是“独立、独到、独家”，除了这“三独”之外，事实上其媒介立场还鲜明地体现着“公开、公正、公平”的“三公”诉求，《财经》对媒体与中国社会的关系定位是：致力于“规范市场经济，推动法治社会”。这个与管理层和公众一致的理念，成为《财经》在“敢不敢报”问题上的“大道理”。

最具代表性的例子是《财经》因发表《基金黑幕》的封面文章遭遇反对之声后，对这一“大道理”的主张。《基金黑幕》发表后，十大基金管理公司在三大证券报上发表“严正声明”，称《财经》的报道“耸人听闻”“颇多不实之词和偏颇之论”，使用“恶意诽谤字眼”等。两天后，《财经》同在三大证券报上发表“声明”，称“本刊认为，公众有权知晓相关新闻（包括事实与数据），进而自己做出判断。这将有助于社会的合力推动市场向健康方向发展”。主编胡舒立在下一期（2000 年第 11 期）的《财经》上发表了名为《批评权、知情权还有“新基金”使命》的评论，针对一种应该保护基金这一市场新生力量的“善意”看法提出了自己的观点：“基金业的出现和发展固然是很了不起的事情，就像证券市场本身的存在和发展是很了不起的事情，但有什么理由认为，媒体之于市场的批评权、公众之于市场的知情权就是相对次要的事情呢？而且，就算已揭示的黑幕还不算很黑，或按另一种极端的说法，基金业成就昭然，为什么媒体就不能让公众得知一份研究报告所披露的、或许让人不愉快的重大事实呢？……人们常说，世界上有大道理也有小道理，大道理可以管住小道理。这可能就是《财经》有关基金的报道刊出后，一些反对的看法大言炎炎，拼命想讲出

① 林北方：《胡舒立和新闻专业主义》，《南方人物周刊》2008 年第 19 期。

一些大道理的原因。其实，在中国证券市场的发展中，任何道理都不可能凌驾于市场'公开公正公平'的原则之上，而在三'公'之中，"公开"居于首位。由于资本市场上信息不对称性的特点，公开性的实现即使在成熟的市场环境中也相当困难。因此，公开性这一最基本的原则，本是不可动摇的。媒体的批评权与公众的知情权作为公开性的保证，其重要地位必然地优于市场上某一利益集团自赋或他赋的'历史使命'。如果一定要援引国际惯例或'公理'，这才是无可置疑的公理。"①在面对一些看似熟稔的"指责"的时候，媒体能坚持做指出"皇帝没穿新衣"的小孩，不仅需要勇气，更需要这种能理直气壮地说出"大道理"的信念。当然，这一"大道理"的践行与监管层的支持密不可分，所以媒体还必须对国情有"审时度势"的能力（《财经》的人脉资源在这一点上确实是个优势），胡舒立本人的看法是："短期内不可能改变的事情就不必用力太多，否则就是太猛。中国很多事情就坏在盲动上。"②

与报道什么相应的是怎么报道，这也是《财经》代表作颇受新闻界推崇赞许之处。2003 年后因为《财经》对 SARS 问题的密切报道，在赢得赞誉的同时，也让人疑惑这份财经媒体的定位是否已经跨出了财经领域。其实，《财经》对这个问题的理解是：第一，经济成为社会的核心，已经是不争的事实；第二，经济是一种分析方法，而不仅是报道题材的对象。尤其是后一点，使得以《财经》的实践为代表的一批新财经报道不再仅仅是报道领域或报道类别，更是新的报道理念。它在新闻生产中引进了经济学"理性人"假设和一些研究分析方法，在报道上注重描述行为、看重数据和报表、不带情感色彩地"摆事实"并强调复杂事实背后的逻辑链条，给一直探索调查性报道规律的新闻界提供了新的实践思路。例如《基金黑幕》，严格地说这是对一份证券投资基金操作进行跟踪研究的报告的解读。上海证交所监察部监管人员赵瑜纲通过对 1999 年 8 月—2000 年 4 月期间证券投资基金的操作行为的定量分析，发现存在大量违规、违法的

---

① 胡舒立：《批评权、知情权还有"新基金"使命》，《财经》2000 年第 11 期。

② 林北方：《胡舒立和新闻专业主义》，《南方人物周刊》2008 年第 19 期。

操作。研究报告经由上交所和新华社内参送交证监会和国务院高层。《财经》记者李菁和资深财经评论人张志雄(当时用了笔名"平湖")分别以报道和解析的方式完成了该文。这篇体例上有点奇特(因特殊情况无法发表报告本身)的报道,立足于分析报告中所涉及的基金操作行为事实,并用相对严谨的逻辑解释了为什么基金并没有起到本应起到的稳定股市作用的结论。可能也正是因为这一点,尽管十大基金公司在其后发表的声明中措辞严厉,但正如经济学家吴敬琏在接受央视访谈时所说,"(十大基金)它说是多处不实,但它没有举出来最基本的核心事实是不实。对倒、倒仓这些活动,我想是《财经》这篇文章最主要的指责,指控。因为这是一个触及《刑法》的问题。"①

《银广夏陷阱》可谓是《财经》早期报道的巅峰之作。这篇记者历时一年多跟踪采访的调查性报道在 2001 年 8 月 2 日甫一发表,银广夏马上申请紧急停牌,8 月 3 日证监会就此事对银广夏公司正式立案稽查,9 月 5 日,银广夏公司和相关会计事务所涉嫌提供虚假财会报告罪和涉嫌提供虚假证明文件罪的 6 人被刑拘。媒体的一纸报道何以能终结这个在 1999—2000 年度创造了股价神话的传奇?在信息不对称的情况下,面对银广夏的惊人业绩股民中虽流传着各种说法,但也只能是众说纷纭,银广夏以在 2000 年度全年涨幅居两市第二的表现依然是无可争议的大牛股,直到这个神话被专业的财经报道揭破。《银广夏陷阱》正显示了专业媒体监督的意义:这不是某一个专家的个人判断,尽管报道显示无论是科技界还是证券界都有目光敏锐者早就认定银广夏奇迹"缺乏常识",这是通过采访将各方权威观点有条理地汇总起来以供读者判断的意见集合体;这也不是一个从海关报单上发现的小疑点最终撬动了大神话的侦探式的故事,尽管新闻界总是津津乐道于这类故事,但通读这篇长达万字的报道不难发现这是一篇穷尽资料、地毯式搜集事实并以充分证据小心翼翼地展开每一个事实推进逻辑的报道。这样的报道只能由职业媒体来完成——代表公众,却比普通公众更有能力揭示真相。尤其在关乎实在利

① 吴敬琏:《〈基金黑幕〉事件说明我国证券市场尚不健全》,《当代经济》2000 年第 12 期。

益而一方很容易操纵信息另一方却信息匮乏的情况下,财经新闻的“奇峰突起”对中国经济朝健康、法治的轨道发展可谓功莫大焉。这一核心价值不能被淹没在对财经媒体发展迅速、利润可观、读者高端的表面的“繁荣”之下。

多年后,《银广夏陷阱》仍被当年的作者之一自豪地称为一篇“几乎是完美的”①报道。

代表作

凌华薇、王烁:《银广夏陷阱》,《财经》2001 年 8 月。

原文链接:http://magazine.caijing.com.cn/2001-08-05/110060684.html。

扫描二维码可直接阅读:

参阅作品

平湖、李菁:《基金黑幕——关于基金行为的研究报告解析》,《财经》2000 年 10 月。

胡舒立、李菁、李巧宁:《庄家吕梁之一》《庄家吕梁之二》《庄家吕梁之三》,《财经》2001 年 2 月。

① 张志安:《访〈财经〉杂志副主编王烁》,《传媒观察》2005 年第 6 期。

公共危机，公开报道

进入新世纪后，一个大多数人都能感受到的现象是：社会中的公共危机事件明显增多了。危机，可能存在于公共安全、卫生、健康领域；可能存在于地震、海啸、泥石流等突发灾害范畴；可能存在于进入高发期的群体事件中；也可能存在于全球化进程中的金融、能源市场乃至气候、环保、地区性冲突和恐怖主义活动之中。似乎在很短的时间内，德国社会学家乌尔里希·贝克的风险社会理论就在中国广为人知。对新世纪以来公共危机事件多发的原因，研究者的看法不一。如有的认为这是人均收入达到一定水平后的社会转型必经阶段；有的认为这是社会民主化进程中公民个体自由与权利意识觉醒的表现；有的认为是全球经济从工业时代转入高度现代化阶段后，人类对自然和社会的干预加深，不确定性增加所致；也有人认为，对中国社会来说，改革进入深水区后遭遇的利益板结、贫富差距加大、社会上升空间缩小是危机、矛盾产生的根本原因。事实上，公共危机事件增加本身很难用单一原因来解释，面对这一“现代”社会普遍存在的现象，更重要的是人们将如何应对危机、迎接挑战，甚至将危机转换成机遇。而一个现代社会的应对之策显然要把大众传媒的表现及其与政府、民众的互动关系摆在重要的位置上。

可以说，进入新世纪后的十年，我国媒体对公共危机事件的报道呈现出逐步开放的变化，尽管这一轨迹并非一条前进的直线——时常还有反复和局部回潮，但从整体上能明显看出在国家推动和社会促使下，新闻实践的进步不是个别的、偶发的，而是总体性和制度性的。在一系列对公共危机事件的新闻实践中，对社会影响最大、引发新闻界长久关注和热烈讨论的两大标志分别是 2003 年的 SARS 危机报道和 2008 年的汶川地震报道。

2002 年末,广东河源出现了后来被认为是“非典”(中国内地对 SARS 一度普遍称为“非典型性肺炎”)的病例,当地出现流行病传言。河源的报纸在 2003 年 1 月 3 日刊登当地卫生局声明,称“河源没有流行病在传播……类似咳嗽、发烧等症状是由于天气相对较冷造成的”。这是中国媒体关于“非典”的首次报道。[①] 如果说此时由于卫生部门对这种新发流行病的了解不足造成误判,政府机构和媒体都没有重视是情有可原的话,那么事态后来的发展却越来越演变成一个严重的教训。2003 年 1 月,病毒蔓延到中山,中山市一份报纸刊登来自政府部门的消息称该传染病已得到有效的治疗和控制,群众没有必要惊慌。然而,随着 SARS 病毒在广州这个特大城市开始传播,恐慌还是不可避免地发生了。2 月 8 日,有关“广州发生致命流感”的手机短信借助人际传播网络惊人扩散;2 月 9 日,南方部分省市发生抢购醋和板蓝根的风潮(当时传言醋和板蓝根可以预防 SARS);2 月 11 日,广州市政府召开新闻发布会通报了“非典型性肺炎”病例的情况,称其在有效控制之中,市面上的流言逐渐趋于平息。这一阶段,政府运用的仍是传统的危机处理方式:一方面控制信息扩散,利用政府公信力确保社会稳定,另一方面在组织系统内寻找解决办法,广东医疗界对已出现的数百起“非典”病例积累了一定的经验和教训。但是这种“外松内紧”的做法已不能应对现代社会的危机扩散,在表面的平静下,“非典”感染源逐渐向外传播,而信息封闭又造成其他地方应对不及,加剧疫情暴发。当 2003 年 3 月“非典”疫情开始在北京蔓延时,因为信息不通畅,北京的很多医院开始都将“非典”当成普通高烧治疗,导致大批医疗人员被感染。最早收治 SARA 病例的解放军 302 医院传染科主治大夫说:“如果我们提前获取了广东在防治‘非典’方面的经验和教训,就不

---

① 孙旭培、王勇:《不同理念导致不同实践——“非典”报道与禽流感报道的比较研究》,《当代传播》2004 年第 3 期。

会出现现在的局面。”[①]然而,面对这一重大公共危机不断蔓延扩散的情况,有关部门的应对思维仍然没有调整好:4 月 3 日,当时的卫生部部长举行记者招待会声称中国安全,北京只有 12 例“非典”病例。而此时仅北京 309 医院一家就收治了 60 例“非典”病人,并有 6 人死亡。4 月 5 日,世界卫生组织严厉批评了北京的疫情报告系统。从 4 月份开始,各种关于“非典”的流言使首都的空气分外紧张,北京出现大规模人口外流。4 月 20 日下午国务院召开的新闻发布会是整个 SARS 危机事件应对的转折点,发布会披露了北京病例数字大幅度上升的事实,并宣布免除了卫生部部长和北京市市长职务,此后媒体关于 SARS 疫情的报道急剧增加,危机信息处理开始透明化和公开化。

以 4 月 20 日为分界点的危机信息处理模式出现了两种完全不同的结果:4 月 20 日之前,中国媒体基本处于对 SARS 疫情的“失语”状态之中,这种“失语”主要是外力约束造成的。如 2003 年春节期间广州不少媒体都有报道“非典”的要求,但没有获得支持,个别媒体刊登的相关消息还遭到“辟谣”。大众传播渠道的“沉默”,并没有获得管理者期待中的“稳定”,小道消息、谣言借助人际传播和新媒体技术迅速扩散并加重了社会不安定情绪,出现一些应激行为。管理部门以“权威”身份出面平息尽管在一段时间内能缓和事态,但危机信息的不匹配状态又反过来加重了不稳定,并影响到政府的公信力。相反,危机信息公开透明处理的结果却是增加了整个社会配合理解、共同应对危机的意识。2003 年 4 月 22—23 日,中国人民大学舆论研究所针对北京地区有关“非典”问题的舆情调查显示:在得知北京的“非典”病例大幅上升后,41.9% 的人表示因此更加信任政府可以控制 SARS,仅有 12.7% 的人表示更加不信任;在得知有高官因此被免职的信息后,57.1% 的人表示增强了对政府控制 SARS 的

---

① 陈楫宝:《医务人员缘何最受伤　北京“非典”高感染率真相》,《21 世纪经济报道》2003 年 5 月 19 日。

信心，仅4.8%的人因此减弱了信心。[1] 正视危机的性质、展现解决危机的信心和能力，并迅速坦率地披露这些信息，是现代社会应对公共危机的普遍规律。另一个可为佐证的案例是，医疗条件并不先进的邻国越南在2003年2月23日第一个输入型SARS病例进入后短短两个月就控制住了疫情，一个重要原因就是越南卫生部经常举行新闻发布会，通过媒体向公众通报疫情和防治的最新信息。[2] 4月20日之后，媒体对SARS疫情的关注可谓"空前"，在一定程度上挽回了前期"不作为"的失分，但相比之下，在此前危机信息披露的大环境不理想的情况下，一些媒体通过努力发表的具有独立判断的报道更会受到人们的尊敬。比如《南方日报》2003年2月19日的消息《非典型肺炎病原是衣原体？/广东专家对此持保留意见，认为病毒引起的可能性极大》在各媒体都转发新华社通稿——国家疾病预防控制中心宣布"非典"的病原是衣原体的情况下，如实报道了广东医学专家对此所持的不同意见，引起强烈反响。对于"非典"病原是衣原体（使用普通抗生素即可治疗）这一"期待已久"的结论，广东专家大多数持不同意见。这本是人类在面对突发未遇的危机时正常的、存在矛盾与分歧的认识处理过程，媒体对不同意见的披露其实有利于各方更全面地掌握危机处理的信息，而在危机发生时任何一点有助于人们消除不确定状态的信息都是极其宝贵的。正因此，这篇当时看来"独树一帜"甚至遭到了批评的报道后来获得2003年度的中国新闻奖一等奖，也是关于SARS疫情的唯一一个消息类一等奖。

SARS危机及其信息处理方面的经验教训在很大程度上加速了政府信息公开化的步伐。SARS事件过后，2003年5月9日，温家宝总理签署国务院令，实行《突发公共卫生事件应急条例》；2004年北京、深圳等地方政府开始试行政府信息公开管理；2006年1月，国务院发布《国家突发公

---

① 喻国明、靳一、张洪忠、张燕：《"非典"事件中信息透明化处理的传播效果探析》，《中国广播电视学刊》2003年第7期。

② 赵青：《信息公开化——越南成功控制"非典"给中国的启示》，凤凰网，2003年4月29日。

共事件总体应急预案》;2007年8月30日第十届全国人民代表大会常务委员会第二十九次会议通过《中华人民共和国突发事件应对法》;2008年5月1日,《中华人民共和国政府信息公开条例》正式施行。11天后,汶川发生特大地震,又一个极其严重的突发公共事件考验着中国政府、媒体和社会的危机应对水平。而这一次,无论是政府、媒体还是社会公众都交出了令人满意的答卷。

汶川地震发生后,国际舆论几乎众口一词地对中国政府在信息公开方面的进步称赞不已。《泰晤士报》北京分社社长马珍用"前所未有的新闻开放,令人惊讶的秩序井然"[①]形容她在四川灾区的所见所闻;新加坡《联合早报》一篇评论说:"中国媒体在地震报道中所显示的空前的自由度,也让世界刮目相看,甚至可以说是'地震般的巨变'"[②];《国际先驱论坛报》记者在《中国对地震的回应异常公开》一文中盛赞这种变化是"了不起的"[③];信息开放不仅有利于中国的国家形象,更重要的是,它在极短时间内动员了全社会的力量抗震救灾。据民政部统计,截止到2008年6月2日国内外社会各界捐赠款物就达417.42亿元,大量民间团体和自发组织的志愿者承担了除国家救援力量之外的抗震救灾工作。国外媒体用"撼山易,撼四川人民难""团结和爱国浪潮席卷中国""一个摧不垮的民族"等充满敬意的词汇描述中国社会在地震面前的表现。而清华大学媒介调查室于2008年5月18日开展的"5·12抗震救援大型民意调查"显示,95.13%的受访者认为政府对地震发生前后的相关信息公开的透明程度较高。[④] AGB尼尔森的收视调查发现,在大地震发生后的两三天时间里,每天有超过2亿民众从电视报道中密切关注灾区情况。[⑤]

---

① 平客:《"前所未有的新闻开放,令人惊讶的秩序井然"》,《南方周末》2008年5月29日。

② 陈冰:《抗震救灾展示现代中国形象》,《联合早报》2008年5月21日。

③ 严三九、王虎:《危机事件中的信息公开与媒体报道策略分析——以"5·12"汶川特大地震灾害报道为例》,《新闻记者》2008年第6期。

④ 清华大学媒介调查室:《"5·12"大地震抗震救援满意度调查报告》,中华传媒网,http://academic.mediachina.net/article.php? id=5700。

⑤ 《众志成城,举国上下情系地震灾区》,http://news.a.com.cn/Infos/news_69818.html。

政府对地震相关信息公开的透明化程度、新闻媒体对汶川地震的报道和民众的满意度与全社会卓有成效的危机应变,形成了一种良性的互动。这其中,媒体的表现作为一个不可或缺的环节,被有的新闻学者赋予了“汶川大地震新闻报道必将载入国史”①的高度评价。

新闻媒体在汶川地震发生后迅速公开的报道,是新闻观念上的重大突破。2008 年 5 月 12 日 14 时 28 分,汶川发生特大地震。14 时 46 分,新华网就发出了第一条快讯:12 日 14 点 35 分左右,北京地区明显感觉到有地震发生;14 点 53 分新华社再次发出快讯:四川汶川发生 7.6 级地震;15 时,身着深色服装的主播耿萨在整点新闻中播出了央视第一条关于四川汶川地震的自采消息,称经过反复核实四川地震的震级更正为 7.8 级,并汇总报告了重庆、湖南、湖北、山西、河南、河北、北京等地都有震感的情况;15 时 20 分,央视开启地震直播窗口开始 24 小时滚动直播的特别节目。而此次直播活动是在没有向上级请示的情况下做出的,显示了新闻媒体在突发重大事件中的独立判断。之所以能这样,一方面是媒体在经历了多年改革后已经具备了这种及时报道的能力(参见本书第三编第六节:“新闻直播时代来临”),主播可以在几乎是零编排零资料零准备的情况下进行长时间的直播主持;另一方面,也是更重要的是,在 SARS 危机之后,信息公开已逐渐成为政府、媒体、民众的共识。用央视一位制片人的话说就是:“中央有明确的说明,遇到突发事件,要第一时间迅速报。换言之,以前‘及时报’不是马上报道,而是马上向上级汇报。上报掂量一下,评估一下,看能不能行。现在网络、MSN、短信传播非常快,你如果还像以前一样的话,你会失去你主流媒体的舆论阵地,你会失信于民。所以第一时间反应非常重要,要‘即时报’,就是马上报道。”②“及时上报”是组织传播,是有限度、有级别的公开,“即时报道”则是大众传播,是面向社会、面向公民的信息公开,这种转变不仅是政府信息发布和管理方式的

① 尹韵公:《汶川大地震新闻报道必将载入国史!》,《新闻与写作》2008 年第 6 期。

② 石岩:《CCTV:这次是“即时播报”,以前是“及时上报”》,《南方周末》2008 年 5 月 22 日。

巨大转变，也是新世纪以来新闻观念和新闻操作的一个非常明显的变化。

共和国历史上曾经发生过的几次重大自然灾害及其信息披露情况，常被作为参照来显示汶川地震报道的变化明显：1976 年唐山大地震死亡 24 万多人的事实，直到时隔 3 年之后的 1979 年底才首次披露、7 年后唐山这座城市才被允许外国记者前去采访报道。今天人们对唐山大地震了解的一个主要渠道是前《解放军报》记者钱钢的纪实报告《唐山大地震》，这是作者在地震发生 8 年后的回溯采访，在地震发生十周年纪念时发表，因为“在 1976 年不可能写《唐山大地震》”①。而 1970 年 1 月 5 日云南通海大地震死亡 15621 人，直到 2000 年 1 月 5 日举行 30 周年祭时才被公布。1975 年 8 月间发生在河南、安徽沿淮一带的特大水灾，淹死 3 万多人和近百万头大牲畜，京广线被冲垮 100 多公里，新华社派记者去采访，但得到的指示是“不作公开报道，不发消息”②。由此来看，汶川地震报道所显示的信息观念的变化力度自然是相当惊人的，而且更重要的是，思考这种变化背后的原因不难得出一个乐观的判断：这种变化是符合历史规律的、不可逆向的转变。

新世纪以来对重大公共危机事件信息发布与新闻报道观念的转变主要来源于三种推动力量：国家、社会和媒体实践。国家和政府在公共信息发布方面的一系列法律法规的出台是出现这种变化的主导性、制度性的力量；信息传播渠道的技术革命、与外部世界交往的密切与频繁、公民意识和个体权利自由观念的觉醒则是社会的推促性力量；而在这两大前提下，新闻实践也起到了重要的作用，它以一次次对重大公共危机事件的报道经验证明了面向社会的信息公开与危机应对实际效果的正相关关系，打消了人们对信息公开是否会导致混乱后果的疑虑，同时它也以自身的专业素养证明了新闻职业在重大危机处理中的价值。例如，在汶川地震中，由于强震破坏了交通通讯，人们一度对震中映秀的情况一无所知，举国上下陷入焦灼之中，而此时新闻记者首先向全社会报道的震中信息就

---

① 石剑峰：《钱钢：1976 年不可能写〈唐山大地震〉》，《东方早报》2010 年 8 月 12 日。

② 张广友：《目睹 1975 年淮河大水灾》，《炎黄春秋》2003 年第 1 期。

具有极高的含金量。2008 年获中国新闻奖一等奖的作品《挺进映秀》,被称为是“一篇用生命代价作出的报道”。2008 年 5 月 14 日早晨,中央人民广播电台军事记者王亮和挺进映秀的救灾部队官兵一起乘坐冲锋舟赶往震中。在经历了山体塌方、冲锋舟发动机失灵、山崖滚落巨石、余震、泥石流、大桥和公路整体垮塌等重重困难后,记者弃舟徒步,从“峡谷里面爬过来”,终于在当天 13 时来到汶川地震的震中中心区映秀镇,并在 13 时 47 分 18 秒用海事卫星电话接通中央电台直播间,报道了记者在映秀镇看到的情况,这也是全世界最早从震中映秀发出的现场报道。对于突发事件来说往往“信息就是一切”,而只有短暂黄金救援时间的地震灾害就更是如此。在重大突发危机中,对信息的捕捉和不确定状态的消除可谓分秒必争,传统的组织传播中的信息上报系统常常因为层层上报环节容易出现时间耗损,倘若在任何一个环节出问题还会造成信息阻滞。而新闻媒体在报道方面的专业性则可以很好地弥补传统危机信息处理方面的不足。《挺进映秀》的获奖理由中阐述了这篇短短 1 分 43 秒广播新闻的社会效果:“党中央、国务院和全国人民通过这则报道第一次听到了来自震中的声音,了解了震中汶川映秀的灾情,对第一时间指导救灾起到重要作用。报道播出后,温总理和抗震救灾总指挥部迅速做出指示,命令陆航部队在天黑前向映秀增派一百架次的直升机转运伤员。”①

当然,从 SARS 危机到汶川地震,重大公共突发危机事件的信息公开和新闻报道所取得的进步不可能一次到位,政府—媒体—公众之间的良性互动关系也还未完全稳固。尤其在一些因为人为因素导致的公共危机事件方面,有些主管部门的习惯性思维还是打着“维护稳定”的旗号拖和瞒,有些由企业导致的公共事件中则出现了对媒体的金元公关和收买,在近年来的哈尔滨水污染事件、贵州“6 · 28”瓮安事件、三鹿奶粉事件、娄烦矿难、山西疫苗事件都存在着与信息公开趋势背道而驰的做法,这也说明了信息公开道路的艰难。与此同时,媒体也需要在信息公开的过程中

① 《中国新闻奖参评作品〈挺进映秀〉推荐表》,中国记协网,http://news. xinhuanet. com/zgjx/2009-06/09/content_12341157_1. htm。

更加成熟与负责，因为追逐新闻而给灾难事件中的受害者造成二次伤害、激情压倒理性、对报道对象的隐私权名誉权无所顾忌等情况在SARS危机和汶川地震的报道中都曾发生。而媒体对公共危机事件的报道能不能达到“开放”又“节制”的职业水准，这既是实现政府—媒体—公众良性互动的保证，也是公共危机事件对新闻媒体的职业考验。

代表作

王亮：《挺进映秀》，中央人民广播电台，2008年5月14日。

挺进映秀

主持人：现在我们中央台的记者王亮已经进入了汶川映秀镇的灾区最震中的地方，我们马上接通王亮的电话，因为连日来他不断跟我们连线，他的电池已经快不多了，赶快接通王亮的电话。王亮，赶快给我们介绍一下前方情况。

记者：好的，我们已经到达了这次地震的最震中的部分，也就是汶川县的映秀镇。冲锋舟登陆之后我们又徒步前行了两个多小时，这两个多小时确实特别艰难，可以说一路上，只要稍有不慎，我们就可能掉到岷江里边，岷江河流特别湍急。在前往映秀镇的路途当中，我们的右侧就是贡嘎山，我们左侧就是岷山，整个山体滑坡已经把公路全部覆盖和掩埋了。而且桥梁呢，我们看见有一座大桥，叫做百花大桥，也已经整体地坍塌了。我们就是从夹缝当中，从峡谷里边爬过来的。

现在我们浑身都是泥，而且有的战士陷在泥潭里边，这个泥已经都到了他腰的这个地方，我们一起把他拉上来，如果说再陷下去的话，他可能生命就保不住了，这一路确实是非常非常地艰难。

总而言之，不管有多么艰难，现在我们已经到达了这次地震的震中的中心区，就是汶川县的映秀镇。我们看到这边有很多房屋已经倒塌了，而且地上躺着很多的伤员。就在我们到达映秀镇的同时，我们看见有两架陆航的直升机，也已经飞到了映秀镇的上空，而且在映秀镇开辟出了一块比较空旷的场地，划了两个直升机的停机坪，两架直升机都已经降落，而且拉走了第一批伤员，所以说我们看到了希望！

参阅作品

段功伟：《非典型肺炎病原是衣原体？广东专家对此持保留意见，认为病毒引起的可能性极大》，《南方日报》2003 年 2 月 19 日。

中央电视台 1 套、新闻频道：《抗震救灾　众志成城》直播特别节目，中央电视台，2008 年 5 月 12 日—6 月 12 日。

拷问良知

——新闻界的自律与他律

2008 年记者节，一个本应让新闻人充满自豪与欣慰的职业节日，尤其是新闻界在 2008 年已经先后经历了南方雪灾报道、汶川地震报道和奥运报道的重大考验，更有理由在这个具有光荣传统的节日里享受社会赋予仅有的三个职业（护士、教师、记者）以专门纪念日的尊重与荣耀。然而，这一年的记者节，记者群体却因为此前不久爆出的真假记者排队领取矿难“封口费”的丑闻，蒙上一层耻辱的阴影。《中国青年报》评论员曹林在《封口费缠身的记者节没有荣耀只有雪耻》一文中尖锐地指出：“在这个刚爆出封口费的记者节中，我们应该丢掉那些自命神圣、自夸‘瞭望者’的虚荣，丢掉那些自视甚高、自我陶醉的荣誉感，告别一些庸俗的表彰、颁奖和评优，带着耻辱感去追问和反思封口费：让公众看到除了首批曝光的那些媒体名单外，还有哪些更牛的媒体收了丧尽天良的封口费；还要向公众证明自身的道德自治能力，记者行业是怎样地清理门户，严厉惩罚那些害群之马。”①这家在记者节前夕提醒新闻界要“知耻后勇”的媒体，也是在此前后一个月报道“封口费”事件力度最大的媒体。“封口费”事件是继 2002 年繁峙矿难 11 名记者受贿事件之后又一起引发社会极大关注的新闻界丑闻，《中国青年报》从 10 月 27 日到 11 月 27 日连续报道评论 18 次之多。该组系列报道被称为揭开新闻界脸上“大脓包”的一把

---

① 曹林：《封口费缠身的记者节没有荣耀只有雪耻》，《中国青年报》2008 年 11 月 7 日。

"手术刀",并获得当年中国新闻奖一等奖。

"封口费"事件的起因是一起看似"普通"的煤矿责任事故。2008年9月20日,山西霍宝干河煤矿发生漏煤事故,导致41岁的矿工吉新红被埋身亡。事故发生后,这家由山西焦煤集团下属霍州煤电集团公司和宝钢集团下属宝钢贸易公司联合出资、注册本金为4亿元的国有煤矿并未向上级报告,反而为闻风而来的各路"记者"发放以各种名目出现的"封口费",根据前来登记的记者"身份"的不同,多则上万少则千余。9月25日,原《西部时报》驻山西通讯员戴骁军接到矿工举报,称从9月23日起,就有大批"记者"聚集在干河煤矿办公楼三楼领取"封口费"。当晚,戴骁军与另一位不愿透露姓名和工作单位的记者(网名"直播山西")驱车赶到干河煤矿,冒险拍下了"记者"们排队领取"封口费"、"记者"们在一楼大厅登记簿留下的姓名和工作单位、门口停放的有明显媒体标示的车辆等"证据"照片。9月27日起,戴骁军和"直播山西"分别在多家网站发帖披露了此事,逐渐引起社会关注,但网帖也不断被删除。10月21日,《中国青年报》特别报道部主任吴湘韩关注到了相关网帖,10月24日,该部门记者李剑平和张国赶赴山西,经多方努力采访到了发帖人戴骁军和"直播山西"、干河煤矿负责人、工作人员、矿工以及山西省新闻出版局等主管部门,证实了网帖所说的矿难、瞒报、发放"封口费"等事实为真。10月27日,《中国青年报》独家刊发《真假记者排队领取"封口费"》《"端着新闻饭碗的丐帮"》等4篇报道,让此事大白于天下,引起社会极大关注。当天,新闻出版总署就派出调查组抵达太原,山西省委、省政府也派出工作组督查此事。10月29日,山西省专门召开新闻发布会,向全社会通报了记者领取"封口费"事件。11月26日,新闻出版总署通报山西省霍宝干河煤矿记者"封口费"事件处理结果,初步查明收受"封口费"的职业记者4人,媒体工作人员26人,"假冒"记者28人,次日《中国青年报》对已被查明的相关媒体和从业者进行了"点名"报道。

至此,《中国青年报》关于"封口费"事件的报道告一段落。这组报道在给媒体带来声誉、引发社会强烈关注的同时,也引出了新闻界和全社会关于新闻职业伦理问题的新一轮思考。与以前的关注不同,这一次的反思更加深入,也更具忧患色彩。

首先,“封口费”事件引发强烈关注并非因为事件本身的“重大”,而是因为出现了直接的照片和视频证据,将此事“板上钉钉”,但类似于这样的扭曲的新闻利益链条早已不是“孤案”。2002 年 6 月 22 日山西繁峙发生特大矿难,当地政府上报“死两人,伤四人”,而媒体在调查中却发现这是一起罕见的死亡人数众多、矿主毁尸灭迹隐藏不报的恶性事故。更蹊跷的是,在《中国青年报》将此事揭露出来之前,已经有 11 名记者来过现场,却在接受了现金和金元宝后扬长而去。这起包括 4 名新华社记者在内的 11 名记者“受贿不闻”事件,不仅让勇敢揭露矿难真相的新闻界蒙受耻辱,也让人看到新世纪新闻舆论监督和新闻职业伦理面临的越来越复杂的局面。2004 年《中国新闻周刊》披露湖北《鄂东晚报》在“创收”冲动下以曝光当事方丑闻为要挟强拉广告。在这条匪夷所思的“食物链”中,报社和记者把新闻监督当成了“生意”,受要挟单位则大多选择“花钱消灾”。本应以职业使命推动社会朝公开、阳光、透明方向发展的记者,极不光彩地成了社会阴暗角落里的“食腐群体”。2005 年的河南汝州矿难、2008 年的河北蔚县李家洼矿难中,这种黑色利益链条一再重现。经国务院相关批复认定,在李家洼矿难中,矿主为瞒报事故,用来收买记者的费用就达 260 多万元。而此事只比“封口费”领取现场被直接曝光的霍宝干河煤矿矿难事件早发生了 2 个月。更可怕的是,从已披露出来的新闻界受贿丑闻有关的报道看,类似的情况并非偶发。“封口费”甚至已经被列入一些矿主的成本组成,从线人通报信息到领钱瞒报,形成了一个自行运转的隐秘“产业”。《中国青年报》关于霍宝干河煤矿矿难中“封口费”事件的披露虽非最早,但其价值在于极为难得地寻找到了扎实的证据,并以相对客观、严谨的调查“落实”了早已存在却被一些人“心照不宣”掩盖的新闻腐败,以不容回避的态度将新闻界的耻辱一幕“立此存照”。

其次,这种“立此存照”除了引发人们对新闻腐败行为的批判外,还提出了另一个引人深思的问题：为何在相关主管部门明令禁止、有关新闻纪律和职业道德的文件、管理规定一再重申的情况下，此类情况仍不能禁绝，甚至未见明显好转？事实上，从 20 世纪 80 年代开始，国家就对新闻业可能利用职务之便发生的不正当利益关系有所警惕。如 1985 年，国家工商局、广电部、文化部等联合下发通知，“严禁新闻收费和以新闻名义招揽各种形式的广告”；1990 年，国家工商局和新闻出版署在《关于报社、期刊社和出版社刊登经营广告的几项规定》中明确提出“严禁刊登有偿新闻”；1993 年，中宣部和新闻出版署联合下发《关于加强新闻队伍职业道德建设禁止“有偿新闻”的通知》；1997 年，相关部门再次联合发布《关于禁止有偿新闻的若干规定》；新世纪之后，此类规定更加细致，如 2005 年的《关于新闻采编人员从业管理的规定（试行）》提出：“新闻记者不得利用采编报道谋取不正当利益”，2007 年新闻出版总署重申：“不得借新闻采访活动从事有偿新闻、强拉广告或牟取不正当利益”，2008 年记者节前一天新闻出版总署再次要求“严禁借新闻采访活动搞有偿新闻、索贿受贿、严禁借舆论监督搞敲诈勒索”，等等。[①] 这一情况显示：随着社会生态环境和新闻界自身角色的双重复杂化，新闻业的职业伦理和道德良知正面临着前所未有的考验。“封口费”式事件一再出现的深层原因在于，社会转型中利益多元化、分散化与相应监督机制不配套、不完善的矛盾。

理想状态下的新闻实践应该扮演社会“守望者”的角色，除了为全社会提供信息告知服务外，还应特别关注那些可能影响社会良性发展的隐患与阴暗角落，起到警示与预防的作用。这也正是新时期以来新闻媒体逐步职业化后表现出的主要趋向。但是，在这一过程中，一些组织或部门从自身利益的角度考虑，千方百计躲避新闻监督，而一部分媒体因自身盈利模式不明晰或外部监管不完善，与本应作为报道对象的利益团体的诉求“一拍即合”，出现了违背新闻天职的新闻“寻租”行为。

“封口费”系列报道显示：要解决复杂语境下产生的新闻“寻租”行为

---

① 徐明：《封口费、有偿新闻和新闻法治》，《中国广播电视学刊》2009 年第 11 期。

已经不能单靠某一种力量。有良知的媒体对新闻界丑闻的曝光,具有"自揭其丑"的道德勇气,《中国青年报》的"封口费"系列报道赢得赞誉的很大一部分原因正在于此。但这种媒体之间的互相监督并非每次都能成功:同样的利益链条容易在一个小范围内形成"板结"的利益共同体,"一致对外"。上文提到的一些矿难中记者受贿不闻的情况如繁峙矿难、李家洼矿难等都是有关部门在调查矿难瞒报中发现的记者受贿问题,而非新闻界的自我曝光。霍宝干河煤矿的"封口费"事件中,提供了关键性证据的戴骁军在拍摄到真假记者排队领取"封口费"的场面后夺路狂奔,他对《中国青年报》记者说:"拍完以后,自己后背都发凉""也许还没等矿方人员打你,那些记者都会打你。"[①]笔者曾在一项针对新闻职业伦理的全国性调研中发现,要批评的不仅是新闻实践中的利益冲突,更要警惕已经在一些从业者中形成的不良群体压力。一些所谓的"潜规则",如接受红包等,很容易衍生出更为严重的腐败。[②] 进入新世纪之后,面对新闻生态环境更加复杂的局面,新闻界开展了广泛的自我学习教育运动。2003 年 9 月,中宣部、国家广电总局、国家新闻出版总署、中华全国新闻工作协会联合下发《在新闻战线深入开展"三个代表"重要思想、马克思主义新闻观、职业精神职业道德学习教育活动的通知》。这场由管理部门倡导的新闻界自我教育运动声势浩大,持续至今(按《通知》要求,运动的开展时间本应为 2003 年下半年到 2004 年底),不仅是对 20 世纪 40 年代起党报针对自身开展"批评与自我批评"优良传统的当代回应,同时也从一个侧面说明当下新闻实践中失范现象的严重程度。

在"封口费"事件后,有官员和学者表示,在这次事件中真正市场化程度高的报刊没有出现在领取封口费的名单中,这证明了市场是一种正义的力量。这种推论有一定的道理,毕竟中国新闻实践的再次职业化正是从新时期之后媒体市场的重新发育开始的。相比于过去人们常将新闻

---

① 李剑平、张国:《真假记者排队领封口费》,《中国青年报》2008 年 10 月 27 日。

② 王辰瑶:《"合理化"辩解——记者接受馈赠的心理探因》,《浙江传媒学院学报》2009 年第 2 期。

界“有偿新闻”的痼疾归罪于市场的认识，有了根本的进步。但我们也必须看到，市场环境下的各种组织的利益诉求也是空前强烈的，如果没有强有力的制衡，很难保证“市场化”的媒体不会出现“新闻寻租”。前述《鄂东晚报》拿着批评稿件搞“创收”就是一例。就在霍宝干河煤矿“封口费”事件发生之前，还沉浸在奥运成功举办喜悦情绪中的中国遭遇了一场严重的奶制品信任危机。《东方早报》记者简光洲在2008年9月11日首度“点名”报道《甘肃14名婴儿同患肾病疑因喝“三鹿”奶粉所致》，掀开了这场针对国内著名乳品企业的舆论风暴。而早在《东方早报》报道的前6个月，三鹿集团就接到了消费者的投诉；前3个月，因喝添加三聚氰胺的三鹿奶粉导致婴儿患肾病的公开病例逐渐增加；8月份，三鹿公司意识到问题严重已开始采取私下收回等方法进行处理。但在这么长的一段时间里，已进入信息时代的社会却基本处于不知情的状态，虽有一些媒体进行了零星报道，也只提到“某品牌”，未加点名。记者简光洲说：“对这个‘首度’我没有丝毫的兴奋，而是有着诸多的慨叹——为一个历史悠久的知名企业对公众知情权的漠视、社会责任感的丧失，以及媒体舆论监督功能的弱化和‘社会良心’作用的迷失。”[①]据报道，三鹿集团为维护其形象，采用了很多不正当的危机公关手段，如在8月2日请求石家庄市政府加强对媒体的管控和协调、斥巨资要求百度这样的网络媒体屏蔽关于三鹿集团的一切负面新闻（百度声明称三鹿虽两次要求屏蔽负面信息，但它从未答应。可在三鹿奶粉事件曝光前后，百度上关于三鹿的信息一度只有几十条，与其他搜索引擎上的信息数量形成鲜明对比）等。三鹿奶粉事件曝光后，有人发现，早在2004年安徽阜阳发生的因奶粉中蛋白含量不够导致婴儿营养不良变成“大头娃娃”的恶性事件中，三鹿奶粉就曾被列入“黑名单”，却很快被其强大的“公关”能力化解。2007年三鹿还登上央视《每周质量报告》的特别节目，被树为质量过硬的典范。2008年在由《华夏时报》主办、多家媒体支持的品牌发布会上，三鹿奶粉还荣获“30年改变中

① 简光洲：《我为什么要率先公布问题奶粉“三鹿”的名字——从“三聚氰胺”事件看市场化大潮中媒体的责任与操守》，《新闻记者》2008年10月。

国人生活的中国品牌称号”，是唯一一家入选乳制品品牌。可见“市场”环境本身并不足以让身在其中的每一个参与者都能产生足够的社会责任感，媒体既要在市场竞争中保障自己的正当利益，又要分辨、面对和处理市场化大潮中各种纠葛的利益关系，明确立场，界定职业边界，这不能不说是一个空前的挑战。单纯的“市场”很难说是一种正义的力量，但或许可以说，在正义的制度下，健康的市场竞争是提升媒体职业道德水准的一种推促力，而这显然还需要不仅是媒体，而且是全社会的更多努力。

至于依靠行政力量的外部监督和管理，“封口费”式事件也暴露出一些令人深思的问题。一方面，某些地方部门事先还不如当地新闻掮客的消息灵通，事后又出于自身利益考虑希望息事宁人，当“消防队”负责“灭火”。这种思维客观上使得新闻地下交易的黑色产业缺少有效制约，得以做大。另一方面，宣传主管部门对新闻从业者的“身份”管理尚不能完全适应新闻职业发展的需要。“封口费”事件引出了业界和社会对“真记者”和“假记者”问题的关注。能否单纯以有没有同新闻出版广电总局的“记者证”来判断记者身份的真假？如果按照这个标准，最早揭露“封口费”事件的戴骁军也属无证记者，他曾供职的《西部时报》也发声明否认了戴的记者身份，尽管戴骁军长期在该报的山西记者站工作并为报纸撰稿。业内人士表明，大量无证的“土记者”的存在是中国新闻领域的一个特色，主要原因是记者证核发的指标和数量满足不了各媒体从事采编业务的实际需要。[①] 当然，在被曝光出的新闻黑色利益链条中，确有一些甚至连大字都不识的假冒记者存在。对霍宝干河煤矿“封口费”事件的调查也证明，排队领钱的大多为假冒记者，但这一点能否成为新闻界洗刷耻辱的理由？人们有理由追问，为何这些骗术并不高明的假记者能屡屡得手？为何精明的矿主明知记者身份有假也甘愿付钱？为何当地的真记者没有报道和揭露这种肮脏的交易？可见，单纯用“身份”一刀切的管理也不足以解决新闻职业伦理建设中的深层问题，要解决这一问题不能回避

---

① 王芙蓉：《对霍宝干河煤矿封口费事件的冷思考》，《采写编》2009 年第 1 期。

对现实中复杂的新闻行为的考察。

所以,对“封口费”事件的揭露是给新闻界和全社会敲响的一记警钟。尽管霍宝干河煤矿的“封口费”事件很快有了处理结果,但围绕此事的报道让人看到更多的是问题,而非问题的解决,这也是这组报道引发社会广泛关注和讨论的原因。新闻媒体作为社会子系统之一,作为与政治、经济、公众都有密切联系的社会组织,本身就处在各种权力和利益的交织之中。“封口费”式事件表明,在面临社会转型的利益多元化、媒介市场发育不完全、监管方式尚不能充分发挥作用的情况下,新闻媒体的职业担当就可能被扭曲和异化。破局的关键,当然在于怎样把新闻界的自律与他律性因素融汇构建成一种足以支持整个行业良性发展的体系。而作为本身就是社会监督者、瞭望者的新闻媒体,能否很好地自我监督、自我批评,是其中一种重要的力量。虽然媒体与各种利益、权力的博弈与交易是世界性难题,而每个行业也都有一些不愿为外人道的隐秘,但新闻界面对自身问题的方式是包庇护短还是自我拷问,却是对新闻职业的理性、成熟与社会责任的重大考验。从这个意义上说,媒体对类似“封口费”事件的自揭其短,曝光的固然是丑恶耻辱的一幕,但同时也让人看到新闻界激浊扬清、自我完善的希望。

代表作

李剑平、张国:《真假记者排队领“封口费”》,《中国青年报》2008 年 10 月 27 日。

真假记者排队领“封口费”

干河煤矿矿长因事故迟报和发“封口费”遭查处

回顾整个过程,就像看一部惊险大片。

闪光灯亮起,“咔嚓咔嚓”两响,迅即退出房间,跑到楼道里,又是“咔嚓咔嚓咔嚓”三响,然后箭步下楼,跑到一楼大厅,未等保安缓过神来,又是一顿连拍。随即冲出大门,钻入早已发动的汽车,一踩油门,车子马上消失在潇潇夜雨中。

这是42岁的戴骁军在山西霍宝干河煤矿的一次拍摄,前后历时19分钟。

“拍完以后,自己后背都发凉”,戴骁军对《中国青年报》记者说,“也许还没等矿方人员打你,那些记者都会打你。”

这次拍摄留下了中国新闻界耻辱的一幕:一场矿难发生之后,真假记者争先恐后地赶到出事煤矿——不是为了采访报道,而是去领取煤矿发放的“封口费”。

9月25日晚,《西部时报》驻山西记者戴骁军完成了职业生涯中最为惊心动魄的一次拍摄。

事情的缘起是,他接到干河煤矿矿工举报,41岁的矿工吉新红在矿内闷死,吉系洪洞县曲亭镇北柏村二组人,9月22日下葬。事故发生后,煤矿未向上级报告,反而为闻风而来的各地的所谓“记者”发放“封口费”,多则上万元,少则几千元。

10月25日,《中国青年报》记者在太原辗转找到戴骁军采访,并随即赶赴干河煤矿展开调查。

矿工们说,煤矿塌了,把人埋了

黄河的第二大支流、山西第一大河汾河从这里静静流过。即使在山西这个产煤大省,临汾的煤炭资源也令人羡慕。

霍州向西,跨过汾河,南下进入洪洞县,公路沿途遍布矿山和煤矿指示牌。山西霍宝干河煤矿有限公司就在其中。

这家煤矿不在霍州境内,而是位于洪洞县北部的堤村乡干河村。站在煤矿公司大院放眼望去,山上仍有窑洞。当地村民说,干河地底深处很“肥”,出产优质焦煤。

顾名思义,霍宝干河煤矿有限公司的出资方就是“霍”“宝”两大集团——山西焦煤集团下属的霍州煤电集团公司和宝钢集团下属的宝钢贸易公司。该煤矿公司注册资本金为4亿元人民币。

这家煤矿是山西焦煤集团与上海宝钢集团的战略合作项目，经省政府常务会议确认为山西“十一五”重点项目。该矿煤炭资源地质储量3亿吨，矿井建设规模为年产煤210万吨。控股方霍州煤电集团，是原霍州矿务局2000年改制而成的企业。

霍宝干河煤矿原定2008年7月1日正式投产，不过拖延至今仍未正式投产。该矿董事会秘书李国良对《中国青年报》记者说，干河煤矿仍处于基本建设阶段，还不是生产矿井。

但在矿区，记者见到了煤堆，排队运煤车。一名30多岁的煤矿工人说，矿上大约有1000名工人，一年多来，既招聘了附近的村民，也有为数众多的外省人，山东、河南的都有。

干河煤矿隐瞒矿工死亡而遭网友曝光之事，已经流传到矿工群体中。“死人的事儿？听说了，你上网看吧。”“你去找办公室？他们能说什么真话？”

几名矿工证实，9月20日，一名正在作业的洪洞县工友被他们所挖出的“黑色黄金”吞噬，窒息而亡。“煤矿塌了，矿上肯定有责任。”见记者听不明白，一名矿工解释：“煤矿塌了就是漏了，把人埋了。”

董事长证实事故迟报与“封口费”

2007年6月1日起施行的国务院《生产安全事故报告和调查处理条例》规定：“事故发生后，事故现场有关人员应当立即向本单位负责人报告；单位负责人接到报告后，应当于1小时内向事故发生地县级以上人民政府安全生产监督管理部门和负有安全生产监督管理职责的有关部门报告。”

“事故报告应当及时、准确、完整，任何单位和个人对事故不得迟报、漏报、谎报或者瞒报。”

10月26日中午，霍州煤电集团董事长杨根贵接受《中国青年报》记者采访时说，直到9月底，集团公司才接到了干河煤矿的事故报告。

他直言不讳地对煤矿负责人提出批评并告诉记者，10月21日，霍州煤电集团召开干部大会，对此事通报全局（即“集团”），要求大家引以为戒。

“我们已经加大处罚(力度),严肃处理了。”

记者向杨根贵提起网上的有关传言,他证实说,对于这起事故,安监部门已经介入调查。霍州煤电集团向干河煤矿追查此事后,9月底,煤矿提交了事故报告。

“不是瞒报,他是报得迟了。”杨根贵说。

杨根贵还向本报证实了“封口费”的事,他说:“刚开始有这种情况,后来我们知道这种情况以后,我们严肃处理,没人来了。”

记者询问煤矿矿长李天智等负责人是否受到处分,杨根贵说,事故处理工作根据集团公司1月6日安全会议上出台的有关规定“对号”,“对到哪儿就到哪儿,没什么争议,都按这个走”。他透露说,这一处罚无疑会影响到煤矿的全年效益。此外,要求矿长李天智向安监局写出书面检查,并罚款8000元。

根据国务院上述条例,事故发生单位主要负责人“迟报或者漏报事故的”,“处上一年年收入40%至80%的罚款;属于国家工作人员的,并依法给予处分;构成犯罪的,依法追究刑事责任”。而如果存在“谎报或者瞒报事故的”行为,“对事故发生单位处100万元以上500万元以下的罚款;对主要负责人、直接负责的主管人员和其他直接责任人员处上一年年收入60%至100%的罚款;属于国家工作人员的,并依法给予处分”。

矿方说“大约有四五十人”

与杨根贵董事长的坦率相比,矿方的态度耐人寻味。10月26日上午,《中国青年报》记者来到煤矿的六层办公大楼,由于当天是周日,绝大多数办公室都上了锁。一间虚掩的办公室内,六七名工作人员在开会,记者推门而入,他们却对任何事情都表示“不知道”,也不透露值班领导或办公室、宣传部门负责人的联系方式。

经过一番努力,记者辗转获得干河煤矿内部通讯录。

听说记者希望采访李天智矿长,一名工作人员说:“这两天矿长忙得很,打电话肯定……这两天,矿长的心情不好。所以给书记打电话就行。”

“矿长为什么心情不好?”

“这两天矿上有点事儿。”

“是不是跟网上说的那事儿有关?”

“对对对,就那个。这两天做检查呢,我们矿长——给局里头报检查。你们都知道这事儿了?我知道网上有。”

“为什么要写检查,是因为瞒报吗?”

“你都看了吗,还要问?就是因为那个——没往上报。”

“那天来的记者多吗?”

“这我就不清楚了。”

一名保洁员则说,前一段时间的确听说来了很多记者,但自己只负责六楼清洁,并不知详情,不晓得负责人在哪个楼层,也不知负责人如何联系。

但记者很快发现她没说实情。记者尾随这名保洁员走到四楼,见她走入楼内唯一一间挂有“秘书”铭牌的办公室——此前,记者曾试着敲过这间办公室的门,无人应答。记者绕到窗户对面,隔着纱窗见到室内办公桌电脑前有一名男子。保洁员与这名男子交谈片刻后出门,恰好被快步赶来的记者迎面撞见,但她并不说话。记者不假思索立即推门,门已经上锁。记者多次重重地敲门,都无人应答。记者重新绕到窗户对面,仍可见到那名男子。记者冲他喊话、挥手,他手持烟卷,对着电脑,置若罔闻。

记者下至一楼大厅,向保安人员打探情况——从摄于9月25日晚的照片可以看到,前来领取“封口费”的真假记者当晚便在此处的登记簿上留下了姓名,许多人填写的来访事由是“找李主任”或“找李国良”。

不过,多名保安均以“不知道”“秘书都不在”为由回答了本报记者关于事故和“封口费”的询问,并拒绝提供负责人的联系方式。记者向他们留下电话号码,表示希望与负责人取得联系,随后离开煤矿。

驶离干河煤矿大约20公里之后,记者意外接到了自称该矿“董事会秘书李国良”从办公室打来的电话。他所告知的电话号码,确与该矿内部通讯录上的“李国良”对应。煤矿一名工作人员告诉记者,李国良上月刚刚调离办公室主任的岗位。李国良在电话中也证实了他曾是办公室主任。

“听说你们前一段时间出了点事儿，很多记者去‘敲诈’？”对于这一问题，李国良在电话那端解释：“不算敲诈。来的媒体多而已。”

究竟去了多少记者？李国良回答：“大约有四五十人吧。”这一数字，少于戴骁军9月25日晚所目测的100多人的规模。

而那并非“封口费”发放的唯一一天。干河煤矿门口总有一些出租汽车在等活，据司机回忆，出事后的四五天内，来了不少记者“领‘封口费’”。一名司机还向本报记者多次强调并点出了两家电视台的名字。这两家电视台总部分别位于北京和香港，均在世界上具有一定影响。

不过，本报记者无法核实这一说法的真伪，因为无法从干河煤矿拿到“封口费”发放名单。

同干河煤矿的矿工一样，这位司机也一再建议“上网看看”。

“安全的事儿，要瞒瞒不住，没有必要！”霍州煤电集团董事长杨根贵对《中国青年报》记者指出：“这是大事，虽然你有责任，何必瞒报呢，没有必要嘛！你以为瞒过了就不处罚？照罚不误，不含糊，只能加大不能减小——不合算！”

本报山西霍州10月26日电

参阅作品

李剑平、张国：《“端着新闻饭碗的丐帮”》，《中国青年报》2008年10月27日。

简光洲：《甘肃14名婴儿同患肾病疑因喝“三鹿”奶粉所致》，《东方早报》2008年9月11日。

“节制”报道:一种新新闻叙述观

“新闻是对新近发生的事实的报道”,这个陆定一在六十多年前提出的新闻定义已经明确地指出了“新闻”与“事实”的关系:作为本原的事实是第一性的,而报道事实的新闻则是第二性的。对这一对新闻学“元概念”之关系的澄清极其重要,陆定一据此回答了为什么“真实是新闻的生命”的问题。在《我们对于新闻学的基本观点》一文中,他精彩地阐述了新闻必须符合事实的真实性原则并尖锐批判了违背这一原则的法西斯主义新闻学。但当时人们尚无暇顾及作为“第二性”的新闻自身的特点。而随着哲学中“语言学转向”对各社会科学的广泛影响,新闻学虽然较晚却也终于意识到这个“第二性”的深刻含义:除了要服从于“第一性”外,新闻对第一性“事实”的呈现也是一种无可避免的对事实的重新组织与结构。这种观念有助于破解人们尤其是新闻界的客观性“迷思”,揭示出新闻专业主义规则下依然存在的各种权力关系,从而对新闻的“叙述”本质怀抱一份敬畏、对报道与事实的关系更添一份警惕。虽然看似有些“瑟缩”,不够光荣或豪情,难以满足新闻界的“英雄主义”期待,但其蕴含的“自反性”其实是能使新闻职业免于自大、自我调整的一剂清醒剂。西方新闻学从上个世纪初开始的“客观性”之争以及广泛意义上的批判性思潮对新闻客观主义的反思,即大致反映了上述思路。中国新闻学在近六十年中的发展图景与之有根本差异,但进入新世纪后却殊途同归地出现了对新闻之叙述本性的警觉,不能不说是一种很有意思的现象。

六十年来新闻与时代的关系,除了从新闻报道撷取的时代片段中可一窥究竟外,从报道自身的叙述方式上亦可查究。正如当代语言学家克里斯蒂安·麦茨所说,叙述学的核心问题就是“理解人们是怎样理解的”,理解新闻报道对于当下事实之建构方式的变化,本身也是在历史语境中理解新闻的一种思路。比如,20 世纪 50—60 年代新闻的理想主义叙事与 80 年代新闻呈现的宏大激情叙事,既有很大的不同,又有一脉相承的关联。大体上讲,前者突出社会主义新国家的伟大与优越,基调乐观、欢欣、积极;后者突出改革开放的势在必行,基调激越、磅礴、思辨。但两者在新闻叙述上都是更注重对事实的意义开掘,而鲜少注意事实的呈现方式。新闻业对时代的观照倾向于直接介入、直抒胸臆,力促其变,这既是忧患中诞生的中国近代新闻业鲜明的文人论政、文章报国传统的延续,也是较单纯的党报体系下媒体定位的使然。但是这种新闻叙述的弱点在于自信有余自省不足、热情有余冷静不足、意图鲜明但规范不足。因此它容易出现因外部环境变化导致新闻报道的立场、情感、倾向在短时间内变动过巨的情况,也容易在时代激情退却后让人指摘报道本身与事实真相的距离。这两种情况在上述两个历史阶段都发生过,它势必会影响到新闻媒体的公信力,影响新闻报道与时代的长久、稳定、良性互动关系的建立。80 年代末期,新闻界已经开始意识到这种叙述方式粗疏、急躁的一面,开始在深度报道热中反思事实与观点的关系。因为历史原因,这种调整并能真正践行。90 年代重新启动的媒体改革则是另一种路径,它通过发现“生活”、拥抱“市场”,部分回避了以前的问题,开掘出新的局面。其对新闻叙述的影响在于一方面大大拓宽了新闻的报道领域,将过去视为“无甚高论”的普通人生活、市井新闻、社会性新闻纳入常规报道领域,并根据受众市场的细分发展出大量的专业性新闻报道;另一方面,降低了新闻叙述的调门,改变过去教化意味浓重的宣传腔,主张平民化、亲切可读,与读者同气相求、情感与共。这两方面的变化深刻影响了新闻界的自我定位,但由于尚缺乏对既往历史的全面省视、缺乏对变化迅速的新闻业的清晰界定,新闻界的“主体意识”仍显不足,这导致了一些没有“定力”的表现如热衷炒作、情绪化等,同样招来了批评。可以说,新世纪以后在一些记者中出现的对有“节制”的新闻叙述观念的倡导,正是出于对上述两种情况的反思。其意义不仅在于提出了一种新闻实践的新范式,更重要的是表现出新闻界的自觉意识——在与政治、经济、社会的关系越来越密切而复杂的情况下,新闻当以何种方式来观照时代。

新世纪对社会有重大影响的报道个案中,“孙志刚事件”是很难被人遗忘的。2003 年 3 月 17 日晚 10 点左右,来广州工作不到 20 天的湖北青年孙志刚在去网吧的路上,因没有暂住证也没带身份证被巡街警察送至派出所,后被送到收容站,再被送到收容人员救治站。3 月 20 日,救治站宣布孙志刚身亡,死因是“心脏病”。但蹊跷的是,第一,孙志刚大学毕业,有身份证、工作单位和固定住所,并不符合“收容遣散”的相关规定。在孙被“收容”的 3 天里,他的朋友和老板曾带着各种证明孙志刚身份的材料到派出所和收容站“保释”他,都未被允许。第二,救治站出示的孙志刚死因是心脏病突发,而孙的家人和朋友俱称他身体一向很好,从未有这方面的疾病。4 月 18 日,中山大学中山医学院法医鉴定中心出具的检验鉴定书明确指出:“孙志刚符合大面积软组织损伤致创伤性休克死亡”,且“未见致死性病理改变”,也就是说,孙志刚是被打死的,而不是死于心脏病。一个身体健康、有正当工作和合法住所的公民,只因未带身份证件上街,竟至在被收容过程中打死,这是法治社会中令人匪夷所思的恶性事件。3 月底,《南方都市报》的深度报道组记者陈峰在网上看到了有关此事的网帖,并得知孙的家人正在广州奔波,为孙志刚之死讨说法。《南方都市报》记者王雷和陈峰经过近一个月的采访,在 4 月 25 日发表了后来引发巨大轰动的调查性报道《被收容者孙志刚之死》,在尽可能还原孙志刚生命最后三天的诸多事实细节的同时,也将孙志刚事件推向不容回避的公众舆论浪尖,此后人们多将“孙志刚事件”视为中国在推进公民权利方面的一个标志和象征符号。

这篇报道引发的一连串反响是:刚一见报,新浪网上就出现几千条评论,编辑部热线几乎被打爆;4 月 26 日,全国各大媒体纷纷转载《南方都市报》关于该事件的报道,《北京青年报》等媒体开始接力追踪报道此事,“孙志刚事件”成为网络舆论热点,人民网网帖质问“孙志刚案,是谁在

'装聋作哑'";5 月 13 日,新华社以《孙志刚被故意伤害致死案 13 名疑犯被缉捕》为题报道该案疑犯已被缉捕的消息,称党中央国务院和广东省委高度重视此案,公安部派工作组赴广东督办,由广东省、广州市成立多部门组成的联合调查组和联合专案组进行调查侦破;5 月 14 日,三位青年法学博士上书全国人大常委会,要求对《城市流浪乞讨人员收容遣送办法》进行违宪审查;5 月 21 日,北京的一批知名学者专门就此案和收容遣送制度进行研讨;5 月 23 日,5 位知名法学家联合上书全国人大常委会,就孙案及收容遣送制度实施状况提请启动特别调查程序;5 月 30 日,《人民日报》发表评论《孙志刚案还能走多远?》呼吁要从"详尽的真相、公开的程序、必要的质询"入手,把孙案圆满解决;6 月 5 日,广州中院开庭审理此案;9 日一审判决 12 名罪犯的刑事责任;10 日,涉案的其他 23 名违反党纪、政纪的有关责任人员也受到严肃处分;6 月 18 日,温家宝总理主持召开国务院常务会议并原则通过新的《城市生活无着的流浪乞讨人员救助管理办法(草案)》,22 日新法规颁布,同时废除 1982 年 5 月颁布的《城市流浪乞讨人员的收容遣送办法》,多家媒体关注了从"收容遣送"到"救助管理"的变化。至此,孙志刚事件在被媒体曝光的不到两个月里不仅有了具体的处理结果,而且废止了一项已实施二十多年的法规,成为推动中国法治进程的标志之一,舆论监督的效果不可谓不显著。此事最早的报道者陈峰回忆,得知新法规颁布后,正在湖南采访的他特意"出去给自己点了份几十元钱的牛排,以示庆祝"①。

从表面上看,这确实是又一例以报道推动社会进步的经典个案,并再次书写了媒体人的"光荣与梦想",但从对该事件及报道的文本与语境的细读中却不难看到某种隐在的变化已经产生,它显示了上文所述的"节制"报道的新新闻叙述观念。在孙志刚事件中,有大量评论或欢呼媒体影响力,或慨叹舆论影响的实际效果有限(出现这两种相反的评价本身也是该事件引人瞩目之处之一),但鲜少关注到最初报道文本的"节制"姿态。

---

① 蒋伟:《孙志刚不会被忘记——对话孙志刚事件首发记者陈峰》,《法制周报》2008 年 8 月 29 日。

这种"节制"表现在：每一个具体事实都交代来源，如源自孙志刚的朋友、家人或记者掌握的某份材料等；没有"现场化"、戏剧化的场景描绘；几乎没有出现有感情色彩的形容词；注重呈现事实而非得出结论，比如报道的几个小标题分别是"孙志刚死了""孙志刚是被打死的""孙志刚该被收容吗？""孙志刚是被谁打死的？"除了前两个是无可争议的事实外，后两个孙案中的核心问题均以疑问的方式提出，报道重在陈列和比较所获得的来自各种渠道的事实，并从比较中提出疑点，而非通过大胆的推测"暗示"结论。有意识地抑制报道的情绪性和从事实中过度推导结论的冲动，正如有研究者指出的那样，是"记者控制自我之'像'而忠于事实之'像'，由此完美地达到新闻记者应该达到的职业水准"。① 那么这种新闻记者的自我节制的叙述意识是怎么产生的？它对新闻与社会的关系又意味着什么呢？

首先，这种自我节制的新闻叙述观念来自于复杂新闻生产环境对报道者的"倒逼"。陈峰回忆最初看到孙志刚事件的线索后并不认为这是个可以发表的报道，因为在内地工作多年的"经验"让他"已经习惯于先去衡量一个报道的风险，而不是这个报道的新闻价值"②。这种所谓的"风险"客观上已经构成一个新闻文本能否问世的潜在条件，它实质上就是各种形式的权力（政治的、经济的）与以新闻话语形式出现的权力的矛盾关系。在新闻官司平均胜诉率较低的大环境下，新闻记者们发现能够支持新闻话语与其他干涉性权力关系相制衡的最有力的武器，不是别的，正是对事实本身的无可争辩的、精确的报道。从这个意义上来说，新闻职业意识本身就是在社会关系中互动的产物，而非一种与生俱来的观念。如前所述，新世纪新闻生产环境变得空前复杂，社会大环境和新闻业小环境都是如此。在社会总体进步的推动力下，各种具体利益的博弈也越来越显在、直接，新闻生产者尤其是最容易与其他社会关系产生直接利害冲

---

① 李书藏：《〈南方都市报〉孙志刚案首次报道中的理性和自律成份分析》，《现代传播》2004年第3期。

② 陈峰：《一切发生在意料之外——孙志刚事件采访记》，《今传媒》2005年第3期。

突的调查性报道记者们不约而同地意识到对事实的精确报道是一种有效的自我保护技术手段,这并不奇怪。例如,以《北京出租车业垄断黑幕》《河北定州血案真相调查》《山西疫苗乱象调查》等“揭黑”报道闻名的记者王克勤在谈及调查性报道的基本问题时也强调“揭发报道常常面临各种各样的反扑,为了确保记者自己的安全,也要确保证据齐全。有了铁的证据,才能够呈现事实的真相。……记者要学会保守地、谨慎地写作,写新闻永远不能文学化、情绪化,更不能慷慨激昂、随意宣泄。……要知道被监督对象连你的标点符号都要研究,他们会挖地三尺,一定要挖出你的问题,没问题都要找出问题的。为了保护自己,也要做得更加专业才是。可以说,中国的新闻专业主义是逼出来的”[①]。在这位曾用半年时间采访北京市 100 多位出租车司机和相关人士、曾用 7 个月时间在山西“潜伏”调查问题疫苗的记者看来,所谓职业化其实是一个胆子越来越小、叙述越来越严谨的过程。只有这样,记者天职中那些最为高尚的部分、最激动人心的理想主义才能有所附丽,并有可能在报道所招致的巨大压力下继续生存。这并非一句空话,首先报道了孙志刚事件和山西疫苗事件的媒体确实都遇到过“巨大的压力”,如果报道本身再有可被指摘之处,很难说新闻界还要付出什么样的代价。

其次,对事实复杂性的认识也催生出报道者自我节制的叙述观念。报道与事实的距离曾是一个不太被关注的问题,中国新闻界在很长一段时间内关注更多的是正确性的问题,或者说多多少少用正确性置换了真实性。新世纪之后,报道与事实的距离开始为新闻从业者所关注,甚至敬畏。这种敬畏源自:其一,对事实挖掘难度的认识,大量事实其实是记者采访不到也还原不了的。其二,对自身认识角度的反思,不同的认知角度完全可能关注或凸显事实的不同层面,从而呈现出不同的意义。其三,对事实与意义关系的思考。不少新闻史上的名篇都曾用强大的意义链条将事实的主题“完美”地呈现出来,但是时过境迁之后,却往往要承受着事

---

① 王克勤:《调查性报道基本问题梳理》,《法治新闻传播》2011 年第 2 辑。

实本身的破碎、断裂甚至矛盾之处的拷问，这种拷问甚至威胁到原有意义的存在，也让新闻从业者不得不重新思考两者的关系。其四，对事实与叙述方式关系的思考。写得好看、吸引人与报道的真实性之间是一种什么样的关系？过去在新闻写作中很少讲两者的矛盾之处，但实际上，在追求效果冲动下的新闻叙述往往可能超越记者实际的叙述能力，从而僭越真实本身。诸如此类的顾虑成为一些颇有思想性的记者在进行新闻生产时的权衡因素。如在孙志刚事件中，尽管不少后续评论对孙案没有实质性地启动违宪审查机制以及在制度反思力度方面仍有质疑，但我们看到的最直接的事实依然是：打死孙志刚的凶手是与其本无瓜葛的救治站护工和同样被收容的人。正如有媒体提出的，这到底是人性之恶还是制度之恶？或许应该说是在恶性制度下被扭曲的人性之恶导致了孙志刚的悲剧才比较贴切。在这种情况下，任何片面强调或暗示某单一结论的报道都可能扩大与真相的距离。报道者陈峰对此有清醒的认识，当被问及为何没有在报道中采用惊心动魄或细致的镜头化描写方式时，陈峰回答：“问题就在这里。这种写法可能比较好，甚至更高级，但这些场景，我们采访不到。”[①]采访不到的“空白”之处其实就蕴含了太多的可能性，而记者的主观推测或情绪性的暗示则会在这些空白之处摒弃掉其他的可能性，只留下记者“心目”中的“真相”。

以上两个“外因”和“内因”共同改变了记者的叙述观念，尽管这种改变只能说刚刚开始，尚未成为新闻界的职业共识。预设立场、主题先行、过度推导、情绪化、贴标签的新闻仍屡屡可见，但是鉴于上述理由，新闻界内部也不断出现对这种简单武断的新闻实践的反思和自我批评。

相较于80年代社会启蒙的宏大叙事、90年代“为民做主”的快意恩仇，新世纪以来，在一批精英记者中开始出现“自我节制”“保守”“冷静”“自省”等观念。这种看似“瑟缩”、不够光荣或豪情，难以满足新闻界“英雄主义”期待的转变，却具有相当正面的意义。

---

① 张志安访谈陈峰：《我不写孙志刚，迟早会有人写——深度报道精英访谈之六》，《青年记者》2008年第3期。

首先,自我节制的新闻叙述观蕴含了一种难能可贵的“自反性”。任何职业想要良性发展都离不开这种自省精神,它是一个行业主体意识开始形成的标志之一。对于像新闻这种与时代关系极为密切,且有以“热的文章”鼓动社会之传统的职业来说,这种冷静、自我克制的“节制”观念就显得更为重要,它既是使新闻职业免于自大、自我调整的一剂清醒剂,也表现出新闻界的自觉意识——在与政治、经济、社会的关系越来越密切而复杂的情况下,新闻当以何种方式来观照时代。

其次,节制报道的观念有助于人们重新思考新闻工作的诸多规范,这对于一向以意识形态为重的中国新闻实践尤其有益。英国哲学家休谟曾提出:以“是(to be)”为结构的事实命题不同于以“应是”(ought to be)为结构的价值命题。这是哲学上有名的“休谟问题”。但遗憾的是,新闻实践中这两者常在一种自持正确的态度下纠杂不清。有节制的报道观念则有助于纠正这种倾向,它能使记者在报道事实时更多地注意专业规范,并在“用事实说话”的过程中更加谨慎。

最后,可能也是最直接的意义是,有节制的新闻叙述观念对当下中国的社会情绪能起到“降温”的作用。在网络时代,掩盖事实无异于授人以柄,但过分情绪性的报道往往会火上浇油。应该说,有节制的新闻叙述观念是在一个越来越强调公开透明的社会里,促进不同群体间互相理解而非扩大分歧的良性新闻实践方式。新闻界在如此践行的同时,不仅会因为对事实报道的专业全面和稳健理性赢得更多的社会认同和尊重,客观上讲,这也将保护新闻业自身在波诡云谲的时代浪潮中平稳健康地发展下去。

代表作

陈峰、王雷:《被收容者孙志刚之死》,《南方都市报》2003 年 4 月 25 日。

原文链接:http://ndnews.oeeee.com/html/201302/28/26725.html。

扫描二维码可直接阅读：

参阅作品

王克勤：《北京出租车业垄断黑幕》，《中国经济时报》2002 年 12 月 6 日。
王克勤：《山西疫苗乱象调查》，《中国经济时报》2010 年 3 月 17 日。

网络时代的新闻图景

1992 年,当中国的互联网还处在试验研究阶段,仅被极少数科研人员所知晓的时候,美国著名科幻小说家尼尔·斯蒂芬森就写了一本脍炙人口的小说《雪崩》(*Snow Crash*),描绘了在不久的将来人类社会步入互联网时代的种种景象。二十年后,互联网的高速发展确实也印证了斯蒂芬森的天才想象——一个无限丰富的赛博空间(cyberspace)已经不可避免地改变了人类的社会和历史。当然,作为人类社会的第四次信息传播革命,互联网的诞生会首先对以往的信息传播方式产生影响。随着社会影响力的迅速增加,互联网被赋予"第四媒体""新媒体"的称谓,而以报纸、广播和电视为代表的大众媒介则被迅速贴上了"传统"的标签,一场关于新媒体与传统媒体关系的讨论正式拉开。

基于新媒体的传播结构模式对大众传播结构模式的颠覆,人们对新媒体时代的信息传播也做了很多大胆的假设。如早在 1994 年国内绝大多数人包括媒体记者尚不知"网络"为何物时,即有研究者预测互联网将给新闻传播业带来两大变化:现存媒体将化为乌有和专业的新闻工作者将化为"泡沫"。[①] 然而从彼时起,又过去 20 年了,传统新闻媒体尽管不断遭遇"狼来了"的警告,也真实经历着利润下滑的危机,但情况绝非如最初的假设那般简单。与其说这是一个传统媒体被新媒体全面"替代"的过程,不如说这是一个你中有我,我中有你,在各种资源和规则基础上

---

① 朱光烈:《我们将化为"泡沫"——信息高速公路将给传播业带来什么?》,《北京广播学院学报》1994 年第 2 期。

进行全面嵌入式结构调整的过程。所以,我们与其为近年来炒得沸沸扬扬的新媒体与传统媒体之关系争出一个结果,甚至去精确预测全世界最后一份纸质报纸消失的时间点,倒不如重新审视一下我们真正关注的问题:在新的传播环境下,作为一种社会实践的新闻传播将如何变化,以及这种变化会带来什么样的影响。这不是说媒介形态本身的变化不重要,而是只关注媒介形态的变化和更替容易流于表面化——网络时代纸质书和实体店面的衰落速度更快,但没有人据此认为网络时代人们不再需要书籍或商品。因此,纸报可能消失的前景固然会是新闻传播历史上的"大事件",但它并非实质性的问题。只有新闻业的行动者以及向社会供给的新闻产品的结构性变化,才能从根本上勾勒网络时代新闻实践的图景。

当然,探讨这一问题前尚需要的一个共识是:职业新闻(而非传统媒介形态)并不会在新的时代消失。尽管它的组织方式和职业规则都有可能发生重大调整,但依然会以一种专门的社会实践的方式存在。在新的传播时代,人人都有"客串"记者的可能,但职业记者并不会因此消亡;在新的传播时代,新闻报道的形式和内容可能更加多元,但新闻生产的规则仍然有稳定的一面。大量的研究可为此提供佐证,如以笔者主持或参与的调研为例,从 2009 年 12 月—2010 年 1 月研究者对 18 位新闻从业者进行的深度访谈以及于 2009 年 8 月 14 日至 8 月 19 日赴海口市天涯、凯迪总部进行田野和深访调研中,可以看到网络时代日常新闻生产延续着很多稳定的因素,这些因素使得网络时代新闻专业生产规范的重要性更为凸显,而非像有些人所想象的那样会日趋没落。当外界对新闻业的明天忧心忡忡的时候,新闻生产领域内部的声音则比想象中要自信得多。[①] 强调职业新闻存在的稳定性并非无视网络时代的变化,恰恰相反,是因为只有在此基础上讨论变化才有意义。

---

① 参见王辰瑶:《自信与隐忧:网络时代新闻从业者的自我形象认知》,《电视研究》2010 年 12 月;王辰瑶:《结构性制约:对网络时代日常新闻生产的考察》,《国际新闻界》2010 年第 7 期。

网络时代对新闻图景的改变是令人惊叹的,而同时,新闻媒体也是最先采用新媒体技术的社会力量。从 1995 年国家教委主办的《神州学人》杂志正式上线起,短短数年间,一大批中央和地方媒体纷纷推出网络版,形成了中国媒体的第一次上网潮。但注意到此时上网人群的有限——中国互联网信息中心(CNNIC)1997 年第一次发布《中国互联网发展状况统计报告》显示,截止到 1997 年 10 月 31 日,我国上网用户为 62 万人。网络尚未造成社会传播环境的总体性改变,对新闻实践的实质性影响也较有限。1998 年,中国社会科学院新闻与传播研究所进行了国内第一次针对记者的计算机和互联网使用情况的大样本调查,结果发现计算机虽然已经走入大多数记者的工作和生活,却主要是作为文字处理工具来使用,有 25.5% 的记者使用互联网,每天使用的只有 4%,但有超过 70% 的记者对互联网的发展持乐观态度。①

与记者们的预料相一致,从跨进新世纪起,网络时代对新闻传播格局的深远影响果然逐渐彰显——不过可能是以一种不同于记者们之最初乐观判断的面貌出现的。网络时代的种种现象,不可避免地改变了并正在持续改变着新闻业的图景,其过程可以说是希望与乱象并存,机遇与考验同在——殊难一言以蔽之。

1999 年"强国论坛"正式开通标志着网络逐渐成为表达民意的晴雨表,专业媒体越来越多地开始通过网络来观察并获取社会信息。这一趋势在 2005 年前后变得更加明显,因为这一时期网络已开始从 web1.0 时代向 web2.0 时代过渡,网民规模、网民参与程度、社会信息交互程度都大大提高,互联网本身成为一个越来越庞大的基于用户生成内容的海量信息库。至 2007 年,众多社会事件经由网络的发酵、酝酿,极大地搅动了舆论,为专业新闻媒体和各种社会组织所瞩目。2008 年,由于国内外一系列大事的发生,网络时代信息传播格局的个性更加明显。截至 2008 年年

---

① 卜卫、刘晓红:《新闻记者的网络使用——〈人民日报〉、新华社、〈中国日报〉记者使用计算机和互联网的报告》,《新闻与传播研究》1998 年第 3 期。

底,中国网民数量已达 2.98 亿(这个数字在 3 年后就变成了 5.13 亿,2013 年底,中国网民人数达到 6.18 亿),社会各阶层藉由互联网表达利益诉求、宣泄情感、碰撞观念,网络成为从国家最高领导者到各种社会基层组织了解社情民意的窗口。不夸张地说,到中国当代新闻业发展第一个六十年的最后阶段,已经没有什么社会大事没有网络的参与了。

在这个进程中,横跨 2007—2008 年度的"华南虎事件"具有标志性的意义,在长达一年多的时间里,小小的虎照几乎搅动起从政府官员、专家学者到媒体记者、草根公众等各种社会集团,成为一个备受关注的"全民事件",并以其鲜明的特色昭示着网络时代新闻报道可能出现的结构性变化。

回顾一下事件的发生:2007 年 10 月 12 日,陕西省林业厅召开新闻发布会,称陕西镇坪县农民周正龙拍到了清晰的野生华南虎照片,这一消息在当日新华网陕西频道和次日的《新闻联播》节目发布后,被广泛转载,却也很快引来质疑。10 月 13 日,摄影爱好者网站色影无忌即出现了怀疑照片真假的网帖,10 月 15 日,天涯论坛上出现《陕西华南虎又是假新闻?》的帖子,发帖网民从摄影角度提出了 6 大疑点,并号召天涯网友鉴定。此后华南虎照片事件在各大网络论坛不断酝酿发酵。10 月 19 日,中科院植物研究所研究员傅德志在其创办的"原本山川"植物学论坛上发文称虎照中老虎与叶子的比例严重不匹配,断言照片为假。陕西省林业厅官员则对网上的质疑声音做出了迅速公开的回应,坚称照片为真。此后两种观点的论战不断升级,双方均提出了"愿以脑袋担保照片为假""若照片为假就辞职"等措辞强硬的判断。与此同时,新闻媒体也纷纷关注"华南虎照片"真伪,各路相关人士和意见领袖的采访见之于各个媒体。11 月 16 日,一四川网友称"华南虎照片"与自己墙上的年画虎极其相似,这一消息又引发《南方都市报》《成都商报》《东方早报》等媒体的迅速跟进,并找到了年画虎的生产方。此后民间和官方就华南虎照片真假问题开展了多次鉴定,相关司法程序和调查也开始启动。2008 年 6 月 29 日,陕西省政府新闻办召开新闻发布会,通报事件的处理结果:周正龙因涉嫌诈骗犯罪用老虎图片拍摄假虎照和私藏枪支弹药罪被批捕,13 名省、县相关责任公务人员受到处分。2008 年 11 月 17 日,陕西省安康市中级人民法院终审判决周正龙有期徒刑两年零六个月,缓期执行。至此,尽管围绕“华南虎事件”的争议仍未完全终结,但这一备受公众关注的热点事件终于在法律上有了最终认定。

从某种意义上,“华南虎事件”堪称分析网络时代新闻生产特点的一个典型样本。首先,它打破了传统的新闻生产路径。“华南虎事件”最初的新闻仍然是传统的新闻生产路线——官方发布消息,媒体进行报道。权威消息来源与职业新闻媒体的“结盟”正是支配传统新闻生产的内在逻辑,然而网络的众声喧哗打乱了原有“权威”的分配格局,正如有学者指出的,“华南虎事件”正是在网络的推动下被改写了原有的议程,从政府为媒介设置的议程转向了公共话题的议程。[①] 网络技术对社会公众在话语权上的“赋权”,使得关于某一事件的不同声音能够打破原有的社会权力格局而被“倾听”到。色影无忌和天涯论坛上摄影爱好者们最初对华南虎照的质疑之声即是如此。对于职业新闻媒体来说,这种变化意味着原有的消息来源网可能出现结构性改写。在很多论及近年热点事件的文章中,都把“网络引爆”作为一个重要的特点,并以此来对比公民新闻和传统(职业)新闻的关系。但在笔者看来,这种比较并无太大意义,新闻生产从来就是依托于消息来源的,无论其来自线上线下。真正的变化是网络所带来的社会话语权力分配的变化,因为这意味着学者塔奇曼所说的新闻生产所依赖之“网”(Net)的结构性变化。如果不执拗于谁先谁后、由谁引爆这类表面问题的话,应该能看到网络时代传统新闻生产路径的改变对职业媒体来说必然是一个福音——因为相对来说网络的话语赋权是分散而非集中的,是灵活而非固化的——而这将带给职业媒体一张更大更有活力的“网”。从“华南虎事件”来看也正是如此,在传统新闻生产路径下,这一事件充其量就是按照官方通告的内容发一些消息而已,而

① 杜骏飞:《“华南虎事件”:公民新闻的阐释与评估》,《新闻记者》2008 年第 1 期。

在网络话语改写了议程后，职业媒体也焕发出惊人能量，生产了大批量的相关信息。

其次，它重新确立了职业新闻在网络时代的价值。很大程度上，网络民意取代了职业媒体成为社会热点事件的引发者，但这并不意味着职业媒体只能在网络背后亦步亦趋。相反，网络所揭示的热点事件往往都是复杂事实，而网络上的片言碎语和情绪性意见只能增加这种复杂性，因此网络往往有能量“引爆”一个话题，却往往无力呈现全面的事实和真相。公众很容易通过网络上知晓什么是社会热点，却比以往更加需要知道“它是什么”，而这正是网络时代留给职业新闻的极其重要的任务。“华南虎事件”清晰地呈现了这一点：无论是色影无忌的网友们对虎照做的极具技术性的分析，还是中科院研究员从植物学角度的判断，抑或是陕西省林业厅信息宣传中心主任关克在个人博客上的反击——这些有关“华南虎照”的言论跳过了传统的媒介中介直接发布在网络上，也迅速引发反响。但在大量的跟随式的网络发言中，情绪性、站队式的论战和娱乐化的恶搞是网络意见的主流——当然，这并非网络之“非”，而恰恰是日常言论空间的真实写照——它在两个层面上呼唤着职业新闻的介入：第一，提供充分的、多面的事实，并在事实之间建构严密的逻辑链条；第二，提供能够展示不同意见的平台，并以公正的态度对不同意见进行比较和梳理。这不仅意味着职业新闻要以自身积累的公信力和权威性成为信息传播过程中必不可少的“中介”，更要有能力在各种意见和信息中去伪存真，构建完整的事实链条，并在此基础上进行分析和判断。

从以上两个方面来看，2007 年 12 月 8 日中央电视台《焦点访谈》播出的《虎照疑云》可被认作是网络时代职业新闻适应其变且力图有所作为的一个代表性作品。尽管它播出时尚未有国家权威机构对虎照真伪作出认定，但因其通过对照片的技术分析、对当地认证照片的程序分析、对鉴定专家的背景分析、对拍摄虎照过程的还原分析等多重强大事实链条的展示，被视为关于“华南虎事件”的最权威和最有深度的报道，在很大程度上起到了决定性的舆论导向。当然其瑕疵之处是记者在有些地方确有些“用力过猛”，几年后柴静本人在清华大学新闻与传播学院做名为“采访是一场抵达”的演讲时说：“好感和反感是你在观察人的时候最有害的一种心态，你要在采访前就对一个人形成了好感或者反感，你就没有办法诚实和客观地观察他了”①，这种认识本身也是记者不断自我追问职业之意义与边界的结果。

网络时代关照新闻图景的另一个好例子是发生在 2010 年 9 月 10 日“宜黄事件”。从新闻传播的角度分析“宜黄事件”出现的新特点是：网络舆论主要的发酵场所是典型的社会化媒体——微博；记者个人利用微博等传播工具发动起足够的民意关注。显然，它又带给人们关于网络时代之新闻的更多新的思考，比如微博的碎片式裂变式传播在舆论形成方面的特点、记者发微博是职业行为还是个人行为、与媒体组织的关系如何处理等等。鉴于到 2011 年底通过新浪微博认证（加 V）的媒体人微博账号已达 6.7 万、新闻机构账号 1.2 万②的事实，尽管“宜黄事件”已经在本书所关注的“六十年”范畴之外，但它预示着关于网络时代新闻生产的讨论和思考才刚刚开始。

代表作

柴静、郝俊英等：《虎照疑云》，《新闻调查》2007 年 12 月 8 日。

原作链接：http://news.cctv.com/china/20071208/102432.shtml。

---

① 柴静：《采访是一场抵达》，柴静新浪博客，http://blog.sina.com.cn/s/blog_48b0d37b0102ek24.html? tj =1。

② 新浪微博：《2011 年度媒体微博研究报告》，http://data.weibo.com/report/detail/report?fid = 162613063&&vuid = 18530395&&m = m。

扫描二维码可直接观看:

参阅作品

邓飞:《关于宜黄事件的微博直播》,2010 年 9 月 16 日 08:31—11:31。

后　　记

2013年初，一篇叫《北京零点后》的特稿报道在圈内突然火了，人们称赞年轻记者运用巨量采访和扎实细节，再现了一个普通而又不普通的北京之夜。“原来报道还可以这么写”——我不止一次在社交媒体和私下交流中听到记者和新闻学习者发出这样的感慨。其实，如果对当代新闻报道熟悉的人可能马上会想到20世纪50年代新华社就有过一篇类似的引起轰动的报道《当你们熟睡的时候》，90年代新闻媒体也有过一次重新发现“生活”、重新发现普通人的观念革新。如果再对国外非虚构写作经典也熟悉的话，《纽约时报》著名记者盖·特里斯的《猎奇之旅》，也可能会被提及。我想说这些不是要“掉书袋”，新闻业也许是一个最不欢迎“掉书袋”的地方，我想说的是，当我们看一篇新闻作品的时候，不要忽视报道与报道之间的“互文”关系，正是这样的互文关系，让一篇篇报道不仅在一个特定的时点上有价值，而且能不断引发穿越时代的回响，形成一段以新闻报道为主角的独特历史。

本书即试图将报道作为主角来书写当代新闻史的一个侧面。在这段历史中，报道本身是有生命的，它们生成的时代语境，呈现的话语方式，不仅构成了一个个鲜活的故事，而且随着时间的流逝，这些故事流变、碰撞，又汇成了新闻与时代的变奏曲。只有对此进行总体上的把握，才能成为我们理解既往和展望未来的基础，也才能在这个特别强调“新”的职业中，不忘编新亦须述旧的道理。

当代新闻报道浩如烟海，本书选择31篇代表作来串起这一段故事，是否恰当，这大概是本书所要冒的最大“风险”。不过提醒读者注意的是，本书不是新闻报道精品选或当代新闻名篇这类的作品，选择代表作的意图主要不在于弘扬新闻佳作，而在于分析新闻报道与时代、社会的关系。本书选择代表作的目的是要清晰呈现新闻与时代变奏的脉络，这一用意能否实现，当然期待着读者们的意见和批评。除了代表作外，本书列出的 54 篇参阅作品和在分析中提及的几百篇新闻报道，有心的读者都可以找来参照阅读。

特别要申明的是，本书本来配备了所有新闻代表作的原文，分析与原作在一个文本空间下呈现自然是最便利的阅读方式。但是考虑到纸张成本，为了避免读者的额外开支，本书最终删去了所有超过 5000 字的报道，只列出了原作的媒体链接地址，并制作了二维码。读者只要略动手指，就可以免费调阅出需要阅读的文本。在此仍然特别感谢允许本书使用这些代表作的媒体和个人：中央电视台、《中国青年》杂志社、《中国青年报》、新华社、《人民日报》、陈锡添先生、郭光东先生、陈峰先生、凌华薇女士和王烁先生等。

王辰瑶

2014 年 8 月　南京